中国大学慕课会计信息系统课程配套教材

会计学专业系列教材

新企业会计准则

Accounting Information Systems

会计信息系统

第4版

韩庆兰　李红梅　编著

机械工业出版社
CHINA MACHINE PRESS

本书分为12章，首先对会计信息系统的发展历史及当前主流软件进行了介绍，其次阐述了会计信息系统基础资料设置及基础资料之间的相互引用关系，然后对财务会计模块（总账系统、应收款管理系统、应付款管理系统、固定资产管理系统、薪酬管理系统、会计报表系统）和供应链模块（采购管理系统、存货管理系统、销售管理系统）进行了讲解，最后介绍了目前较为前沿的财务共享服务。本书以真实的工业企业为背景，对会计信息系统的操作进行了详细讲解。

本书可作为高等学校会计学、财务管理、审计学等专业的教学用书，也可作为企业财会人员的自学用书及财会软件开发与维护人员的参考书。

图书在版编目（CIP）数据

会计信息系统/韩庆兰，李红梅编著．—4版．—北京：机械工业出版社，2023.9

会计学专业新企业会计准则系列教材

ISBN 978-7-111-73828-2

I. ①会⋯ Ⅱ. ①韩⋯ ②李⋯ Ⅲ. ①会计信息–财务管理系统–教材 Ⅳ. ① F232

中国国家版本馆 CIP 数据核字（2023）第 171810 号

机械工业出版社（北京市百万庄大街22号　邮政编码100037）
策划编辑：吴亚军　　　　　　　　　　　责任编辑：吴亚军
责任校对：龚思文　丁梦卓　闫　焱　责任印制：郜　敏
三河市宏达印刷有限公司印刷
2024年1月第4版第1次印刷
185mm×260mm・19印张・434千字
标准书号：ISBN 978-7-111-73828-2
定价：59.00元

电话服务　　　　　　　　网络服务
客服电话：010-88361066　机　工　官　网：www.cmpbook.com
　　　　　010-88379833　机　工　官　博：weibo.com/cmp1952
　　　　　010-68326294　金　书　网：www.golden-book.com
封底无防伪标均为盗版　机工教育服务网：www.cmpedu.com

前言

本书以厘清财务会计信息与业务信息之间的关系为切入点，从会计的本质出发，清晰界定二者的因果关系，明确提出了财务会计信息为结果信息，业务信息为原因信息。通过这一因果关系链来分析会计信息报告体系，就可追根究底，寻求财务会计信息形成的底层原因——业务信息。实际上，财务、业务的本源是一体化的，只是在手工操作下，人为地将其分离了。现在利用会计信息系统使其回归一体化的本源，这正是本书追求的目标。本书的突出特点表现为以下几个方面。

（1）每章对专业子系统的讲授，都大致遵循统一的模式：首先分析管理业务，然后概括系统的业务处理流程及数据处理流程，以及与其他系统的关系，最后讲解实验操作。通过条理清晰的讲解，使学生对系统有一个整体认识，为学生向业财融合发展奠定基础。

（2）注重让学生理解每个专业子系统的处理流程、内在联系、实现原理，而不是学会开发软件和编写操作手册，讲授时不刻意追求功能完善，因为系统的很多功能都是条件查询的结果。

（3）突出会计信息系统的特点——协同业务。本书内容实现了采购、存货、销售与财务会计的一体化整合，保证了财务会计信息的系统性和完整性。

（4）注重理论联系实际。本书凝结了作者多年来的教学和科研工作经验，在多次实践检验中不断充实、完善、精练、提高而走向成熟。因此，本书在内容组织上求真务实，力求使阅读本书成为学生理解和掌握会计信息系统原理的最佳途径。

第4版在秉承前3版特色的基础上，主要以用友财务软件为实操系统，对书中的财务会计模块（总账系统、应收款管理系统、应付款管理系统、固定资产管理系统、薪酬管理系统、会计报表系统）和供应链模块（采购管理系统、存货管理系统、销售管理系统）进行了全方位的演示，编制了完整的会计报表（资产负债表和利润表），并通过未分配利润的结转，体现了利润表与资产负债表的钩稽关系。这为本书的系统应用部分奠定了坚实的基础。经过前3版的教学实践以及与学生之间的交流讨论，我们一致认为实验数据的系统性为学生营造了真实的企业环境，让学生了解到无论哪个环节出错都必须找出问题，解决问题，只有这样才能进行下一步的工作，否则期末对账不平衡，就无法结账。学生在反复查找问题的过程中将体会到会计工作的严谨性，学会从会计报表数据中诊断会计处理环节的问题。通过这门课程的学习，学生可以系统梳理会计专业知识，加深对不同功能模块之间财务数据传递关系的理解，有效提高自己全面分析问题和解决问题的能力。

考虑到用友财务软件被不同高校广泛选用，第 4 版主要通过用友财务软件调试数据。为凸显公共基础资料的重要性，第 4 版将会计科目部分并入第 2 章，还在第 2 章特别阐明了基础资料设置及相互之间的引用关系。此外，第 4 版对内容进行了调整，删掉了第 3 版的第 9 章供应链公用基础资料与系统设置和第 12 章制造与成本管理系统，增加了财务共享服务一章。本次编写沿用了第 3 版的框架设计、编写思路及实验资料，并结合笔者在人民邮电出版社出版的《会计信息系统》进行了优化更新。第 4 版仍注重系统设计原理，但考虑到每章的数据库设计原理是相同的，因此只保留了第 3 章的主要数据表结构与基础资料之间的关系图。希望学生从数据库设计的角度解析系统的内部结构，如果能理解数据模型中主键、外键之间的约束关系，主表、从表之间的数据引用关系，对系统的初始化及基础资料的规范化、系统的参数设置就可以非常容易地理解，而不必死记操作过程了。

本书适用于管理类、经济类专业的学生。同时，对没有系统实施经验的任课教师及首次承担会计信息系统实施工作的人员而言，本书也是不可多得的参考书。

本书由中南大学商学院韩庆兰教授、李红梅副教授编著。韩庆兰老师负责全书框架设计和第 1～11 章理论部分的编写，李红梅老师承担了所有实验部分和数据运行测试，以及第 12 章的编写工作。我们主持的会计信息系统课程于 2018 年在中国大学慕课平台上线，慕课平台教学资源丰富，包括讲课视频、实验讲解（包含用友、金蝶两套软件的实验讲解）、作业、案例解析、Flash 演示等，课程网址为 http://www.icourse163.org/course/CSU-1003518003。在完稿之日，对为本书及第 3 版整理和编写实验资料并进行数据测试的研究生刘莎、雷晨、朱春晓、高岚、胡奔以及为课程网站做出贡献的人，表示真诚的谢意。同时，真诚地希望读者和同行给予批评指正。

韩庆兰
2023 年 9 月于长沙

目录

前言

第1章 概述 ········· 1
  1.1 会计信息系统的发展历程 ········· 1
  1.2 会计信息系统的发展趋势及理论框架 ········· 5
  1.3 建立与计算机管理相适应的管理基础 ········· 9
  1.4 本书的编写设计 ········· 12
  本章小结 ········· 13
  练习题 ········· 13

第2章 系统管理与基础设置 ········· 14
  2.1 系统管理 ········· 14
  2.2 基础设置 ········· 26
  2.3 财务基础档案设置 ········· 37
  本章小结 ········· 48
  练习题 ········· 48

第3章 总账系统 ········· 49
  3.1 账务处理的一般程序及业务分析 ········· 49
  3.2 记账凭证管理 ········· 51
  3.3 总账系统与其他系统的关系 ········· 53
  3.4 总账系统实验指南 ········· 53
  本章小结 ········· 75
  练习题 ········· 75

第 4 章 应收款管理系统 ... 77
4.1 应收款管理业务概述 ... 77
4.2 应收款管理系统的主要功能 ... 81
4.3 应收款管理系统实验指南 ... 85
本章小结 ... 105
练习题 ... 105

第 5 章 应付款管理系统 ... 107
5.1 应付款管理业务概述 ... 107
5.2 应付款管理系统的主要功能 ... 110
5.3 应付款管理系统实验指南 ... 113
本章小结 ... 133
练习题 ... 133

第 6 章 固定资产管理系统 ... 135
6.1 固定资产管理系统分析 ... 135
6.2 固定资产管理系统的主要功能 ... 139
6.3 固定资产管理系统实验指南 ... 142
本章小结 ... 160
练习题 ... 160

第 7 章 薪酬管理系统 ... 162
7.1 薪酬管理系统分析 ... 162
7.2 薪酬管理系统的主要功能 ... 165
7.3 薪酬管理系统实验指南 ... 168
本章小结 ... 183
练习题 ... 184

第 8 章 会计报表系统 ... 185
8.1 编制会计报表的工作步骤 ... 185
8.2 会计报表的编制分析与公式 ... 185
8.3 报表数据汇总 ... 189
8.4 会计报表编制实验指南 ... 190
本章小结 ... 199

练习题 199

第9章 采购管理系统 201

　　9.1 采购管理系统分析 201
　　9.2 采购管理系统的主要功能 204
　　9.3 采购管理系统实验指南 205
　　本章小结 218
　　练习题 219

第10章 存货管理系统 220

　　10.1 存货管理系统分析 220
　　10.2 存货管理系统的主要功能 223
　　10.3 存货管理系统实验指南 226
　　本章小结 245
　　练习题 245

第11章 销售管理系统 247

　　11.1 销售管理系统分析 247
　　11.2 销售管理系统的主要功能 250
　　11.3 销售管理系统实验指南 252
　　本章小结 266
　　练习题 266

第12章 财务共享服务 267

　　12.1 共享服务与财务共享服务概述 267
　　12.2 财务共享服务框架体系 271
　　12.3 财务自动化、智能化与数字化 282
　　12.4 财务共享服务日常业务处理实验指南 285
　　本章小结 294
　　练习题 294

参考文献 296

第 1 章

概　　述

1.1　会计信息系统的发展历程

我国会计信息系统（以电算化为雏形）的发展始于 20 世纪 70 年代末，至今已走过 40 多年的历程。会计信息系统从刚起步的会计核算发展到现在集成化的 ERP（enterprise resource planning）系统，并逐步派生出适合网络时代需要的新功能。今天的会计信息系统与 40 多年前相比，不可同日而语，今天的会计信息系统无论是应用普及程度，还是功能覆盖的广度，以及它在企业经营管理中起的作用，都已远远超过它诞生之时人们赋予它的使命。因此，笔者认为讨论它的"定义"和"概念"无多大意义，因为应用性学科与理论研究不同，它是多学科综合运用的体现，"定义"有着深深的时代烙印。回顾历史，目的是让后人懂得发展演变的过程及速度，从中得到启示，使从事该行业的后来者清楚自己的定位，懂得努力的方向，知道如何成为一个时代需要的人。

回顾 40 多年的发展历程，从"会计电算化"一词的产生开始，会计信息系统的软件开发及商品化过程可以划分为理论研究与定点开发阶段、商品化会计软件开发阶段、商品化会计软件不断成熟阶段、管理财务一体化（ERP）阶段。

1.1.1　会计电算化的产生

1979 年，财政部给长春第一汽车制造厂拨款 50 万元，用于开展会计电算化试点工作，主要是运用计算机进行工资、产值的计算，这是首次由组织主导将计算机技术引入会计工作。1981 年 8 月，在中国人民大学和长春第一汽车制造厂联合召开的"财务、会计、成本应用电子计算机问题研讨会"上，中国人民大学教授王景新提出了会计电算化一词。这标志着我国会计电算化已经起步。此时，没有商品化会计软件专业开发商，人们还没意识到会计软件未来的应用前景和市场空间，因此呈现了自行开发的局面，步入了定点开发阶段。

1.1.2 理论研究与定点开发阶段

部分具有前瞻视野的单位开始考虑将计算机应用于企业管理工作，这种尝试起始于易于解决的会计核算和工资发放管理工作。在这种背景下，部分高校和研究所的一批学者开始了对会计电算化理论的研究，框架性地提出了会计软件的结构与主要功能。在进行会计电算化教学和研究的同时，部分单位开始了会计软件的定点开发工作。

这一时期的定点开发工作进行得非常艰难。应用单位并不完全了解计算机技术，不懂得计算机管理与手工处理的差异，不能系统、全面地描述自己的业务需求，更不能站在系统的高度提出较好的设想，只能阐述手工记账、算账与形成报表的过程，而软件开发人员对会计业务不熟悉，对计算机技术与会计业务处理的结合尚不能融会贯通，由此形成系统开发人员与使用者之间在相互表达和理解上的差异，这种差异最终影响到软件的质量，开发的软件只能依靠个人的理解，仅限于模拟手工业务处理过程。

可以说，早期的开发工作处于非常盲目的状态，尽管后来随着定点开发工作的深入，开发工作的盲目性逐渐减少，会计软件开发的规律也逐渐被人们掌握，定点开发的成功率在一定程度上也有所提高，但总体来说，早期会计软件定点开发工作的成功率还是处于非常低的水平。

早期的会计软件开发主要是企业与大专院校、科研院所合作进行，研究与探索过程付出了一定代价。一些软件开发出来之后：一是由于服务跟不上，造成软件没有发挥应有的作用；二是因为企业没有自己的维护管理人员，企业的业务稍有变化，就会影响软件的运行，甚至会使整个系统被废弃。笔者亲身经历了该阶段之后，就着手编著全国最早的《会计管理信息系统》教材，目的就是为企业培养既懂会计又懂计算机的两用人才。

1.1.3 商品化会计软件开发阶段

1. 软件开发规范的引导

1988年8月在吉林召开的我国首届会计电算化学术研讨会，提出了实现会计软件通用化的若干措施。

（1）确定通用化会计软件的适用范围。因为不可能设计开发出适用于所有企事业单位的通用化会计软件，而且若适用范围过大，则设计开发难度极大；反之，适用范围过小，则缺乏实用及推广价值。所以一般应按工业、商业、外贸、金融、保险、机关、学校、科研等单位的特点，分别开发适用于各行业不同特点的通用会计软件。

（2）找出各行业应用单位的共同点，设计出通用功能模块。由于国家会计制度的统一性，以及同一行业机构设置、业务处理等内容和计算机财务数据处理技术上的相似性，同一类型企事业单位财务数据处理中有许多相同或相似之处。针对一些具体的账务处理、财务报表编制方法等，可以设计出通用化功能模块。不同单位之间的财务管理虽然有很多不同点，但这些功能模块还是可以通用的。

（3）同一类型企事业单位的业务处理还有一些完全不同的部分。工业企业由于生产组织、技术流程的不同，成本计算和管理也不完全相同。这时可以根据各单位的不同特点，在采用结构化、模块化设计原则的前提下，开发和设计适用于本单位的选用功能模块，并将适用于本单位特点的选用功能模块和通用功能模块组合起来使用。

（4）设计通用化会计软件时，不要做得太"死"。有些内容可以留待用户根据本单位的需求选用后，由用户自己来定义，而且要尽量扩大自定义内容。

（5）如上述几项措施仍不能满足用户特殊需求，必要时可以做二次开发。但作为通用化软件，二次开发不宜过多，一般限制在编程总量的 10% 左右，最多不能超过 20%。

这些措施有效地引导并规范了会计软件的开发工作，并将市场机制引进我国会计软件市场，极大地促进了我国会计电算化的发展。

2. 政策引导

财政部和中国会计学会在全国大力推广会计电算化，以财政部为中心的会计电算化宏观管理体系逐步形成。各地财政部门、各行业主管部门加强了会计电算化的组织、指导和管理工作，与单位会计电算化工作相配套的各种管理制度及其控制措施也逐步建立和成熟起来。1989 年，财政部颁布了《会计核算软件管理的几项规定（试行）》；1990 年，财政部颁布了《关于会计核算软件评审规则问题的补充规定（试行）》；1994 年，财政部颁布了《会计电算化管理办法》《商品化会计核算软件评审规则》《会计核算软件基本功能规范》三个文件；1996 年，财政部颁布了《会计电算化工作规范》；1998 年，财政部出台了《中国财务软件数据接口标准》。

3. 商品化会计软件的出现

在软件规范和标准的指引下，软件开发向通用化、规范化、专业化、商品化方向发展，涌现出了一批会计电算化先进单位。1989 年 9 月，财政部评审通过了先锋集团公司开发研制的 CP-800 通用财会软件系统，这是首家通过财政部评审的商品化会计软件。社会上出现了专门从事商品化会计软件开发的单位，如用友电子财务技术有限公司、金蝶国际软件集团有限公司等。

（1）此时商品化会计软件的功能不全。这期间开发的商品化会计软件主要是以计算机替代手工进行会计核算和减轻会计人员的记账工作量为目的，人们一般称之为"核算型"会计软件/会计核算软件，其主要功能包括账务处理、报表生成、工资核算、固定资产核算、材料核算、销售核算和库存核算。各模块可以独立运行，模块之间在结构关联上是松散的，不能称之为一个系统整体，未能解决数据重复录入和数据一致性控制机制等问题。

（2）此时商品化会计软件具有一定的局限性。

①在工资系统中录入的工资数据不能自动生成工资费用分配凭证以及其他工资核算凭证，只能从工资系统中打印输出工资汇总表、工资费用分配表等信息，再到账务处理系统中手工制作工资核算凭证。

②固定资产发生变动时，不能在进行固定资产卡片信息维护的同时，自动生成固定资产核算凭证，而必须由会计人员到账务处理系统中依据有关原始票据手工制作凭证。

③材料采购必须在材料系统录入采购单和入库单以便进行材料数量、单价和金额的管理，而材料核算则只能由会计人员在账务处理系统中依据相同的原始单据制作核算凭证。

1.1.4 商品化会计软件不断成熟阶段

财政部提出的会计核算软件功能规范和财政部门对会计核算软件进行的规范化评审，对提高会计核算软件质量和促进其商品化发展起到了积极作用。20 世纪 90 年代，用友、金蝶、浪潮等公司迅速发展。该阶段的软件与前一阶段相比，其优势体现在以下几方面。

（1）开发过程规范化。在开发过程中，以系统总体设计为指导，实现了会计信息各模块数据关联的整体化与集成化。

（2）功能结构一体化。20 世纪 90 年代中期先后推出的商品化会计软件从一开始就进行规范化总体设计，力求克服第一批商品化会计软件结构上的缺陷，并在功能上做了较大的调整，主要功能包括：账务处理、资金管理、报表制作、工资核算、固定资产核算、采购与应付账款核算、销售与应收账款核算和存货核算等。

1）实现数据的一次录入与共享使用的机制。主要表现在：①由工资模块进行工资计算并自动生成工资费用分配以及其他工资核算凭证，进入账务处理模块；②由固定资产模块录入固定资产变动原始资料，以便对固定资产进行管理，与此同时自动生成固定资产变动核算凭证，进入账务处理系统，此外在自动计提每月固定资产折旧额的同时，也能自动生成折旧核算凭证，进入账务处理系统；③在采购模块录入采购原始单据对采购业务、应付账款及其核销进行管理的同时，自动生成采购核算凭证，进入账务处理系统；④在销售模块录入销售原始单据对销售业务、应收账款及其核销进行管理的同时，自动生成销售核算凭证，进入账务处理系统，同时自动结转销售成本；⑤采购和销售模块的信息变动自动改变原材料和产成品库存信息，在实现对库存数量、警戒线等管理的同时，自动按照预先设置的库存成本计价方法进行库存核算。

2）加强往来管理功能。明确地划分为应收账款管理和应付账款管理，并成为相对独立的功能模块，加强了对客户与供应商信息、信誉和应收账款与应付账款余额的管理，强化了对应收账款、应付账款与货币资金的管理功能，体现了企业强化流动资金管理的意识，这也满足了企业适应新时期社会主义市场经济发展的需要。

3）将材料管理模块划分为采购和库存管理两个模块。采购与应付账款管理模块相结合，以利于企业对订单、供应商、采购价格、应付账款及其核销的管理，并为企业制定科学的资金支付策略提供支持。此外，库存管理模块的功能不仅注重对生产过程原材料使用的管理，而且增强了对在产品和产成品的库存管理。

从商品化会计软件的功能结构和特点，不难看出该阶段的软件在逐步向核算管理型转变，出现了数据共享机制和往来管理，并将应收账款管理和应付账款管理从总账系统中独立出来，实现与相关的销售、采购业务管理系统协同运作。这一阶段的会计软件从基础的核算功能向财务管理功能扩展，此时也被称为财务管理软件。

1.1.5 财务管理一体化阶段

随着我国市场经济体制改革的不断深入，越来越多的企业迈向了市场，走向了规模化，企业管理的自主性和自主权越来越高，单纯记账与核算已经无法满足企业管理决策的需求，

Novell 局域网的应用配合着财务管理和决策设计理念的软件产品，丰富着财务管理软件的阵营。

Windows 平台的问世带来了技术上的革命，财务软件模块从分离走向整合，集成管理思想的技术实现成为可能，从而掀起了我国财务管理软件的革新浪潮。在 1997 年末，一股 ERP 风潮迅速在我国财务管理软件市场中蔓延开来。当时的所谓 ERP 软件仅仅是 ERP 的部分模块，就是我们现在所说的一体化管理软件。

1. 一体化管理软件的功能及特点

（1）实现购销存业务与财务一体化管理。在业务处理与结算上，实现业务的跟踪管理，同时实现了信息流、资金流、物流的管理统一，解决了长期困扰企业购销存管理的难题。在财务的监控机制上，一体化的特性得到了充分保障。

（2）有效控制工业生产成本。在成本数据归集方面，设计了与相关子系统的数据接口，可实现动态成本核算。在成本计划方面，可以编制全面的成本计划，并可用成本计划控制实际发生的成本，实现动态成本控制。

（3）有效控制企业财务运营风险。信用控制机制由信用等级、信用发生控制及信用分析等一系列流程组成。付款控制机制由预付款信用控制、付款节奏控制、应付款分析等一系列流程组成。库存资金占用控制机制由存货控制、库存资金占用规划及库存资金占用分析等业务流程来保障实现。

（4）提供企业级的分析决策信息。提供了完善的现金流量表解决方案。提供了全面而深入的企业财务分析手段，通过财务分析模块来完成具体要求。提供了完整而及时的企业决策支持手段，通过可与财务核算及业务管理各模块挂接的决策支持模块来完成。

（5）软件开发平台与开发技术。大型企业管理软件主要采用 32 位的开发工具，运行在 Windows 95 以上的平台上，数据库将不再使用桌面数据库，而多数使用服务器数据库。网络体系结构主要采用三层（数据库服务器/应用服务器或事务处理服务器/客户）或多层结构，以克服传统的 C/S 结构易于出现的网络瓶颈现象。此外，在企业管理软件系统中，还采用浏览器与 Web 服务器技术（B/S 结构），以实现软件系统数据的标准化、跨地区和跨平台运行，同时已经开始考虑电子商务（E-business）在软件中的应用。

2. 一体化管理软件的目标

实现企业资金流与物流的一体化管理，从企业经营管理的角度进行设计，实现购销存业务管理、会计核算和财务管理的一体化，提供经营决策的预测、控制和分析手段，能有效控制成本和经营风险，帮助企业提高竞争力。这种建立在一体化基础之上的会计信息系统能够跨部门应用，使信息资源充分共享，企业管理中的各部门都能够第一时间得到其最需要的相关信息，从而以最快速度做出经营决策，实现企业资金流、物流、信息流的一体化管理目标。

1.2 会计信息系统的发展趋势及理论框架

1.2.1 政策层面的变革

2013 年 12 月 6 日，财政部印发了《企业会计信息化工作规范》（财会〔2013〕20 号，简称《规范》)。该《规范》分为总则、会计软件和服务、企业会计信息化、监督、附则，共计 5 章 49 条，自 2014 年 1 月 6 日起施行，1994 年 6 月 30 日财政部发布的《商品化会计核算软件评审规则》(财会字〔1994〕27 号)、《会计电算化管理办法》(财会字〔1994〕27 号) 同时废止。

第 1 章总则共 5 条，说明了《企业会计信息化工作规范》的宗旨；规范了会计信息化、会计软件、会计信息系统在《规范》中的内容界定；确定了财政部门的职责。第 2 章会计软件和服务共 15 条，主要是对会计软件及服务提出的要求，即会计软件应具备的功能，应提供的相应服务。第 3 章企业会计信息化共 23 条，主要是企业在会计信息化规范、建设、投入等方面的条款，有突破性的是第 40、41 条规定符合《规范》指定的具体条件，可以不输出纸面资料。第 4 章监督，主要是对使用不符合《规范》第 2 章中相关要求的软件的企业进行监督整改等内容。第 5 章附则，内容为新规范的实施及过去文件的废止。

1.2.2 技术层面的发展

我国的 ERP 厂商大都是从开发会计软件起步，并以经营商品化会计软件得到广大用户认可而逐步闻名全国的。因此，它们的 ERP 体系结构都是在以会计软件为核心和主导地位的基础上，向业务系统延伸发展形成的，实现了企业物流、资金流、信息流的有效整合。它们的成功使其积累了丰富的财务会计软件的开发与实施经验，真正厘清了企业资金的循环周转过程，以及与资金周转的每一个环节密切相关的业务活动。笔者认为，真正实现协同业务的会计信息系统就是 ERP 的主体。一般的会计信息系统都不涉及生产管理，可能是由于人们一直认为生产管理不属会计范畴。但是，如果把生产管理切割出去，资金在企业的循环过程就会被切断，就不可能实现资金的全程控制与管理。因此，完整的会计信息系统必须包括生产管理，必须包括所有与资金有关的业务活动，这样的会计信息系统就是 ERP 的主体和灵魂。

"新一代 ERP" 已不再是泛化的名词。2003 年，国家 863 计划 "软件重大专项" 对新一代 ERP (NERP) 进行了权威论述，为中国管理软件发展指明了方向。新一代 ERP 应当在继承当前 ERP 的基础上，不断吸纳最新的、符合中国国情的先进管理思想和管理模式，增强集团化及全球化发展的适应性，满足电子商务环境下企业间协同和商务功能不断创新的需要。其先进性还体现在管理流程的可配置、基于知识的管理智能、实现企业的实时化集成，并通过满足企业组织或业务处理的动态调整来增强快速应变能力，借助快速实施、知识复制来实现管理价值的最大化。

正如美国生产与库存管理协会 (APICS) 对 ERP 的定义一样，财务会计一直是 ERP 的核心及导向，国内的老牌 ERP 厂商，如用友、新中大、金蝶等，就是沿着这样一条轨迹清晰的道路走向成功的。实际上，无论在传统的 MRP (material requirement planning)、MRP II (manufacturing resources planning) 还是在 ERP 中，财务管理始终是核心的模块。会计和财务管理的对象是企业资金流，是企业运营效果和效率的衡量指标与表现形式，因而财务信息系统一直是各行业实施 ERP 时关注的重点。随着企业外部经营环境和内部管理模式的不断变化，企业对财务管理功能提出了更高的要求。主要的 ERP 供应商，如 SAP、用友、金蝶等，都提供了功能强大、集成性好的财务系统。

1.2.3 主流产品的特征

本书选择了用友公司和金蝶公司部分产品,用于说明产品的主要特征和今后的发展,它们具有如下特征。

1. 功能综合化

过去的会计软件是单独开发的独立模块,现在的软件功能结构发展成为综合一体化。因为一个企业的生产经营活动是一个相互联系、相互制约的有机整体,会计要综合反映与监管企业的财务状况和经营成果。企业供、产、销各环节的经营状况,人、财、物各项消耗的数据,都直接反映在企业的财务状况和经营成果中。

产品管理的范围不仅仅是 ERP 的管理,还由企业内部管理走向企业的外部,成为电子商务的重要组成部分。它能够帮助企业实现财务与业务的协同,报表制作、报账、查账、审计等远程处理,事中动态会计核算与在线财务管理,并支持电子单据与电子货币,改变了财务信息的获取与利用方式,使企业管理工作进入无纸化阶段。

2. 技术集成化

软件技术的集成度越来越高,技术集成的范围越来越广,不仅包括软件开发所需要的技术集成,还提供了统一的集成开发环境(IDE)。用户可以使用包括企业建模、领域建模、服务设计、UI 设计、报表设计、规则设计、数据库设计等在内的全方位的设计器,并通过可视化的界面和友好的交互操作,自动生成用户所需要的各种服务部件。

3. 协同管理网络化

"协同商务"是指集团企业各组织间以及企业与供应商、客户、合作伙伴通过网络在信息共享的基础上协同工作。集团企业内部的协同,包括各工厂、分销、物资等部门之间的业务计划、流程、资源的协同。企业间协同包括供应链计划协同和计划执行监控,通过整个供应链资源和计划的协调,形成整体供应链协同计划,依托供应链协同计划,驱动从下游企业到制造企业再到上游供应商的需求信息畅通,保证从上游到下游的物流和反向资金流的顺畅,以实现供应链的协同运作。

4. 数据处理多维化

为了有效支持预测、决策的实施,需要对各项数据进行多维分析。例如,对生产费用支出,可以分别按产品品种、成本项目、管理部门等从不同角度归类分析,对销售收入可按不同产品、销售渠道、销售市场、销售部门、业务员等标准归类分析,生成多种类多维度的分析表。

5. 软件产品个性化

每个专业软件开发商都提供了按行业划分的产品、按企业规模划分的产品、按应用领域划分的产品,用户可根据自身的行业特点、企业规模及应用需求,选择适合的产品。

6. 支撑跨区域开展财务共享服务

软件采用新的互联网架构技术构建,全面与企业信息系统集成,实现全业务共享、全员应用、全面管控,满足高并发的业务需求;能够实现与业务系统和财务系统的基础数据共享,在财务共享服务模式下实现业务和财务的一体化无缝集成应用,满足大型企业"私有云+公有云"多种部署方案,为集团化企业提供"财务管理咨询+信息化平台+实施服务"的全面服务方案,帮助大型企业迈向以"战略财务+业务财务(管理会计)+共享财务"为核心的财务时代。图1-1是用友NC6财务共享架构图,图1-2是用友NC6财务共享中心整体架构设计。通过这两幅图可以加深对软件特征的理解。

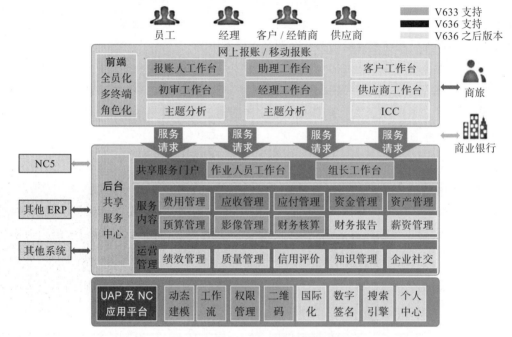

图1-1 用友NC6财务共享架构图

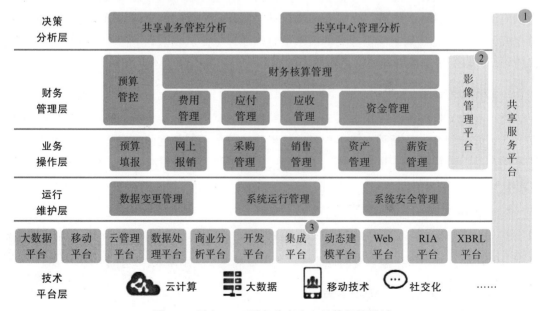

图1-2 用友NC6财务共享中心整体架构设计

1.2.4 会计人员的职能转变

在 21 世纪的今天，会计软件的开发工作与会计软件的应用工作，走向了明确的专业分工，形成独立的专业职能。因此，本书所讲的会计人员指的是会计专业的学生或会计工作者，他们的主要职能是掌握现代主流会计软件的特征和应用环境，以便科学地加以运用，使它更好地为企业的会计工作服务。

尽管当今的软件产品，实现了会计数据处理的高度自动化和功能集成化，许多开发技术已非常先进，但仍然改变不了在软件实施程中人的主导作用。企业可以用钱购买软件产品，但无法买到应用效果。要想使软件在企业中真正发挥作用，需要的是大量的会使用这些先进软件的会计人员。因此，要培养会计专业的学生了解软件的整体结构、处理流程及应用基础，使他们能够站在全局的高度设置本企业的基础资料，负责企业实施会计信息系统的全面工作，只有这样才能使企业实现真正意义上的信息化，迈向以"战略财务＋业务财务（管理会计）＋共享财务"为核心的财务时代。

1.3 建立与计算机管理相适应的管理基础

实现财务管理与业务处理的协同，必须科学地规范企业的管理工作、设计业务流程、统一基础数据管理，如果这些工作做不好，再先进的系统也无法实现系统的设计目标。要扎实做好信息资源的基础管理工作，包括财务管理、人事劳资管理、采购管理、存货管理、生产管理、成本管理、固定资产管理、销售管理、计量数据采集管理等，做到数据准确、完备、客观、及时，为信息化的实施提供坚实的基础支持。在此，只讲数据的规范化管理。

1.3.1 会计业务规范化

会计信息系统是一个逻辑严密的系统，系统中各模块的数据传递严格遵循着设定的流程，处理逻辑清晰，处理过程不需要人工干预，这就要求会计业务工作必须按规范化的程序进行，只有这样才能与软件的系统要求相适应。

1.3.2 业务数据规范化

业务数据是会计信息的基础和载体，因此必须从根本上保证业务数据的准确、及时、全面、完整。业务数据的规范整理是一项艰巨而细致的工作，下面以主生产业务为例进行说明。它所涉及的面之广、量之大，不是任何一个部门能够独立承担的。它的完成需要多部门遵守共同的设计规范协同工作。

1. BOM 数据的规范整理

在工业制造业中，BOM 是 bill of material（物料清单）的缩写，描述了物料（包括成品、半成品）的组成情况，即该物料是由哪些原材料、半成品组成的，每一组成成分的用量是多少及各成分之间的层次关系。在流程型行业中 BOM 被配方取代，它描述的是产品由哪些原料配合而成，并说明各原料所占的比重。BOM是工业企业最基本的资料之一，应用于企业计划、生产、供应、销售、物料采购、成本控制、工艺设计等各个业务环节，充分体现了企业业务数据共享和信息集成。BOM数据准确与否，直接影响到其他系统。

2. 与BOM相关的数据

BOM数据项中的工序号是产品在某一工作中心加工的过程，而工艺路线是生产产品的一组工序的有机序列。所以直接与BOM相关的数据是划定工作中心，建立相关的部门、工作中心与工序，建立工艺路线组，最后才能建立工艺路线清单。

1.3.3 财务数据规范化

财务基础数据也包括为财务系统提供信息的各种业务数据，如各种材料和产品信息、工艺配方、客户和供应商档案、固定资产、人事信息，等等。这些数据是企业最重要的资源，是企业信息化建设的基石。通过系统实施，可以强制规范各种数据的建立。如在输入销售订单时，一定要输入客户编码信息、产品销售的行业流向等。这些规范的数据和特征值为后续信息的查询与决策分析提供了强有力的支持。

财务基础数据主要有两类：一类是进行管理和会计监督所必需的定额以及费用开支的标准和预算（或计划）；另一类是各种核算对象，如原材料、零配件、包装物、产成品、固定资产、低值易耗品等的名称和编码。对第一类基础数据，要结合管理制度和具体的管理办法制定科学、合理、完整的标准，并规定相应的审核、批准权限。第二类基础数据是会计软件运行的基础，也是系统能够按照设计要求运行的基本保证，必须对这类数据进行系统的分类整理，为会计软件的顺利实施打好基础。

1. 完善会计科目编码体系

会计科目编码体系是会计信息系统的核心，它的二级科目或明细科目必然会与其他系统产生联系，这是以账务处理系统为核心，实现与专业核算系统集成的关键。因此，要明确每一会计科目的经济意义、核算范围、与其他科目的对应关系，以及与其他系统的关系。总之，应从本单位具体情况出发，遵照国家的统一规定，并充分考虑到单位的变化和发展，建立规范、完整的会计科目体系。

2. 完善与会计科目体系相关的各项辅助编码

（1）单位往来核算科目。具体而言，应收账款下设客户辅助核算，必须对每一个客户编一个码。客户编码必须在账务处理系统、销售管理系统、应收款管理系统中保持一致，实现三者共享客户资料，保证基础资料的统一。应付账款下设供应商辅助核算，必须对每一个供应商编一个码。供应商编码必须在账务处理系统、采购管理系统、应付款管理系统中保持一致，实现三者共享供应商资料，保证基础资料的统一。

（2）部门核算科目。部门核算主要涉及的是费用科目，如管理费用。设置部门核算的主要目的是控制各部门的费用，此处的部门编码必须与存货管理系统所使用的部门编码一致。

（3）个人往来核算科目。个人往来核算科目涉及其他应收款，需要对每一个职工进行编号,该编号应与人事、劳资系统中的职工编号一致,成为系统的共享资料。

3. 建立各系统主要管理对象的编码

物料编码贯穿采购管理系统、存货管理系统以及账务处理系统的项目核算管理,物料主要包括原材料、半成品、产成品等。

(1)原材料编码。编码的原材料包括原料及主要材料、辅助材料、外购半成品(外购件)、修理用备件(备品备件)、包装材料、燃料等。要按照系统的编码规则,为企业使用的每种原材料逐一编码。

(2)半成品编码。半成品是存货管理系统的主要管理对象之一,并且是非常复杂的。因为半成品编码不仅仅考虑它的唯一性,而且必须考虑它与产成品的联系,还要考虑它与生产工艺的联系,即要知道它是处于哪道工序,构成哪种产成品。

(3)产成品编码。产成品是销售管理系统、存货管理系统的主要管理与核算对象,并且是账务处理系统项目核算管理的对象之一。编码的产成品指本企业所生产的所有产成品,包括生产过程中产生的副产品。

(4)固定资产编码。固定资产管理系统是一个相对独立的系统,但它必须考虑与账务处理系统会计科目的衔接,以便计提的折旧可直接生成转账凭证;同时要考虑与备品备件的联系,要保证备品备件的管理符合设备维修的需要。固定资产包括的类别较多,存放地点遍及企业各个角落,进行规范整理是一项繁重的工作。在启用固定资产管理系统前,必须先进行资产的清查,再逐一进行编码。

1.3.4 历史数据规范化

为了保证会计信息系统初始化工作顺利进行,还需要对有关的历史数据进行必要的规范整理。

1. 规范会计科目体系,整理期初数据

按照所选软件的要求,设计企业的会计科目体系,然后对已使用的科目按照新的标准进行调整,使之与新系统对接,并按新科目准备期初数据,这些数据包括如下几个方面。

(1)各科目(包括明细科目)的年初数、累计发生数、期末数。

(2)辅助核算项目的期初余额。例如,在建工程项目的明细科目期初余额。

(3)待清理的往来款项、数量金额账的数量和单价,外币金额账的外币和汇率等。

初始数据准备完毕之后,应进行正确性校验,包括明细科目与一级科目的平衡、辅助核算项目与一级科目的平衡,以保证会计信息系统有一个良好的运行基础。

2. 往来账户的清理

对于历史遗留下的无望收回的呆账、乱账和难账,应组织整理和处理,不宜进入会计信息系统中的往来账户。不同的用户对往来账的管理不同,可将往来账分设为客户往来、供应商往来、个人往来辅助账,系统在登记往来账户明细账、总账的同时,还应按单位名称或个人姓名在辅助账数据文件中,按辅助账的特点进行明细登记和汇总登记;为了加强往来账管理，可以单独设置为应收、应付款管理。不论采用哪一种方式，都有必要清理手工方式下的往来账，做到名称使用规范，相关资料齐全。

3. 存货的清理

存货的清理就是对各仓库中的物料、半成品、产成品进行盘点，对盘点结果进行相应的处理，然后按照软件的设计要求进行整理，如物料编码、物料名称、型号规格、计量单位、计划价格、实际价格、库存量等。

4. 固定资产的清理

固定资产的清理首先要对所有在册固定资产进行实地盘点，对于盘亏、毁坏的资产进行清理处理，然后按照软件的设计要求对固定资产进行分类整理。具体工作包括整理卡片资料，确定每一资产的编号、原始价值、累计折旧、维修资料等变动项资料。

历史数据的正确与否，决定系统运行结果是否准确可靠，因为系统中大多数数据的处理，都是以期初数作为处理和结转的依据。

1.4 本书的编写设计

1.4.1 本书的编写思路

本书以厘清财务会计信息与业务管理信息之间的关系为切入点，从会计的本质出发，清晰界定二者的因果关系——财务会计信息为结果信息，其他业务信息为原因信息。因此，通过因果关系链分析会计信息报告体系，就可追根问底，寻求形成会计信息的底层原因——业务信息。实际上，财务、业务其本源就是一体化的，只不过是手工操作下人为地将其分离了。现在利用会计信息系统使其回归一体化的本源，这是本书的编写思路。

1.4.2 本书的编写目标

本书以培养管理型财会人才为目标：管理型财会人才需要对系统进行全面了解，能够结合企业的实际需求进行基础资料分类编码、系统初始设置，懂得基础资料之间的关系，了解基础资料的不同属性值在处理过程中的作用，以及如何实现系统目标，而不仅仅是掌握每个模块的局部操作。因此，每章首先厘清系统的业务处理流程和核算程序，使学生懂得本章内容在企业会计处理中的作用，即应该做什么事情，然后通过功能设置使学生懂得如何应用系统做好这些事情，最后通过实验部分，利用企业实务资料让学生体验系统操作全过程，使理论教学与实际应用紧密结合，提高学生解决实际问题的能力。

本书提供的实验资料系统而全面。它以企业为背景，将应用置于企业的真实环境，并且保证了各系统间数据的钩稽关系，全书使用的数据形成了一套完整的账务数据。

1.4.3 各章之间的信息处理关系

本书共分为 12 章。第 1 章回顾与展望会计信息系统的发展，并给出学习指导。第 2 章介绍基础数据的编码与设置,是服务于全书的共享资料,负责为业务功能和处理过程提供统一的基础资料,如计量单位、会计科目、凭证字、客户、供应商、商品物料、工程项目、部门编码、职员编码等内容。第 3～8 章是财务会计模块,第 9～11 章是供应链模块,第 12 章介绍了财务共享服务。

各系统的日常工作是并行处理业务,生成的记账凭证自动传入总账系统,在总账进行记账处理。但期末各专业核算系统必须与总账对账平衡之后,才能结账。结转生成的凭证,如计提折旧的凭证、结转工资费用的凭证,通过结转销售成本、分配结转制造费用等凭证传入总账之后,结转损益科目。最后,总账才能结账。总账结账之后编制会计报表。实际操作中,各章之间的关系如图 1-3 所示。

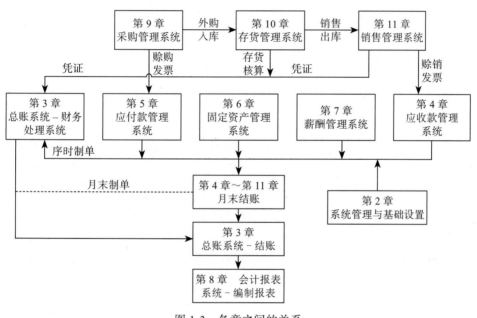

图 1-3 各章之间的关系

▶ 本章小结

会计信息系统在动态变化的环境中不断发展和完善,只要环境变化,它必然会继续发展变化,因此,系统设计不是一劳永逸的,没有一个系统能一直供人使用,我们必须从企业所处的外部环境和内部管理的要求出发,研究会计信息系统自身的结构、机理、处理技术和应用特点,建立完善的财务管理制度和规范的处理流程,推动会计信息化的发展。

▶ 练习题

1. 会计信息系统的发展趋势是什么?
2. 当前集成化管理系统的主要特征是什么?
3. 会计数据的规范化包括哪些主要数据?
4. 解析图 1-3,了解各章之间的关系。

第 2 章

系统管理与基础设置

用友财务软件由多个模块组成,各模块分别服务于同一个企业主体的不同方面,模块之间相互联系,共享基础数据,并且在处理逻辑上彼此之间存在严谨的信息传递关系。因此,要系统地梳理模块之间的业务逻辑关系和数据共享关系,全面实现财务、业务一体化的管理,并对各模块的管理权限进行统筹安排,对各种规则进行总体规划和具体设置,就必须有一个能够满足上述要求的管理模块,这就是系统管理。系统管理通过账套管理和角色权限设置来实现对总账、应收款管理、应付款管理、薪酬管理、固定资产管理、会计报表、供应链等多个模块的统一管理。基础设置包括账套基础信息和基础档案的设置,这些设置构成上述模块的应用基础,是各模块之间共享的信息,是实现一体化管理的基础。

2.1 系统管理

系统管理模块具有建立、修改、删除及备份账套的功能,是对操作员的建立、角色的划分和权限的分配进行集中管理的操作平台,系统管理模块操作流程示例如图 2-1 所示。

图 2-1 系统管理模块操作流程示例

2.1.1 账套管理

账套是一个特定的核算单位及其所属的账簿体系,账套管理包括账套的建立、修改、备份及删除等功能。

1. 建立新账套

账套是企业进行会计业务处理的对象,所有操作都是在一个具体的账套中进行的，一个会计主体建立一个账套，用以存储会计主体的完整会计资料。首次使用会计软件时，必须先建立企业的账套，包括在新建账套中输入企业基本信息、设定账套的基本参数、启用账套、建立账套的操作人员并为操作人员分配权限等。

（1）注册。系统管理员必须首先注册，然后才能建立新账套。

（2）设置账套信息和单位信息。账套信息中的"账套号""账套名称""账套路径""启用会计期"是必输项，企业的实际核算期间与自然日期不一致时，系统管理员可通过"会计期间设置"更改启用月份以后每个会计月历的起止日期（见图2-6）。"单位信息"窗口中的"单位名称"必须输入，否则不能继续账套创建工作，其他项为非必填项（见图2-8）。

（3）设置核算类型。"核算类型"设置用于记录本单位的基本核算信息，包括本币代码、本币名称、企业类型、行业性质、科目预置语言、账套主管、是否按行业性质预置科目（见图2-9）。

（4）设置基础信息。"基础信息"就是确定存货、客户和供应商是否分类，以及有无外币核算（见图2-10）。如果单位的存货、客户、供应商相对较多，且类别繁多，则可以对它们进行分类核算，操作过程是在进行基础信息设置时，先设置存货、客户、供应商分类，再设置存货、客户、供应商档案。

2. 账套输出

账套的输出是指数据的备份或删除。系统管理员应该定时将企业数据备份，存储到不同的介质上（如软盘、光盘、网络磁盘等），一旦发现硬盘数据文件被非法篡改或被破坏，就可利用备份数据使系统数据尽快恢复以保证业务正常进行。删除账套功能需要慎用，因为删除后将不能恢复。

3. 账套引入

账套引入是将系统外数据引入本系统中，可以实现账套数据的恢复，对于集团公司而言，还可以定期将子公司的账套引入母公司的系统中，以便进行有关账套数据的分析和合并工作。

2.1.2 账套管理实验指南

【实验内容】

（1）建立一个新账套，并进行初始设置。

（2）建立新角色与用户，并对不同角色及用户进行分工授权。

【实验资料】

（1）建立新账套。

①账套信息。账套号：666；账套名称：新世纪轧钢厂；采用默认账套路径；账套启用会计期：2022年1月；会计期间设置：1月1日至12月31日。

②单位信息。单位名称：新世纪轧钢厂；单位简称：新世纪轧钢厂；单位地址：湖南省长沙市岳麓区；邮政编码：410083；联系电话：0731-88830421；电子邮件：xsjzgc@126.com；税号：210300136033721。 ⊖

⊖ 本书中单位查询信息和个人身份信息均为虚拟。

③核算类型。该企业的记账本位币为人民币(RMB);企业类型为工业;行业性质为2007年新会计制度科目;科目预置语言为中文(简体);账套主管为demo和王浩;按行业性质预置科目。

④基础信息。该企业无外币核算,进行经济业务处理时,需要对存货、客户、供应商进行分类。

⑤分类编码方案。科目编码级次:42222;其他:默认。

⑥数据精度。该企业对存货数量、单价的小数位定为2。

(2)角色管理。用户及用户权限如表2-1所示。

表2-1 用户及用户权限

编码	用户	用户权限
01	王浩	账套主管,负责账套的维护工作,可以修改和管理所选年度内的账套
02	徐晓	出纳,具有出纳签字权(GL0203),负责现金管理(GL04)
03	龙胜强	审核业务(GL0204),管理账簿及月末处理(GL0108、GL0109、GL1501-GL1510),负责对账和结账工作(GL1511、GL1512)
04	疗江	负责制单(GL0201)、常用凭证录入(GL0211)、记账(GL0208)、恢复记账前状态(GL0209),以及应收(AR)、应付(AP)、固定资产(FA)、薪资管理(WA)

注:括号中为各项内容的系统代码。

【操作指导】

(1)启动系统管理。以系统管理员admin的身份注册,进行系统管理,并建立账套。如图2-2所示,单击"开始"→"所有程序"→"用友U8V10.1"→"系统服务"→"系统管理",进入图2-3所示的"系统管理"界面。

图2-2 启动系统管理界面

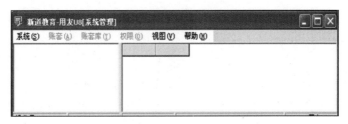

图 2-3　系统管理界面

（2）注册。在系统管理界面单击"系统"菜单下的"注册"，打开图 2-4 所示登录窗口，默认系统管理员为 admin，无密码，单击"登录"返回图 2-3 所示界面，此时系统管理员已经登录系统，可以开始建立账套了。

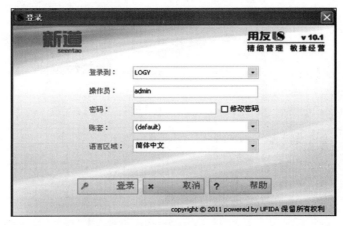

图 2-4　系统管理员登录

（3）建立账套。

①在图 2-3 系统管理界面选择"账套"菜单下的"建立"，进入图 2-5 所示的"创建账套 – 建账方式"窗口。选择"新建空白账套"，然后单击"下一步"，输入账套信息。

图 2-5　创建账套 – 建账方式

②输入账套信息。具体信息如下所述。

账套号：是识别账套的标志，必须输入，为3位数字，即001～999，并且不能与已存在的账套重复。

账套名称：在显示和打印账簿和报表时都会使用，必须输入。

账套路径：用来确定新建账套将要被存放的位置，系统默认路径为"C：\U8SOFT\Admin"，用户可以点击"…"自行更改。

启用会计期：必须输入，是账套的启用时间，便于确定应用系统的起点，确保证、账、表的连续性。启用会计期一旦设定，不能更改（建议年初启用）。系统默认为计算机的系统日期。

参照"实验资料"中的账套信息进行操作，结果如图2-6所示。

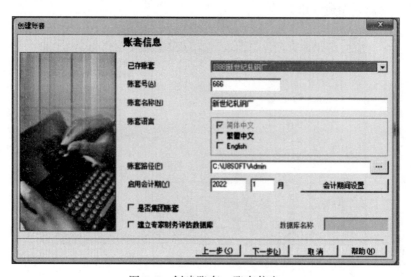

图2-6 创建账套－账套信息

本例中要修改会计期间，在图2-6中单击"会计期间设置"，弹出图2-7所示的"会计月历"窗口，设置完会计期间后单击"确定"返回图2-6所示界面，单击"下一步"，进入图2-8所示的"创建账套－单位信息"窗口。

③输入单位信息。单位信息用于记录本次新建账套单位的基本信息。

单位名称：用户单位的全称，必须输入。企业全称只在发票打印时使用，其余情况全部使用企业的简称。

单位简称：用户单位的简称，必须输入。

其他栏目属于任选项，可根据单位具体情况填写。

输入完成，单击"下一步"，进入图2-9所示的"创建账套－核算类型"窗口。

④输入核算类型。输入方式如下所述。

本币代码：必须输入。

本币名称：必须输入。

图2-7 会计月历

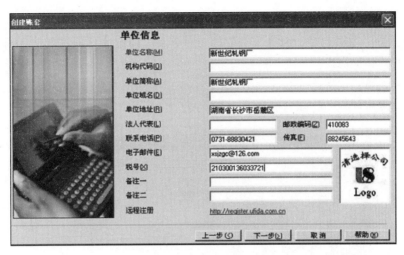

图 2-8 创建账套 – 单位信息

企业类型：用户必须从下拉列表框中选择输入。系统提供了工业、商业两种类型。如果选择工业模式，则系统不能处理委托代销业务；如果选择商业模式，委托代销和受托代销都能处理。

行业性质：为之后是否"按行业性质预置科目"确定科目，并且系统会根据企业所选企业类型预置一些行业的特定方法和报表，如选择工业，则有"原材料"科目，而选择商业则没有。用户必须从下拉列表框中选择输入。

账套主管：必须从下拉列表框中选择输入。

按行业性质预置科目：勾选后，会计科目由系统自动设置行业的标准一级科目和主要明细科目，如果不勾选该复选框，则用户自己设置会计科目。

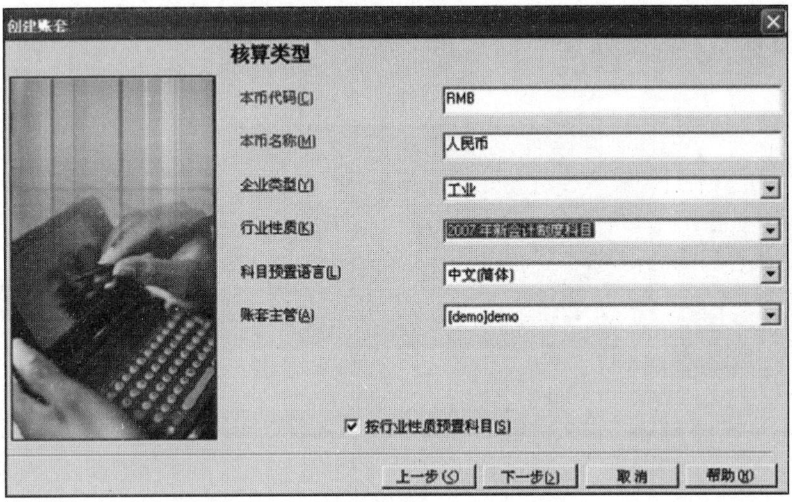

图 2-9 创建账套 – 核算类型

参照"实验资料"中的核算类型进行输入，结果如图 2-9 所示，输入完成单击"下一步"，进入图 2-10 所示的"创建账套 – 基础信息"窗口。

⑤确定基础信息。

存货是否分类、客户是否分类、供应商是否分类：勾选此三项复选框，表示核算单位对存货、客户、供应商进行分类。

有无外币核算：勾选此项复选框，表示核算单位有外币业务。

参照"实验资料"中的基础信息，完成输入。

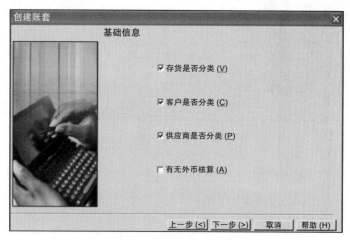

图 2-10　创建账套 – 基础信息

单击"下一步"，进入图 2-11 所示的"创建账套 – 开始"窗口，然后单击"完成"，系统弹出图 2-12 所示的"创建账套"窗口，选择"是"进入图 2-13 所示的"分类编码方案"窗口。

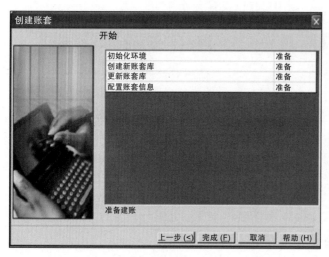

图 2-11　创建账套 – 开始　　　　　图 2-12　创建账套

⑥确定分类编码方案。为了便于对经济业务数据进行分级核算、统计和管理，系统要求预先设置某些基础档案的编码规则，即规定各种编码的级次及各级的长度。系统提供了15 个项目的编码方案，每个项目都规定了"最大级数"和"最大长度"以及"单级最大长

度"。"最大级数"是指项目可设级数的上限,"最大长度"是指项目所有级数的总长度上限,"单级最大长度"是指项目各级的长度上限。本软件中所有置灰的部分不能修改。分类编码的设置也可以在账套创建完成后,在基本信息里修改。此外,编码方案一旦使用就不能更改,若要更改,必须将相应的档案资料删除后才能进行。

参照"实验资料"设置新世纪轧钢厂的分类编码,如图 2-13 所示。

设置完成,单击"确定"进入图 2-14 所示的"数据精度"窗口。

图 2-13　分类编码方案　　　　　　图 2-14　数据精度

⑦数据精度定义。数据精度是指定义数据的小数位数,超过此精度的数据,系统会以四舍五入的方式进行取舍。根据企业的需要设置存货数量、存货单价、开票单价、件数、换算率和税率的小数位,这关系到企业核算的精确程度。上述每个项目的小数位可以输入 0～6 之间的整数。

参照"实验资料"将所有数据精度设为系统默认值 2,单击"确定",弹出系统提示"创建账套成功!"和"现在进行系统启用设置吗?"。单击"是",进入图 2-15 所示的"系统启用"窗口。

⑧系统启用。选中"GL-总账"复选框,弹出"日历"对话框,参照"实验资料"中的"账套信息",选择日期"2022 年 1 月 1 日",单击"确定",弹出系统提示"确定要启用当前系统吗?"对话框,单击"是",则设定好总账系统启用日期为 2022 年 1 月 1 日。然后依上述步骤为新世纪轧钢厂选择应付、应收、固定资产和薪资管理系统,启用供应链模块的,可以同时启用采购管理、销售管理、库存管理和存货核算系统,设置完成后单击"退出"返回到图 2-3 所示界面,账套创建成功。

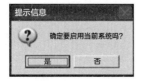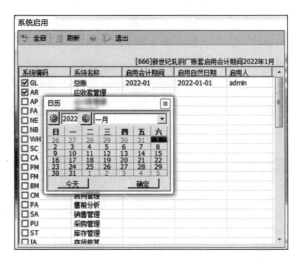

图 2-15　系统启用

（4）账套输出。账套的输出是指数据的备份或删除。只有系统管理员才能进行账套备份，备份的账套数据名以"UfErpAct"为前缀。如要删除选中的账套数据，则在输出账套时，勾选"删除当前输出账套"即可。

以系统管理员（admin）的身份注册进入"系统管理"界面，在图 2-3 所示界面中单击"账套"菜单下的"输出"，系统弹出如图 2-16 所示的"账套输出"窗口，在"账套号"处选择需要输出的账套"[666]新世纪轧钢厂"，单击"确认"，系统会弹出图 2-17 所示的"选择备份路径"窗口，选择输出路径，单击"确认"，系统开始备份。备份完成后，弹出系统提示"输出成功"，单击"确定"，完成输出。如果要删除账套，则在图 2-16 所示界面中勾选"删除当前输出账套"。

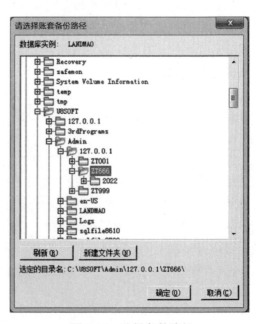

图 2-16　账套输出　　　　　　　　　　图 2-17　选择备份路径

（5）账套引入。账套引入是将系统外数据引入本系统中，可以实现账套数据的恢复，对于集团公司而言，还可以定期将子公司的账套引入母公司系统中，以便进行有关账套数据的分析和合并工作。只有系统管理员才能进行账套引入。

以系统管理员（admin）的身份注册进入"系统管理"界面，在图2-3所示界面中单击"账套"菜单下的"引入"，系统弹出图2-18所示的"选择备份文件"窗口，选择所要引入的账套数据备份文件，单击"确定"即可。

图2-18　选择备份文件

（6）账套修改。账套经过一段时间运行之后，如果需要修改或补充某些信息，可以通过账套修改功能来完成。只有账套主管才有权利使用账套修改功能。

在图2-3所示界面中单击"系统"菜单下的"注册"，系统弹出图2-19所示的"注册－系统管理"窗口，操作员输入"demo"，密码"DEMO"，选择"[666]新世纪轧钢厂"账套，单击"登录"返回图2-3所示界面。如图2-20所示，单击"账套"下的"修改"，弹出图2-21所示的"修改账套"对话框，其余步骤参照建账，可修改的账套信息以白底色显示，不可修改的账套信息以灰底色显示。

（7）角色管理。角色是指在企业管理中拥有某一类职能的组织，这个角色组织可以是实际的部门，也可以是由拥有同一类职能的人构成的虚拟组织。在设置角色后，首先定义角色的权限，然后添加用户，将某个角色授予指定用户，则这个用户也就被赋予了相应的权限。在建立新账套时，必须由系统管理员确定账套主管、进行用户的授权或撤销权限设置。

①增加用户。参照表2-1，在"新世纪轧钢厂"账套中添加4名用户。

以系统管理员（admin）的身份注册进入"系统管理"界面，在图2-20所示界面中单击"权限"菜单下的"用户"，打开图2-22所示的"用户管理"窗口，单击"增加"，弹出图2-23所示的"操作员详细情况"窗口，其中"编号"和"姓名"是必输项，参照表2-1为新世纪轧钢厂添加新用户，单击"确定"按钮，保存新增用户信息。输入完成，结果如图2-22所示。

图 2-19　注册 – 系统管理

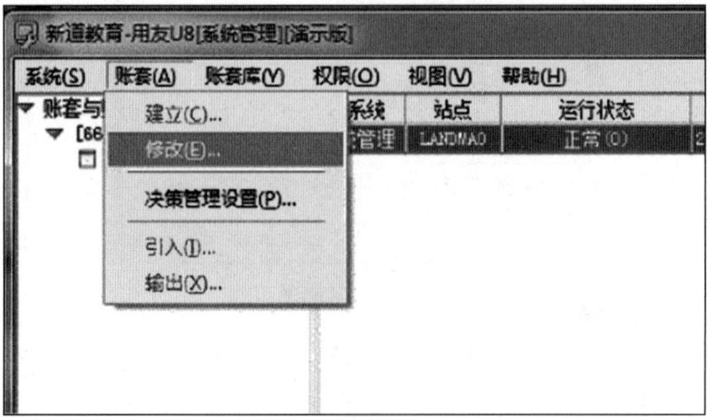

图 2-20　修改账套步骤

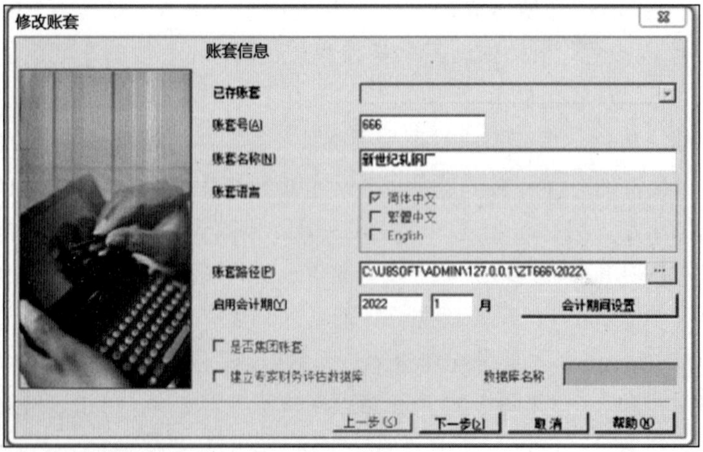

图 2-21　修改账套

图 2-22 用户管理

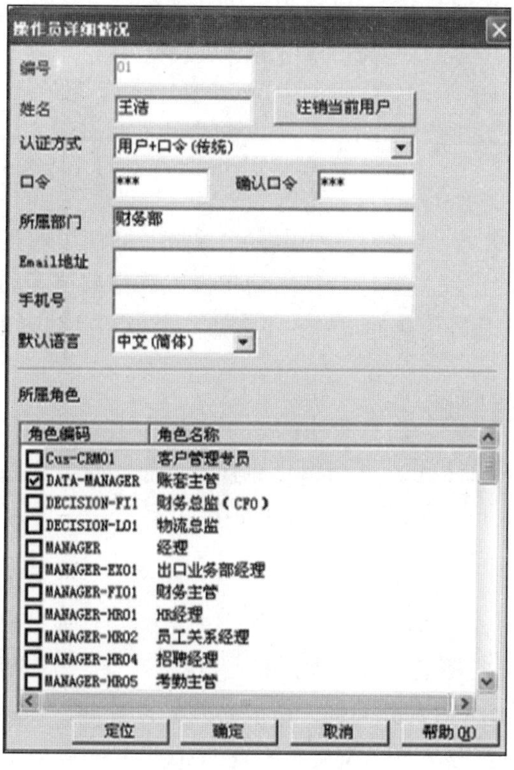

图 2-23 操作员详细情况

②用户授权。对用户实行使用权限控制，可以防止与业务无关的人员擅自使用软件，杜绝越权操作的行为发生。系统管理员可以给各个账套指定账套主管，还可以对各个账套的操作员进行权限设置，而账套主管只可以对所管辖账套的操作员进行权限指定。参照表 2-1 为新世纪轧钢厂的 4 名用户授权。

在图 2-3 所示界面中选择"权限"菜单进行功能权限分配，打开图 2-24 所示的"操作员权限"窗口，首先在窗口的右上角选择账套，在左侧的操作员列表中选择"王浩"，勾选"账套主管"复选框，即完成对"王浩"的授权。参照表 2-1 对其他人员进行授权，设置完成后退出。

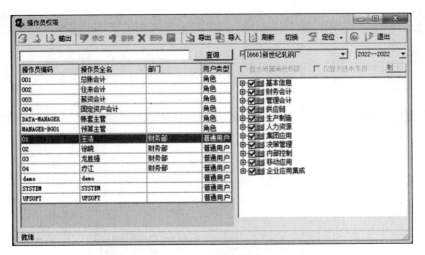

图 2-24 操作员权限

2.2 基础设置

一个新账套建立以后,首先要对一些由多个模块共同使用的基础信息进行设置,然后才能进行会计核算。基础设置主要包括基本信息设置和基础档案的设置,账套主管通过系统中的企业门户可以进行基础信息的设置,下面重点讲解基础档案设置。

2.2.1 基础档案设置概述

基础档案设置包括机构人员、客商信息、存货信息、财务、收付结算、业务和对照表等 7 个部分内容的设置,下面重点讲解前 3 个部分。

1. 机构人员设置

机构人员设置包括本单位信息、部门档案、人员类别、人员档案、职务档案、岗位档案的设置,这里仅介绍部门档案、人员类别和人员档案,具体信息见表 2-2。由于在设置人员档案时要选择其所属部门和人员类别,所以必须先设置部门档案和人员类别。机构人员设置是部门核算、个人往来核算及工资管理系统的基础。

2. 客商信息设置

企业通过客商信息设置对其客户和供应商进行分类管理。客户和供应商设置与应收、应付系统密切相关,如果在应收、应付系统中设置了客户或供应商往来辅助核算,则必须从这些档案中选择相应的客户或供应商。

3. 存货信息设置

企业可以根据需求对存货进行分类管理,首先定义存货分类并设置计量单位(计量单位和存货分类设置无先后顺序),然后设置存货档案。

(1)计量单位设置。企业存货可能会有多种计量单位,系统提供三种类别的计量单位组,分别是无换算率、固定换算率、浮动换算率,其中,"无换算率"计量单位组中各计量单位是独立的,"固定换算率"与"浮动换算率"计量单位组又分别包含有主计量单位和辅计量单位,每个类别主计量单位只能设置一个,"固定换算率"计量单位组可以设置若干辅计量单位,"浮动换算率"计量单位组只能设置一个辅计量单位。在设置计量单位时,先设置计量单位组别,再定义计量单位。

(2)存货分类及存货档案设置。这一设置主要是对每种存货的计量单位和属性进行选择,为存货在各模块的使用打好基础。一般情况下,原材料和辅助材料的存货属性应设置为"销售"和"外购",产成品的存货属性设置为"销售"和"自制"。

2.2.2 基础档案设置实验指南

【实验内容】

(1)建立部门、人员档案。
(2)建立供应商、客户档案。
(3)建立存货档案。

【实验资料】

(1)部门及人员档案。新世纪轧钢厂部门及部分人员信息如表 2-2 所示。

表 2-2 部门及部分人员信息

部门编码	部门名称	人员编码	人员名称	性别	人员类别	银行账号
1	采购部	001	刘思宇	男	管理人员	12345678901
		002	任笑	女	管理人员	12345678902
2	财务部	003	龙胜强	男	管理人员	12345678903
		004	疗江	男	管理人员	12345678904
		005	王浩	男	管理人员	12345678905
		006	徐晓	女	管理人员	12345678906
3	生产部	007	孙亚楠	男	生产管理人员	12345678907
		008	孙艳	女	生产人员	12345678908
		009	岑洁	女	生产人员	12345678909
		010	覃晓	男	生产人员	12345678910
		011	张巧枚	女	生产人员	12345678911
		012	王传东	男	生产人员	12345678912
		013	戴雄	男	生产管理人员	12345678913
		014	熊伟	男	生产人员	12345678914
4	企业管理部	015	刘雄伟	男	管理人员	12345678915
		016	刘壮	男	管理人员	12345678916
5	销售部	017	邓娟	女	管理人员	12345678917
		018	吴迪	女	管理人员	12345678918

(2)地区及客商分类。地区分类、供应商分类、客户分类分别如表 2-3、表 2-4 和表 2-5 所示。

表 2-3 地区分类

分类编码	所属地区
01	华南地区
02	西南地区
03	东北地区
04	东南地区

表 2-4 供应商分类

分类编码	分类名称
01	原材料供应商
02	辅助材料供应商

表 2-5 客户分类

分类编码	分类名称
01	批发
02	零售
03	委托代销
04	其他

（3）客商档案。供应商档案资料和客户档案资料分别如表2-6和表2-7所示。

表 2-6 供应商档案资料

所属地区	供应商类别	供应商编码	供应商名称	开户银行	银行账号	税号
华南地区	原材料供应商	001	新元炼钢厂	中国银行	1234501	96315
	原材料供应商	002	中华炼钢厂	中国银行	1234502	98462
西南地区	原材料供应商	003	大阳炼钢厂	中国银行	1234503	67583
	原材料供应商	004	巨象炼钢厂	中国银行	1234504	72657
东北地区	原材料供应商	005	启德炼钢厂	工商银行	1234505	31012
	原材料供应商	006	连庆炼钢厂	工商银行	1234506	24645
东南地区	原材料供应商	007	中隆炼钢厂	工商银行	1234507	97671
	原材料供应商	008	昌南炼钢厂	工商银行	1234508	68943

表 2-7 客户档案资料

所属地区	客户类别	客户编码	客户名称	税号	开户银行	银行账号
华南地区	批发	001	新康机械厂	98732	中国银行	7654301
	批发	002	涞源公司	79653	中国银行	7654302
西南地区	批发	003	彭园公司	33451	中国银行	7654303
	委托代销	004	浦华公司	65489	中国银行	7654304
东北地区	批发	005	单南公司	32106	工商银行	4321901
	批发	006	高迪公司	34127	工商银行	4321902
东南地区	批发	007	巴氏集团	55079	工商银行	4321903
	批发	008	肯亚集团	17127	工商银行	4321904

（4）存货档案。计量单位设置和存货档案资料分别如表2-8和表2-9所示。

表 2-8 计量单位设置

计量单位组（编码）	计量单位组类别	计量单位代码	名称	是否基本单位	系数
数量组（1）	固定换算率计量单位组	01	个	是	1
		02	打	否	12
		03	箱	否	240
重量组（2）	浮动换算率计量单位组	04	吨	是	1
		05	千克	否	0.001
其他（3）	无换算率计量单位组	06	栋		
		07	辆		
		08	台		

表 2-9　存货档案资料

分类编码	分类名称	存货编码	存货名称
01	原材料	001	45# 锭
		002	20 管锭
		003	T8 锭
		004	45# 坯
		005	25MV 坯
		006	Q235 坯
		007	轻轨钢坯
		008	R3 坯
02	辅助材料	020	铁水脱硫剂
		021	增碳剂
03	产成品	050	齿轮钢
		051	螺纹钢
		052	角钢
		053	槽钢
		054	扣件钢
		055	轻轨
		056	链条钢
		057	锚杆钢
		058	弹条钢
04	其他	090	运费

【操作指导】

（1）启动企业门户。以账套主管"demo"或者"王浩"的身份进行基础档案设置。单击"开始"→"所有程序"→"用友 U8V10.1"→"企业应用平台"，进入图 2-25 所示的登录界面。输入操作员账号和密码，选择账套"[666]新世纪轧钢厂"，操作日期输入"2022-01-01"。单击"登录"，进入图 2-26 所示界面。

图 2-25　登录企业门户界面

在图 2-26 所示界面，单击"基础设置"→"基础档案"，然后在"基础档案"下列项目中双击要设置的档案项目，即进入相应项目的设置界面。

图 2-26　基础设置

（2）设置部门档案。在图 2-26 所示的基础设置界面中双击"机构人员"菜单下的"部门档案"，打开图 2-27 所示的"部门档案"窗口，单击左上角"增加"，输入数据。部门编码、部门名称必填，成立日期系统默认为账套启用日，其他项目根据具体情况选填。参照表 2-2 内容依次输入部门信息，输入完成后，关闭并返回图 2-26 所示界面。

图 2-27　部门档案

（3）设置人员档案。

①设置人员类别。在图 2-26 所示基础设置界面中双击"机构人员"菜单下的"人员类别"，打开图 2-28 所示的"人员类别"窗口，单击"增加"，进入"修改档案项"对话框，输入数据。其中，档案编码和档案名称必填，其他项目根据具体情况选填。参照表 2-2 中内容依次输入人员类别信息，输入完成后，单击"退出"，返回图 2-26 所示界面。

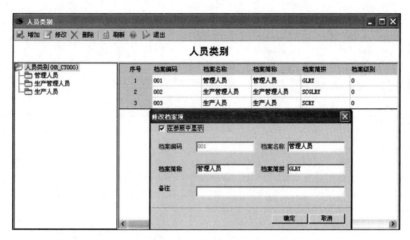

图 2-28　人员类别

②设置人员档案。在图 2-26 所示基础设置界面中双击"机构人员"菜单下的"人员档案"，打开图 2-29 所示的"人员列表"窗口，单击"增加"，进入图 2-30 所示的"人员档案"对话框，依次输入数据。其中，系统中的蓝色字项目为必填项目，生效日期系统默认为账套启用日，其他项目根据具体情况选填。参照表 2-2 中内容依次输入人员信息，输入完成后单击"退出"，返回图 2-29 所示"人员列表"窗口，然后关闭"人员档案"窗口返回图 2-26 所示界面。

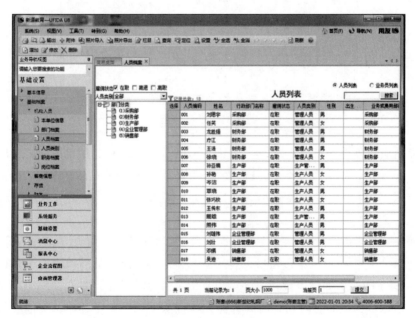

图 2-29　人员列表

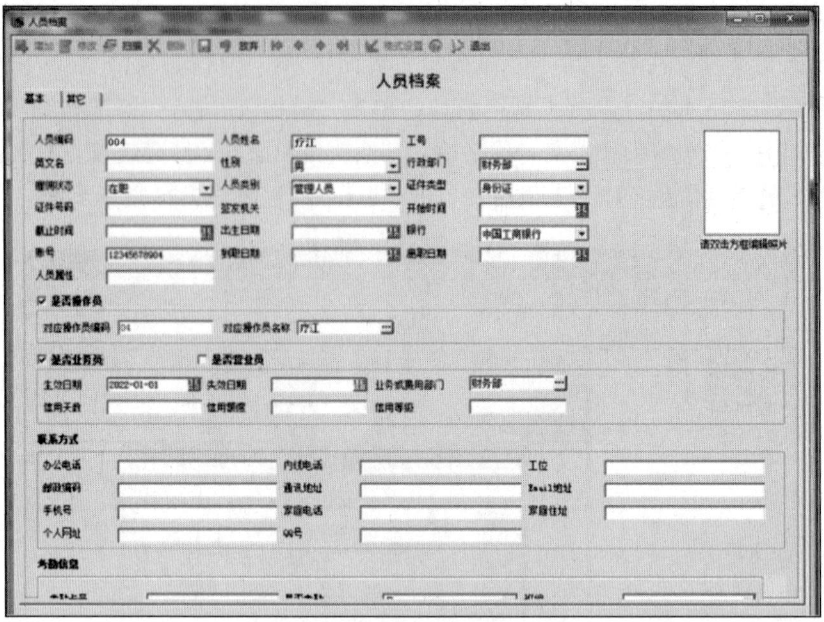

图 2-30 人员档案

（4）设置客商信息。在建账时如果选择了进行客户、供应商分类，那么在设置客户、供应商档案之前必须进行分类，否则将不能输入档案。

①设置地区分类。在图 2-26 所示界面中双击"客商信息"菜单下的"地区分类"，打开图 2-31 所示的"地区分类"窗口，单击"增加"，在右侧对话框中输入分类编码和分类名称。参照表 2-3 中内容依次输入地区分类，输入完成后，单击"退出"返回图 2-26 所示界面。

图 2-31 地区分类

②设置供应商分类。在图 2-26 所示界面中双击"客商信息"菜单下的"供应商分类"，打开图 2-32 所示的"供应商分类"窗口，单击"增加"，在右侧对话框中输入分类编码和分类名称。参照表 2-4 中内容依次输入供应商分类，输入完成后，单击"退出"返回图 2-26 所示界面。

③设置供应商档案。在图 2-26 所示界面双击"客商信息"菜单下的"供应商档案"，打开图 2-33 所示的"供应商档案"窗口，首先选择供应商分类，然后单击左上角的"增加"，进入图 2-34 所示的"增加供应商档案"窗口，输入数据。其中：供应商编码、供应商简称必填；所属地区、供应商总公司、所属分类、币种从下拉菜单中选择；其他项目根据具体

情况选填。参照表 2-6 中内容依次输入供应商档案资料，输入完成后，单击"退出"，返回图 2-33 所示"供应商档案"窗口。

图 2-32　供应商分类

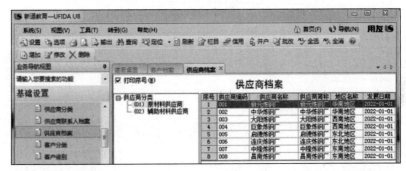

图 2-33　供应商档案

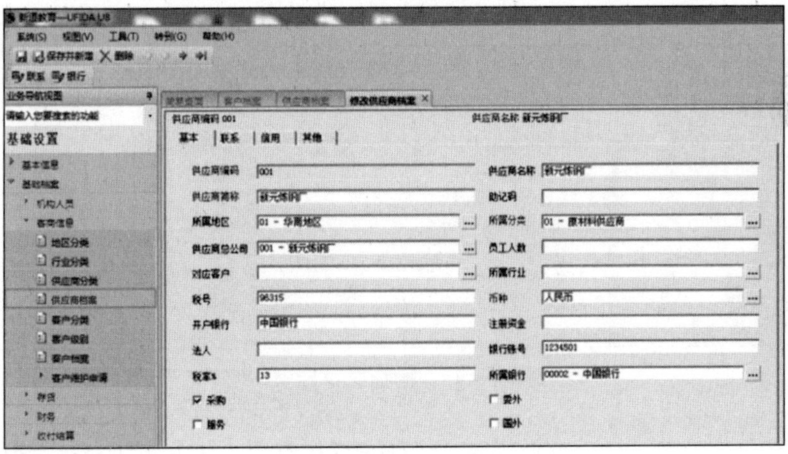

图 2-34　增加供应商档案

④设置客户分类。在图 2-26 所示界面中双击"客商信息"菜单下的"客户分类"，打开图 2-35 所示的"客户分类"窗口，单击"增加"，在右侧对话框中输入分类编码和分类名称。参照表 2-5 中内容依次输入客户分类，输入完成后，单击"退出"。

⑤设置客户档案。在图 2-26 所示界面中双击"客商信息"菜单下的"客户档案"，打开图 2-36 所示的"客户档案"窗口，首先选择客户分类，然后单击左上角的"增加"，进入

图 2-37 所示的"增加客户档案"窗口,输入数据。其中:客户编码、客户简称必填;所属地区、所属分类、币种从下拉菜单中选择;其他项目根据具体情况选填。参照表 2-7 中内容依次输入客户档案,输入完成后保存退出,输入的客户信息显示在图 2-36 所示界面中。

图 2-35 客户分类

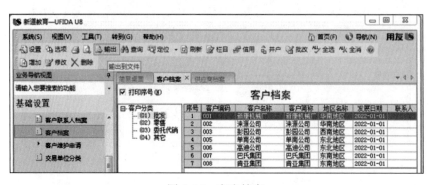

图 2-36 客户档案

图 2-37 增加客户档案

(5)设置存货。在进行存货设置时,企业可以根据需求对存货进行分类管理,即首先要定义存货分类及设置计量单位,两者设置无先后顺序。因为进行存货档案设置时,要指定该种存货所属类别及使用的计量单位,所以存货档案设置要在计量单位设置完成之后才能进行。

①设置存货分类。在图 2-26 所示基础设置界面中双击"存货"菜单下的"存货分类",打开图 2-38 所示的"存货分类"窗口,单击"增加",在右侧对话框中输入分类编码和分类名称。参照表 2-9 中内容依次输入存货分类,保存退出,返回图 2-26 所示界面。

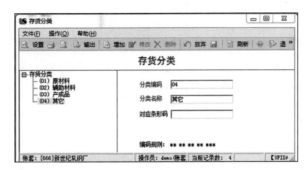

图 2-38　存货分类

②设置计量单位。设置计量单位的操作分两步：首先设置计量单位组，然后设置每个组别下的计量单位。

首先设置计量单位组：根据表 2-8，在图 2-26 所示界面中双击"存货"菜单下的"计量单位"，打开图 2-39 所示的"计量单位"窗口，单击工具栏中的"分组"，弹出图 2-39 右侧所示的"计量单位组"输入界面，添加计量单位组编码为"1"，计量单位组名称为"数量组"，计量单位组类别为"固定换算率"，单击"保存"，此时，输入的"数量组"就会在图 2-39 左侧所示界面中显示，单击"退出"完成计量单位组的设置。

然后设置计量单位：在图 2-39 左侧所示界面中选择已设置好的计量单位组，再点击工具栏中的"单位"，打开图 2-40 所示的"计量单位"输入界面，添加计量单位编码为"01"，计量单位名称为"个"，勾选"主计量单位标志"，单击"保存"，输入完成后，单击"退出"，完成计量单位设置。

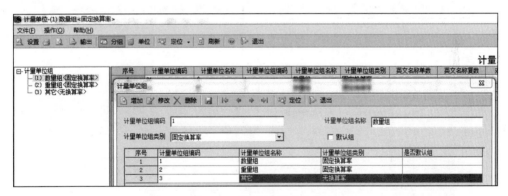

图 2-39　设置计量单位组

③设置存货档案。在图 2-26 所示界面中双击"存货"菜单下的"存货档案"，打开图 2-41 所示的"存货档案"窗口，首先选择存货分类，单击左上角的"增加"，进入图 2-42 所示的"增加存货档案"窗口，输入数据。其中：存货编码、存货名称必填；存货分类、计量单位组、主计量单位从下拉菜单中选择；存货属性必须勾选，其他项目根据具体情况选填。参照表 2-9 中内容依次输入存货档案资料，输入完成后，单击"保存"，返回"存货档案"窗口，关闭"存货档案"窗口并返回图 2-26 所示界面。

图 2-40 增加计量单位

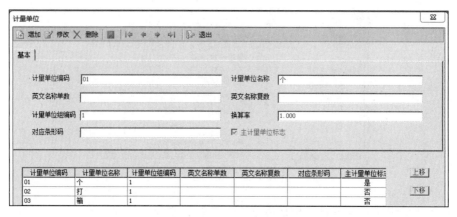

图 2-41 存货档案

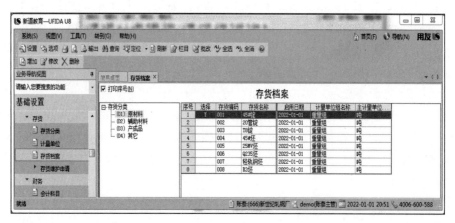

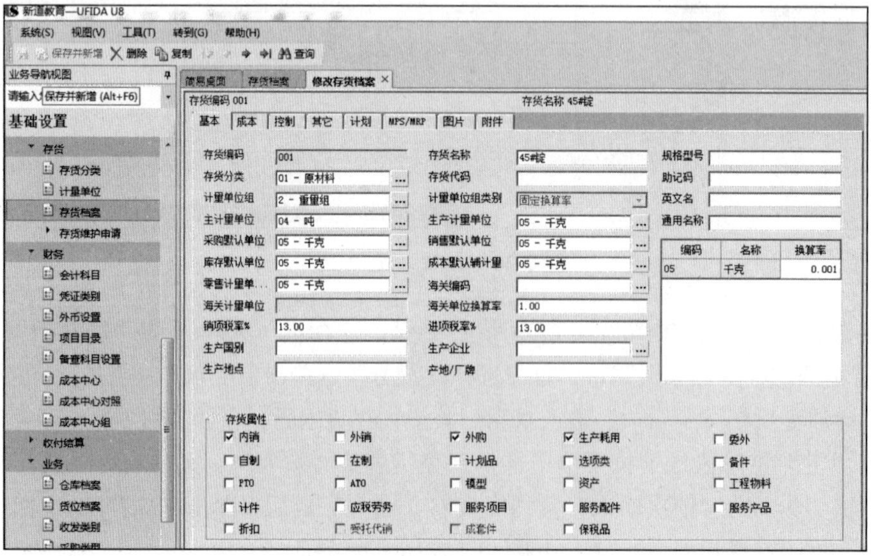

图 2-42 增加存货档案

2.3 财务基础档案设置

2.3.1 基础资料档案设置概述

1. 会计科目设置

会计科目是基础资料中的关键数据，是账务处理的依据，由于会计科目之间以及会计科目与其他基础档案资料都存在着业务上的关联关系，因此必须具体分析每一个会计科目，根据核算业务设置不同的辅助核算，通过会计科目实现与相关辅助核算对象的联系，使辅助核算的基础资料如存货档案、供应商档案、客户档案、部门档案、人员档案等与会计科目的联系成为记账凭证的一部分。

2. 凭证类别设置

根据企业需要可以设置为"收、付、转"三种，也可以设置为"现收、现付、银收、银付、转"五种，不同凭证类别对应不同的会计科目，设置凭证类别与会计科目的对应关系，可以起到对凭证输入的检验作用（见表2-11）。

3. 项目目录设置

项目目录设置是由会计科目决定的，服务于设置了项目核算的会计科目，见表2-10中辅助账类型为"项目核算"的科目。

2.3.2 财务档案设置的实验指导

【实验内容】

（1）设置会计科目。
（2）设置凭证类别。
（3）设置项目目录。

【实验资料】

（1）会计科目表。根据会计科目之间的关系分析以及新世纪轧钢厂的具体情况，新世纪轧钢厂现用的会计科目设置如表2-10所示。

表2-10 新世纪轧钢厂会计科目

类型	级次	科目编码	科目名称	辅助账类型	余额方向
资产	1	1001	库存现金	日记账	借
资产	1	1002	银行存款		借
资产	2	100201	工行	日记账/银行账	借
资产	2	100202	建行	日记账/银行账	借
资产	1	1012	其他货币资金		借
资产	2	101201	外埠存款		借
资产	2	101202	银行本票		借
资产	1	1101	交易性金融资产		借

(续)

类型	级次	科目编码	科目名称	辅助账类型	余额方向
资产	2	110101	股票		借
资产	2	110102	债券		借
资产	1	1121	应收票据	客户往来	借
资产	1	1122	应收账款	客户往来	借
资产	1	1123	预付账款	供应商往来	借
资产	1	1131	应收股利		借
资产	1	1132	应收利息		借
资产	1	1221	其他应收款		借
资产	2	122101	应收内部职工款	个人往来	借
资产	2	122102	应收其他单位款	客户往来	借
资产	1	1231	坏账准备		贷
资产	1	1401	材料采购	项目核算、数量核算	借
资产	1	1402	在途物资		借
资产	1	1403	原材料	项目核算、数量核算	借
资产	1	1404	材料成本差异	项目核算、数量核算	借
资产	1	1411	周转材料		借
资产	2	141101	包装物		借
资产	2	141102	低值易耗品		借
资产	1	1405	库存商品	项目核算、数量核算	借
资产	1	1471	存货跌价准备		贷
资产	1	1501	持有至到期投资		借
资产	1	1502	持有至到期投资减值准备		贷
资产	1	1503	可供出售金融资产		借
资产	1	1511	长期股权投资		借
资产	2	151101	股票投资		借
资产	2	151102	其他股权投资		借
资产	1	1512	长期股权投资减值准备		贷
资产	1	1601	固定资产		借
资产	1	1602	累计折旧		贷
资产	1	1603	固定资产减值准备		贷
资产	1	1604	在建工程	项目核算	借
资产	1	1605	工程物资		借
资产	1	1701	无形资产		借
资产	1	1606	固定资产清理		借
资产	1	1901	待处理财产损溢		借
资产	2	190101	待处理流动资产损益		借
资产	2	190102	待处理固定资产损益		借
负债	1	2001	短期借款		贷
负债	1	2101	交易性金融负债		贷
负债	1	2111	卖出回购金融资产款		借
负债	1	2201	应付票据	供应商往来	贷
负债	1	2202	应付账款	供应商往来	贷
负债	1	2203	预收账款	客户往来	贷

（续）

类型	级次	科目编码	科目名称	辅助账类型	余额方向
负债	1	2211	应付职工薪酬		贷
负债	1	2221	应交税费		贷
负债	2	222101	应交增值税		贷
负债	3	22210101	进项税额		贷
负债	3	22210102	已交税金		贷
负债	3	22210105	销项税额		贷
负债	2	222106	应交所得税		贷
负债	1	2231	应付利息		贷
负债	1	2232	应付股利		贷
负债	1	2241	其他应付款		贷
负债	1	2501	长期借款		贷
负债	1	2502	应付债券		贷
负债	1	2901	递延所得税负债		贷
权益	1	4001	实收资本		贷
权益	1	4002	资本公积		贷
权益	1	4101	盈余公积		贷
权益	2	410101	法定盈余公积		贷
权益	2	410102	任意盈余公积		贷
权益	1	4103	本年利润		贷
权益	1	4104	利润分配		贷
权益	2	410401	其他转入		贷
权益	2	410412	未分配利润		贷
权益	1	4201	库存股		借
成本	1	5001	生产成本		借
成本	2	500101	基本生产成本		借
成本	3	50010101	材料成本	项目核算	借
成本	3	50010102	人工成本	项目核算	借
成本	3	50010103	制造费用	项目核算	借
成本	2	500102	辅助生产成本		借
成本	3	50010201	材料成本	项目核算	借
成本	3	50010202	人工成本	项目核算	借
成本	3	50010203	制造费用	项目核算	借
成本	1	5101	制造费用		借
成本	2	510101	水电费		借
成本	2	510102	折旧费		借
成本	2	510105	工资		借
损益	1	6001	主营业务收入	项目核算	贷
损益	1	6011	利息收入		贷
损益	1	6051	其他业务收入	项目核算	贷
损益	1	6061	汇兑损益		贷
损益	1	6101	公允价值变动损益		贷
损益	1	6111	投资收益		贷
损益	1	6301	营业外收入		贷

（续）

类型	级次	科目编码	科目名称	辅助账类型	余额方向
损益	1	6401	主营业务成本	项目核算	借
损益	1	6402	其他业务成本	项目核算	借
损益	1	6403	税金及附加		借
损益	1	6601	销售费用		借
损益	2	660101	广告费		借
损益	2	660102	运输费		借
损益	2	660103	折旧费		借
损益	2	660104	工资费用		借
损益	1	6602	管理费用		借
损益	2	660201	招待费	部门核算	借
损益	2	660202	差旅费	部门核算	借
损益	2	660203	办公费	部门核算	借
损益	2	660204	工资费用		借
损益	2	660205	折旧费		借
损益	1	6603	财务费用		借
损益	1	6701	资产减值损失		借
损益	1	6702	信用减值损失		借
损益	1	6711	营业外支出		借
损益	1	6801	所得税费用		借
损益	1	6901	以前年度损益调整		借

（2）凭证类别。凭证类别及限制科目如表2-11所示。

表2-11 凭证类别及限制科目

类别字	类别名称	限制类型	限制科目
收	收款凭证	借方必有	1001, 100201, 100202, 100203
付	付款凭证	贷方必有	1001, 100201, 100202, 100203
转	转账凭证	凭证必无	1001, 100201, 100202, 100203

（3）项目目录。项目档案设置如表2-12所示。

表2-12 项目档案设置

项目编号	项目名称	所属分类名称
01	综合办公楼	第一项目
02	第三轧机车间	第二项目
03	新元材料库	第二项目

（4）结算方式。结算方式设置如表2-13所示。

表2-13 结算方式设置

结算方式编码	结算方式名称	是否票据管理
1	现金	否
2	现金支票	是
3	转账支票	是

【操作指导】

（1）设置会计科目。

1）新增会计科目。在新账套初始化时，选择预置"新企业会计制度"科目，引入的科目大多是财政部规定的一级科目和部分二级科目。在此基础上参照表2-10，对新世纪轧钢厂的会计科目进行新增或修改。

依次单击"基础设置"→"基础档案"→"财务"→"会计科目"，单击"增加"，弹出图2-43所示的界面，输入科目编码"670101"和科目名称"固定资产减值损失"，其余额方向为"支出"，最后单击"确定"保存新增科目。

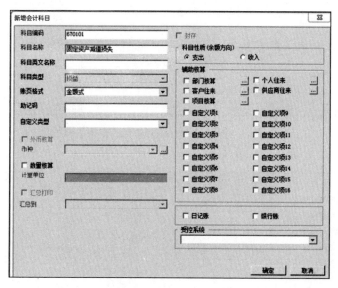

图2-43　新增会计科目

2）设置辅助核算。根据表2-10，对有辅助核算类型的会计科目进行辅助核算设置。辅助核算包括客户往来核算、供应商往来核算、部门核算、个人往来核算、项目核算和数量核算。

①客户往来核算。进入"会计科目"界面，双击"应收账款"科目，单击"修改"，勾选图2-44所示界面中对应的辅助核算方式"客户往来"，单击"确定"保存，该科目自动受控于"应收系统"。

②供应商往来核算。进入"会计科目"界面，双击"预付账款"科目，单击"修改"，勾选"供应商往来"辅助核算项之后单击"确定"保存，该科目自动受控于"应付系统"，如图2-45所示。

③部门核算、个人往来核算、项目核算。根据表2-10，对于设置了辅助核算的科目可参照前述操作方法进行设置。

④数量核算。还需对材料采购、原材料、材料成本差异、库存商品、发出商品科目设置数量核算。例如：进入"会计科目"界面，双击"材料采购"科目，单击"修改"，勾选"数量核算"，输入计量单位"吨"，单击"确定"保存，如图2-46所示。

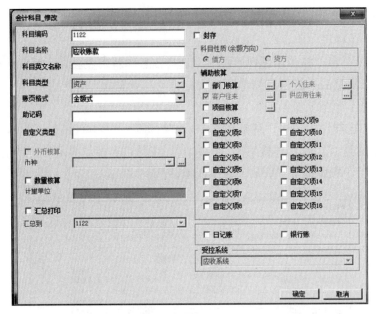

图 2-44　会计科目辅助核算（客户往来）设置

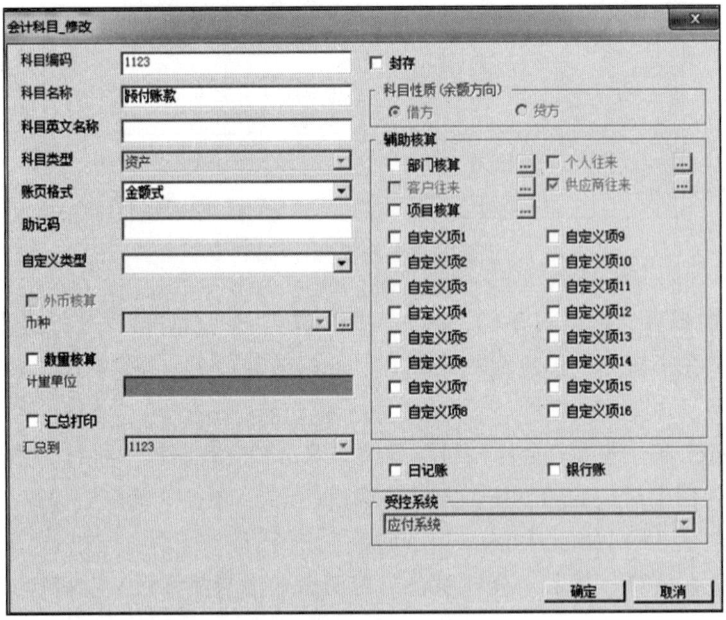

图 2-45　会计科目辅助核算（供应商往来）设置

3）指定科目。指定"库存现金"科目为现金科目，指定"银行存款"科目为银行科目，指定"库存现金"和"银行存款"科目为现金流量科目。

进入"会计科目"界面，单击"编辑"，在下拉菜单中选择"指定科目"，在弹出的图 2-47 所示的"指定科目"窗口选择"现金科目"，单击右移键，将"库存现金"选入已选科目，单击"确定"保存。类似地，指定"银行存款"科目为银行科目；指定"库存现金"

和"银行存款"科目为现金流量科目,如图 2-48 所示。

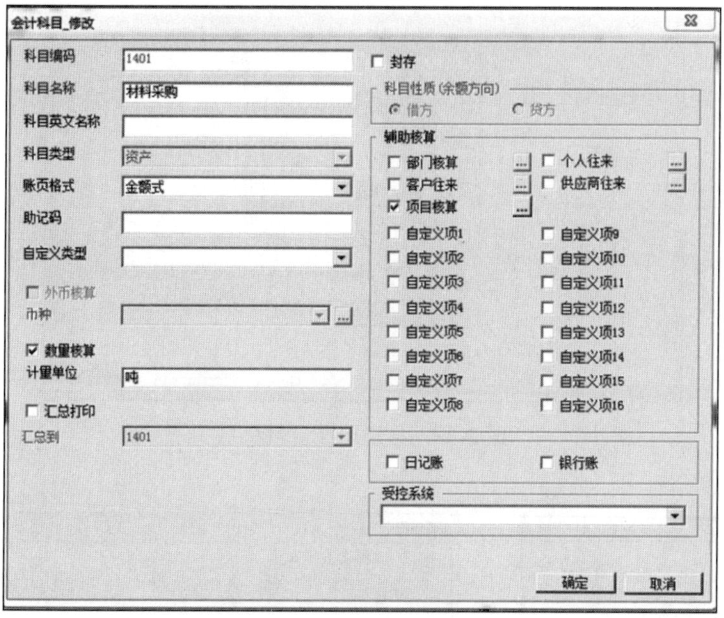

图 2-46 数量核算设置

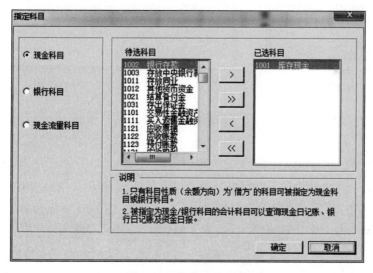

图 2-47 指定现金科目

指定现金科目、银行科目后,可以在出纳管理中查询现金日记账和银行日记账。指定现金流量科目后,录入涉及现金和银行存款科目的凭证时,要填制现金流量项目及金额,且可以在账表中查询现金流量表。

(2)设置凭证类别。依次选择"基础档案"→"财务"→"凭证类别",在图 2-49 所示的"凭证类别预置"窗口选择分类方式"收款凭证 付款凭证 转账凭证",单击"确定",进入图 2-50 所示的"凭证类别"设置窗口,单击"修改",按照表 2-11 选择限制类型和限制科目。

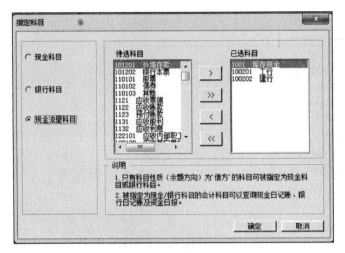

图 2-48 指定现金流量科目

图 2-49 凭证类别预置

图 2-50 凭证类别设置

(3) 设置项目目录。根据设置了项目核算的会计科目,增加"项目管理"和"存货核算"两个大类。

1) "项目管理"的增加。

① 依次选择"基础档案"→"财务"→"项目目录",弹出"项目档案"窗口,再选择项目大类"项目管理",单击"项目分类定义"页签,在图 2-51 所示的窗口输入分类编码"1"和分类名称"第一项目",单击"确定",再单击"增加",输入第二项目。

② 单击"项目目录"页签,单击"维护",进入图 2-52 所示的"项目目录维护"页面,单击工具栏的"增加"按钮,在新增行依次填写项目编号"01",项目名称"综合办公楼",所属分类码"1"等。重复操作增加其他项。

③ 单击"核算科目"页签,在图 2-53 所示的窗口选择"在建工程",单击右移按钮,将之移到已选科目,再单击"确定"。

2) "存货核算"的增加。

① 单击"项目目录",在弹出的"项目档案"窗口单击"增加"。在图 2-54 所示的窗口选择"使用存货目录定义项目",单击"完成",弹出"预置完毕"提示框,单击"确定"。

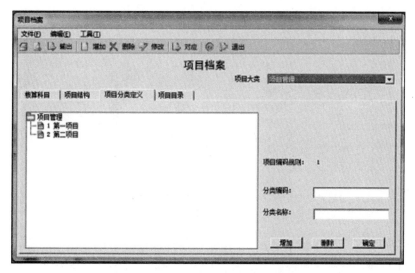

图 2-51　项目分类定义界面

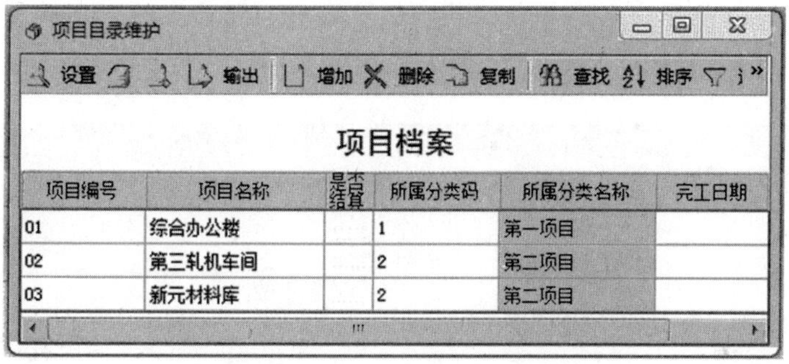

图 2-52　项目目录维护

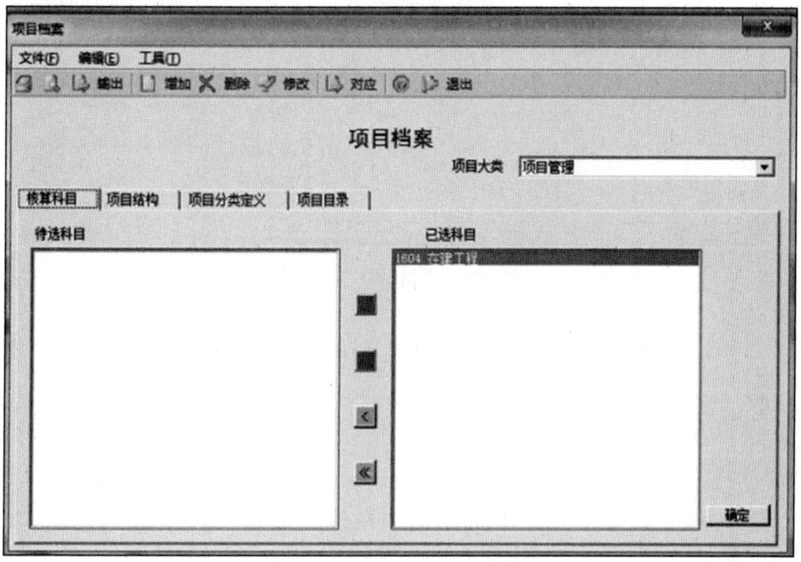

图 2-53　核算科目选择界面

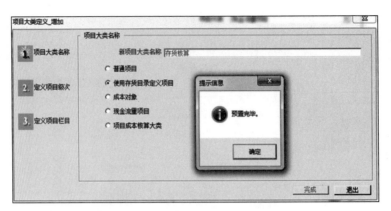

图 2-54 使用存货目录定义项目界面

②选择项目大类为"存货核算",再单击"项目分类定义"页签,自动生成图 2-55 所示的分类,单击"项目目录"页签,自动生成图 2-56 所示的目录。最后,单击"核算科目"页签,在图 2-57 所示的窗口将材料采购、原材料、材料成本差异、库存商品、发出商品、主营业务收入和主营业务成本以及各项基本生产成本、辅助生产成本科目通过右移按钮选入已选科目。

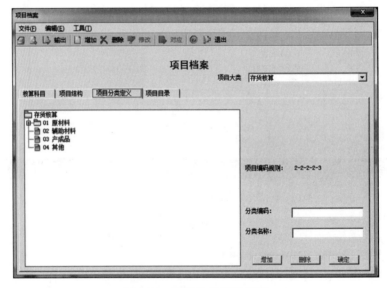

图 2-55 项目分类定义界面

使用存货目录定义项目时,不需要再去定义项目大类和项目目录维护,数据直接取自存货分类和存货档案。

(4)设置结算方式。依次单击"基础档案"→"收付结算"→"结算方式",在图 2-58 所示的窗口单击工具栏中的"增加"按钮。

例如:结算方式编码输入"2",结算方式名称输入"现金支票",勾选"是否票据管理",最后单击"保存"按钮,按资料依次增加。

图 2-56　项目目录界面

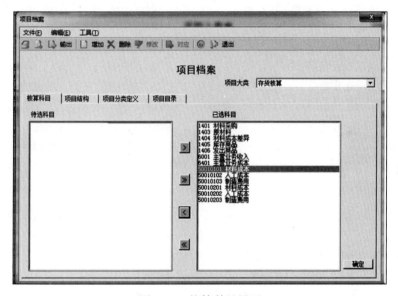

图 2-57　核算科目界面

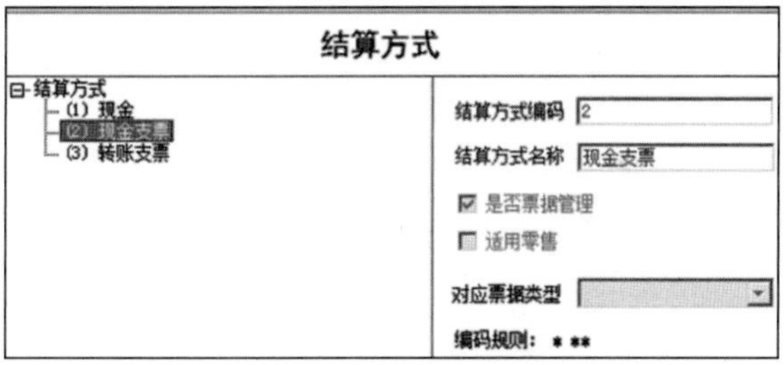

图 2-58　结算方式设置

本章小结

系统管理为用户提供了一个建立账套、修改账套、删除和备份账套的平台，在此平台上可设置操作员、进行角色划分并对角色进行权限分配，实现了对账套和操作员及其权限的统一管理。因系统中的各个产品都是为同一个会计主体的不同层面服务的，因此，就要求这些模块拥有相同的账套和年度账、具备公用的基础信息、业务数据共用一个数据库。

练习题

一、多项选择题（每题至少有两个选项正确）

1. 账套管理包括（　　）。
   A. 建立账套　　　　B. 修改账套
   C. 引入账套　　　　D. 输出账套
2. 除在建立账套过程中设置外，下列选项中只能在"企业门户/基础设置"中定义的有（　　）。
   A. 编码方案　　　　B. 数据精度
   C. 部门档案　　　　D. 人员档案
3. 下列说法错误的是（　　）。
   A. 账套间数据相互独立
   B. 账套间数据可以相互利用
   C. 企业只能建立一个账套
   D. 企业可以为下属独立核算单位各自建立一套账
4. 下列属于系统管理员操作权限的是（　　）。
   A. 修改账套　　　　B. 引入账套
   C. 增加操作员　　　D. 设置操作员权限
5. 在软件操作中，不能重复的项目有（　　）。
   A. 单位名称　　　　B. 账套号
   C. 操作员姓名　　　D. 科目编码
6. 在建立账套时如果选择"供应商不需要分类"，在总账系统中供应商档案就（　　）。
   A. 建立在供应商分类中的无分类下
   B. 不能建立
   C. 建立在客户分类中的某一分类下
   D. 建立在项目档案中
7. 启动总账系统需在"注册总账"对话框中输入或选择的内容有（　　）。
   A. 相关的账套　　　B. 会计年度
   C. 操作日期　　　　D. 用户名及其密码
8. 下列属于新建账套内容的有（　　）。
   A. 客户是否分类　　B. 是否预置科目
   C. 编码方案设置　　D. 选择企业性质

二、判断题

1. 如果一个企业已经使用账务处理系统一年了，那么该企业以后就不需要使用初始设置模块了。（　　）
2. 供应商分类与供应商档案的设置无先后顺序。（　　）
3. 所有的基础信息必须在"企业门户"中的"基础设置"中完成。（　　）
4. 如果存货较少且类别单一，可不进行存货分类。（　　）
5. 存货档案中的存货属性设置与否不影响其他子系统的业务处理。（　　）

第 3 章

总 账 系 统

3.1 账务处理的一般程序及业务分析

账务处理程序也称为会计核算组织程序或会计核算形式,是指在会计循环中,会计凭证、会计账簿、会计报表的种类和格式与记账程序相结合的方式,包括会计凭证和账簿的种类、格式,由原始凭证到编制记账凭证、登记各种会计账簿、编制会计报表的工作程序和方法等。建立规范的账务处理程序,能够更好地发挥会计核算工作的作用,可保证会计记录准确、及时、完整。

会计核算工作需要会计部门和会计人员之间的密切配合,依靠科学合理的账务处理程序,会计机构和会计人员在进行会计核算的过程中就能够做到有序可循、有章可依,按照不同的责任分工,相互协调处理好各个环节的会计核算工作,按照既定的会计核算组织程序进行会计信息的处理,及时提供对外报告。

3.1.1 手工进行账务处理的一般程序

我国一般采用的账务处理程序有记账凭证账务处理程序、汇总记账凭证账务处理程序、科目汇总表账务处理程序。这三种账务处理程序,都是在经济业务发生或完成后,先根据原始凭证(或原始凭证汇总表)填制记账凭证,再根据原始凭证和记账凭证登记日记账和明细分类账,都是根据账簿记录提供会计信息和编制会计报表。它们的根本区别在于登记总分类账的依据和程序不同。在此以记账凭证账务处理程序为例进行分析。手工进行账务处理的流程如图 3-1 所示。

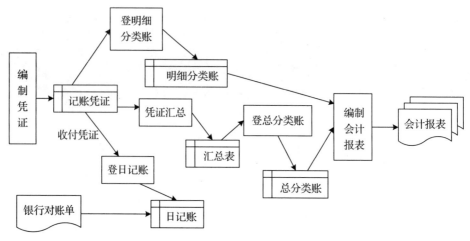

图 3-1　手工账务处理流程

3.1.2　手工账务处理各岗位的核算业务及其结转关系

从账务处理的起源分析入手,由原始凭证追溯数据来源,便可得到各系统与总账之间的数据接口,以及数据之间的传递关系。每个专业核算岗位的原始凭证,都必须通过总账手工编制记账凭证,进入账务处理程序。其处理过程如图 3-2 所示。

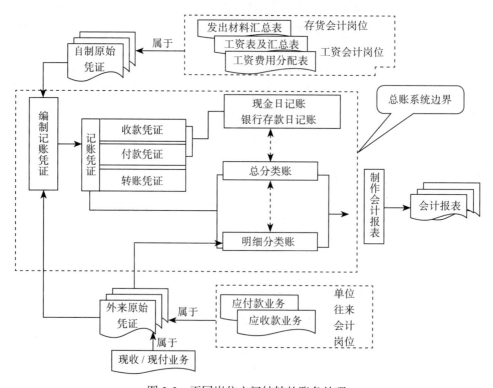

图 3-2　不同岗位之间结转的账务处理

3.1.3 总账系统与其他专业核算系统的接口

总账系统与其他系统的接口如图 3-3 所示。

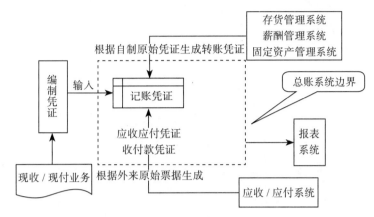

图 3-3 总账系统与其他系统的接口

3.1.4 手工与计算机账务处理的差异分析

此处所讲的差异，主要是指账务处理程序的差异。比较图 3-2 和图 3-3 便可发现，二者的主要区别凸显在原始凭证的处理上。

在图 3-2 中，所有专业核算岗位的最终结果都作为原始凭证，人工编制记账凭证；而在图 3-3 中，其他专业核算系统的数据，不再需要人工编制记账凭证，而是直接自动生成记账凭证，不通过凭证输入入口，直接存入记账凭证库。

这一改变，对会计科目的设置提出了很高的要求，必须考虑科目的对接关系，各系统结转凭证的发生额，必须是总账系统的明细科目。

由上述分析可知，不论是手工处理，还是计算机处理，总账系统的数据均取自记账凭证，而进行各种处理的依据都是会计科目。由此分析得出账务处理的两条主线：其一，账务处理的基础数据是记账凭证；其二，账务处理的处理依据是会计科目。因此，必须对会计凭证所涉及的业务范围以及与各岗位之间的关系进行深入分析，以保证账务处理的结果信息全面、精确可靠；必须对会计科目及其编码体系进行科学的设置，使之能够保证财务会计模块之间的正确结转和账务处理的顺利进行。二者是账务处理的基础保证。

3.2 记账凭证管理

3.2.1 记账凭证的数据分析

记账凭证是账务处理的基础数据，因此，凡各类账簿所需反映的信息，都必须在记账凭证中进行记录，如果设置了辅助核算，凭证与辅助核算之间的联系也必须在凭证结构设计时统一考虑。记账凭证的一般格式如图 3-4a 所示，分析记账凭证中的数据，便可发现基础档案资料的作用。

3.2.2 记账凭证与基础信息的共享关系

账务处理系统围绕记账凭证和会计科目进行各种不同类型的处理,其核心信息均存储在凭证库中,不同的处理就是从凭证中获取不同的信息,最终达到信息需求者的目的。而凭证所需要的基础信息,都取自账务处理系统中的公共资料(第2章中已介绍)。简化后的主要基础信息以及它们之间的主外键约束如图 3-4b 所示。

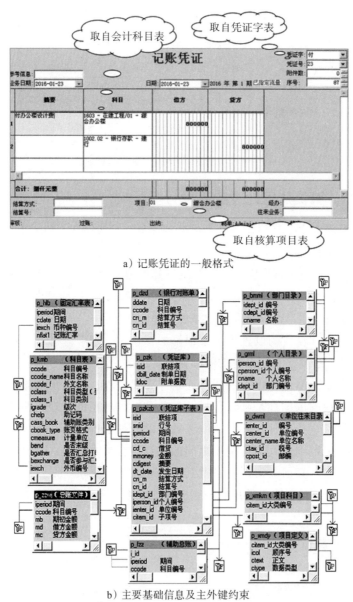

a) 记账凭证的一般格式

b) 主要基础信息及主外键约束

图 3-4 记账凭证与基础信息的共享关系

总账系统中主要基础表的数据模型,是从设计的角度解析系统的内部结构。如果能理解数据模型中主键、外键之间的约束关系,主表、从表之间的数据引用关系,对系统的初始化及基础资料的规范化、系统的参数设置就可以非常容易地理解,而不必死记操作过程了。

3.3 总账系统与其他系统的关系

由前述分析部分可知，总账系统是完整会计信息的汇集地，各子系统的处理结果都会以凭证的形式进入总账系统，构成企业完整的会计信息。由于业务信息与会计信息之间的因果关系不同，因此不同业务流程产生会计信息的方式和生成会计凭证的方法也不同。必须全面系统地分析子系统之间的信息传递关系、传递方式，才能使各子系统协同工作，达到系统的设计目标。

总账系统与其他系统的数据传递关系如图3-5所示。

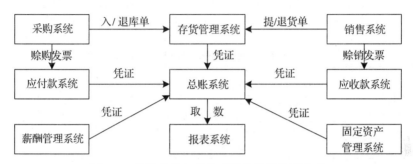

图3-5　总账系统与其他系统的数据传递关系

由图3-5可知，除报表系统外，其他系统的处理结果都会以凭证的形式进入总账系统，所以其他系统应在总账结账之前进行期末处理和结转工作，这样才能保证总账系统数据的完整。

图3-6展示了总账系统内部模块之间的数据处理关系。

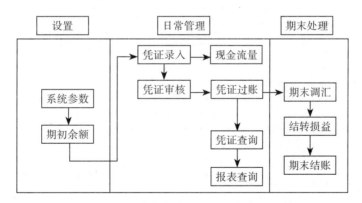

图3-6　总账系统内部模块之间的数据处理关系

3.4 总账系统实验指南

3.4.1 总账系统初始设置

【实验内容】

（1）启用U8企业应用平台。

（2）设置总账系统选项。

（3）录入期初余额。

【实验资料】

（1）设置总账系统选项。参数设置如表 3-1 所示。

其他选项按照默认设置。

（2）录入期初余额。

①科目余额：2022-01-01 启用总账系统，具体数据如表 3-2 所示。

表 3-1　参数设置

选项卡	参数设置
凭证	勾选"支票控制"选项； 勾选"赤字控制"，赤字控制方式选择"提示"； 勾选"可以使用存货受控科目"； 不勾选"可以使用应收、应付受控科目"； 勾选"现金流量科目必录现金流量项目"； 勾选"批量审核凭证进行合法性校验"； 勾选"银行科目结算方式必录"

表 3-2　新世纪轧钢厂科目初始数据

科目名称	方向	期初余额/元	科目名称	方向	期初余额/元
库存现金（1001）	借	8 830.80	库存商品（1405）	借	477 144.23
银行存款（1002）	借	2 910 938.00	长期股权投资（1511）	借	5 000.00
工行（100201）	借	1 961 653.00	股票投资（151101）	借	5 000.00
建行（100202）	借	949 285.00	固定资产（1601）	借	1 810 000.00
应收账款（1122）	借	35 000.00	累计折旧（1602）	贷	210 086.28
其他应收款（1221）	借	1 700.00	在建工程（1604）	借	360 000.00
应收内部职工款（122101）	借	1 700.00	工程物资（1605）	借	10 000.00
预付账款（1123）	借	20 000.00	短期借款（2001）	贷	150 000.00
坏账准备（1231）	贷	630.80	应付账款（2202）	贷	128 700.00
原材料（1403）	借	1 151 460.00	预收账款（2203）	贷	14 000.00
周转材料（1411）	借	10 000.00	长期借款（2501）	贷	700 000.00
包装物（141101）	借	10 000.00	实收资本（4001）	贷	5 596 655.95

②应收款项余额：因应收账款和预收账款都设置客户辅助核算，所以要理清对每个客户的应收款项。客户往来余额如表 3-3 所示。

表 3-3　客户往来余额

日期	客户	摘要	方向	本币余额/元
2021-12-31	涞源公司	销售螺纹钢	借	35 000.00
2021-12-31	肯亚集团	预收款	贷	14 000.00

③应付款项余额：因应付账款和预付账款都设置供应商辅助核算，所以要理清对每个供应商的应付款项。供应商往来余额如表 3-4 所示。

表 3-4　供应商往来余额

日期	供应商	摘要	方向	本币余额/元
2021-12-31	新元炼钢厂	购买 45# 锭、20 管锭	贷	128 700.00
2021-12-31	中华炼钢厂	预付款	借	20 000.00

④存货科目余额：因存货类科目都设置了存货项目核算，因此需要整理存货项目的数据，存货大类下分设原材料、辅助材料、产成品和其他四小类，本案例中辅助材料和其他

类期初无余额。

存货大类/原材料期初数量、金额如表 3-5 所示。

表 3-5 存货大类/原材料期初数量、金额

项目编码	项目名称	方向	本币期初余额/元	数量期初余额/吨
001	45# 锭	借	132 900	30
003	T8 锭	借	157 250	25
004	45# 坯	借	104 500	25
005	25MV 坯	借	159 250	35
006	Q235 坯	借	72 000	20
007	轻轨钢坯	借	155 000	31
008	R3 坯	借	370 560	80
合计		借	1 151 460	246

存货大类/产成品期初数量、金额如表 3-6 所示。

表 3-6 存货大类/产成品期初数量、金额

项目编码	项目名称	方向	本币期初余额/元	数量期初余额/吨
050	齿轮钢	借	54 713.52	12
051	螺纹钢	借	82 082.28	14
052	角钢	借	83 886.56	16
053	槽钢	借	40 187.91	7
054	扣件钢	借	33 659.78	7
055	轻轨	借	56 698.30	10
056	链条钢	借	58 259.50	13
057	锚杆钢	借	35 791.02	6
058	弹条钢	借	31 865.36	8
合计		借	477 144.23	93

⑤在建工程余额如表 3-7 所示。

表 3-7 在建工程余额

日期	摘要	方向	本币余额/元
2021-12-31	新元材料库	借	360 000.00

⑥应收内部职工款余额如表 3-8 所示。

表 3-8 应收内部职工款余额

日期	摘要	方向	本币余额/元
2021-12-31	应收内部职工款——刘雄伟	借	1700.00

【操作指导】

（1）启用 U8 企业应用平台。依次单击"开始"→"程序"→"U8 企业应用平台"，输入：操作员"demo"，密码"DEMO"。选择：账套"666 新世界轧钢厂"和日期"2022-01-01"，单击"登录"按钮。

（2）设置总账系统选项。总账系统启用后，如果默认参数与实际需求不符，企业可以根据实际情况，设置适合本单位的各种参数。

依次单击"业务工作"→"财务会计"→"总账"→"设置"→"选项"，如图 3-7 所示，在弹出的窗口单击"编辑"，选择"凭证"对其进行设置，设置项目如图 3-8 所示，最后单击"确定"。

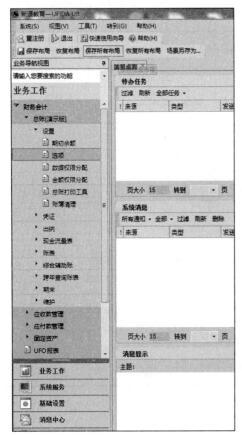

图 3-7　进入总账系统界面

图 3-8　"凭证"选项卡设置界面

只对凭证页签进行设置，会计日历、账簿、凭证打印和预算控制、权限等都采用系统默认值。

各选项勾选含义说明如下。

勾选"制单序时控制"和"系统编号"，是为了填写凭证时，制单日期只能由前往后填，系统根据凭证类别按月份自动编制凭证编号，由此可以保证凭证号的连续性。

勾选"支票控制"，是为了在制单时，如果录入了未在支票登记簿中登记的支票号，系统自动弹出登记支票提示，可进行登记。

勾选"赤字控制"，则在录入涉及资金科目和往来科目的数据时，如果余额为负数，系统会予以提示，从而检查是否存在错误。赤字控制方式选择"提示"，则出现赤字时，会进行提示，同时仍然可以进行保存。

勾选"可以使用存货受控科目",是为了保证项目核算时可以直接使用存货目录定义项目。不勾选"可以使用应收受控科目"和"可以使用应付受控科目",是为了防止重复制单。

勾选"现金流量科目必录现金流量项目",是为了在填制凭证时,如果使用现金流量科目则必须输入现金流量项目和金额。

勾选"批量审核凭证进行合法性校验",是指在批量审核凭证时要对凭证进行二次审核。

勾选"银行科目结算方式必录",则在凭证录入涉及银行存款科目时,必须将其结算方式和票据号录入。

(3) 录入期初余额并试算。

①期初余额录入。在基础资料设置完成后,进行科目余额的录入。录入科目期初余额时,系统自动将定义的会计科目引入余额表,本账套启用时间是 2022-01-01,因此只需要输入年初余额。

期初余额录入界面如图 3-12 所示。在此图中,数据栏显示三种颜色,白色表示末级科目,可以直接输入数据;深灰色表示有下级科目,不能输入数据,其余额由下级科目自动汇总计算填入;浅灰色表示有辅助科目,也不能输入数据,在录入辅助项目的余额后系统将自动计算数据填入。

受控于应收/应付系统的辅助科目,可以选择先在应收/应付系统录入期初余额,然后在总账系统录入余额时,直接引入数据,也可以在总账系统录入;不受控于其他系统的辅助科目,直接在总账系统录入辅助项目的余额。

例如,录入应收账款期初余额,此操作采用直接在总账系统录入的方法。

双击"应收账款"输入单元,进入"辅助期初余额"界面,如图 3-9 所示,单击"往来明细",进入"期初往来明细"界面,如图 3-10 所示,单击"增行",输入期初往来明细。

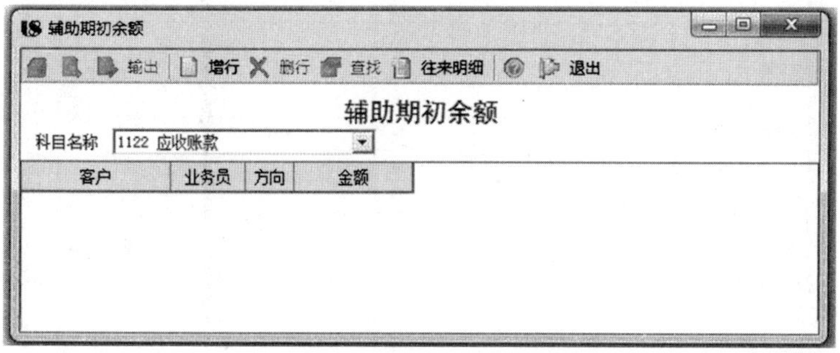

图 3-9 辅助期初余额界面

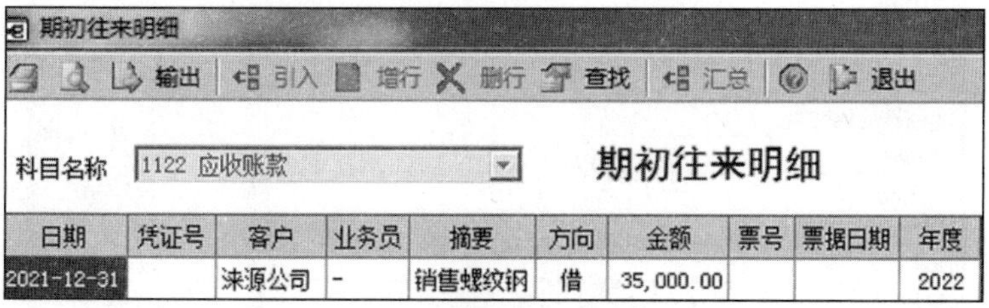

图 3-10 期初往来明细界面

期初往来余额输入完成，单击工具栏“汇总”按钮，系统将汇总数据填入辅助期初余额，单击“确定”，最后单击“退出”，返回“辅助期初余额”窗口，如图 3-11 所示。

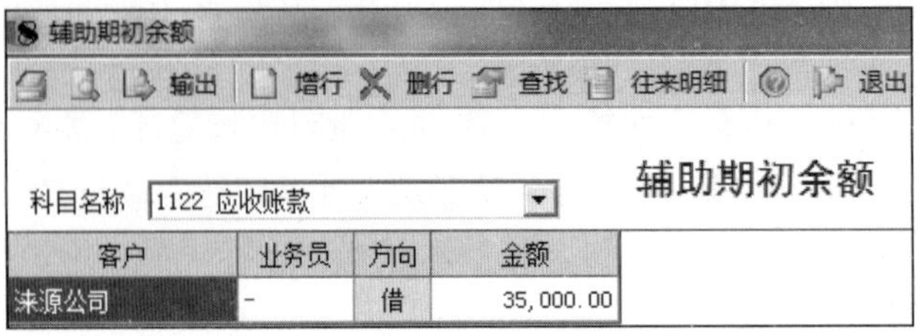

客户	业务员	方向	金额
洣源公司	-	借	35,000.00

图 3-11 应收账款期初余额录入界面

所有科目录入完成后其界面如图 3-12 所示。

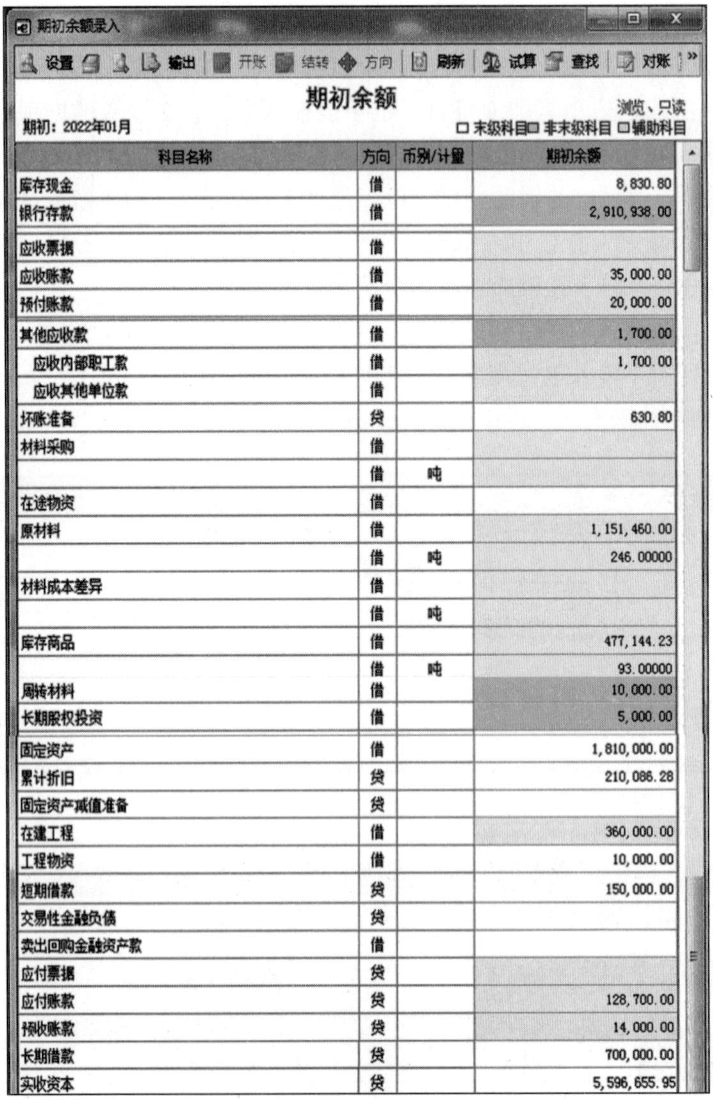

科目名称	方向	币别/计量	期初余额
库存现金	借		8,830.80
银行存款	借		2,910,938.00
应收票据	借		
应收账款	借		35,000.00
预付账款	借		20,000.00
其他应收款	借		1,700.00
应收内部职工款	借		1,700.00
应收其他单位款	借		
坏账准备	贷		630.80
材料采购	借		
	借	吨	
在途物资	借		
原材料	借		1,151,460.00
	借	吨	246.00000
材料成本差异	借		
	借	吨	
库存商品	借		477,144.23
	借	吨	93.00000
周转材料	借		10,000.00
长期股权投资	借		5,000.00
固定资产	借		1,810,000.00
累计折旧	贷		210,086.28
固定资产减值准备	贷		
在建工程	借		360,000.00
工程物资	借		10,000.00
短期借款	贷		150,000.00
交易性金融负债	贷		
卖出回购金融资产款	借		
应付票据	贷		
应付账款	贷		128,700.00
预收账款	贷		14,000.00
长期借款	贷		700,000.00
实收资本	贷		5,596,655.95

图 3-12 期初余额录入结果

②对账与试算平衡。对账是指检查上下级科目之间是否符合平衡关系，核对上下级科目是否平衡，与其他子系统是否一致。

对账：录入期初余额后，在"期初余额"界面，单击"对账"，在图 3-13 所示的"期初对账"界面单击"开始"。核对完毕后退出。

试算平衡：检查各一级科目之间是否符合平衡关系，即检查资产、负债、权益、成本和损益类余额是否借贷平衡。

在期初余额界面单击"试算"，"期初试算平衡表"窗口将显示试算结果，如图 3-14 所示，单击"确定"。

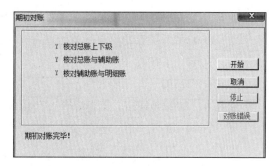

图 3-13 期初对账界面

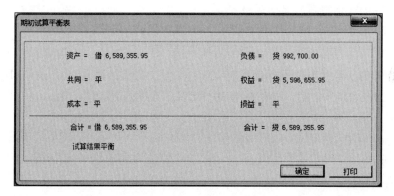

图 3-14 期初试算平衡表界面

至此，总账系统初始化工作结束，可以在总账系统中进行日常业务处理了。

3.4.2 总账系统日常业务处理

【实验内容】

（1）填制凭证。

（2）审核凭证。

（3）查询凭证。

（4）修改凭证。

（5）删除凭证。

（6）记账。

【实验资料】

业务 1 2022-01-01，第三轧机车间工程领用专用材料 5 000.00 元。

借：1604（在建工程——第三轧机车间） 5 000.00

　　贷：1605（工程物资） 5 000.00

业务 2 2022-01-06，投资者投入 100 000.00 元，现金支票票号 XJ001。

  借：100201（银行存款——工行）　　　　　　　　　100 000.00
    贷：4001（实收资本）　　　　　　　　　　　　　　　　　　　100 000.00

业务 3　2022-01-17，企业管理部刘雄伟报销差旅费 1 578 元，冲上月借款 1 700 元。
  借：660202（管理费用——差旅费——企业管理部）　　 1 578.00
    1001（库存现金）　　　　　　　　　　　　　　　　122.00
    贷：122101（其他应收款——应收内部职工款：刘雄伟）　　　 1 700.00

业务 4　2022-01-23，支付综合办公楼设计费 8 000 元，转账支票票号 ZZR001。
  借：1604（在建工程——综合办公楼）　　　　　　　 8 000.00
    贷：100202（银行存款——建行）　　　　　　　　　　　　　 8 000.00

业务 5　2022-01-25，偿还长期借款 5 000 元，转账支票票号 ZZR002。
  借：2501（长期借款）　　　　　　　　　　　　　　 5 000.00
    贷：100201（银行存款——工行）　　　　　　　　　　　　　 5 000.00

业务 6　2022-01-25，购买工程物资 10 000 元，转账支票票号 ZZR003。
  借：160501（工程物资）　　　　　　　　　　　　　 10 000.00
    贷：100201（银行存款——工行）　　　　　　　　　　　　　 10 000.00

业务 7　2022-01-26，购买专利技术 30 000 元，转账支票票号 ZZR004。
  借：1701（无形资产）　　　　　　　　　　　　　　 30 000.00
    贷：100201（银行存款——工行）　　　　　　　　　　　　　 30 000.00

业务 8　2022-01-27，支付水电费 18 200 元，转账支票票号 ZZR005。
  借：510101（制造费用——水电费）　　　　　　　　 18 200.00
    贷：100203（银行存款——工行）　　　　　　　　　　　　　 18 200.00

业务 9　2022-01-29，企业管理部刘壮预支差旅费，开出一张 3 000 元的现金支票，支票票号 XJ002。
  借：122101（其他应收款——应收内部职工款：刘壮）　 3 000.00
    贷：100202（银行存款——建行）　　　　　　　　　　　　　 3 000.00

业务 10　2022-01-31，期末分配各产品直接人工。（注：业务 10 ～业务 12 这三笔业务在期末生成）
  借：50010102（生产成本——基本生产成本
    ——直接人工——螺纹钢）　　　　　　　　　 11 095.00
    50010102（生产成本——基本生产成本
    ——直接人工——弹条钢）　　　　　　　　　 22 890.00
    50010102（生产成本——基本生产成本
    ——直接人工——角钢）　　　　　　　　　　 32 655.00
    50010102（生产成本——基本生产成本
    ——直接人工——链条钢）　　　　　　　　　 14 360.00
    贷：50010102（生产成本——基本生产成本
    ——直接人工——齿轮钢）　　　　　　　　　　　　　 81 000.00

业务 11　2022-01-31 期末制造费用分摊。

借：50010103（生产成本——基本生产成本
　　　　——制造费用——齿轮钢）　　　　　　　　　11 860.82
　　　50010103（生产成本——基本生产成本
　　　　——制造费用——螺纹钢）　　　　　　　　　9 734.60
　　　50010103（生产成本——基本生产成本
　　　　——制造费用——角钢）　　　　　　　　　　13 006.50
　　　50010103（生产成本——基本生产成本
　　　　——制造费用——链条钢）　　　　　　　　　9 088.28
　　　50010103（生产成本——基本生产成本
　　　　——制造费用——弹条钢）　　　　　　　　　10 240.30
　　贷：510101（制造费用——水电费）　　　　　　　18 200.00
　　　　510102（制造费用——折旧费）　　　　　　　4 930.50
　　　　510105（制造费用——工资）　　　　　　　　30 800.00

业务 12　2022-01-31 期末结转固定资产清理。

借：6711（营业外支出）　　　　　　　　　　　　　　25 802.00
　　贷：1606（固定资产清理）　　　　　　　　　　　25 802.00
借：1606（固定资产清理）　　　　　　　　　　　　　12 567.44
　　贷：6301（营业外收入）　　　　　　　　　　　　12 567.44

【操作指导】

（1）填制凭证。

①涉及辅助核算业务的凭证填制。以业务 1 为例：单击"凭证"→"填制凭证"，弹出图 3-15 所示界面中最下层的填制凭证窗口，单击工具栏左上角的"＋"按钮，选择凭证类别"转账凭证"，系统将自动编号，选择制单日期"2022.01.01"。在第一行填写摘要"第三轧机车间工程领用材料"，选择科目名称"在建工程"；按"Enter"键，弹出图 3-15 中第二层"辅助项"窗口，单击"…"，弹出图 3-15 中最上层"参照"窗口，选择"02-第三轧机车间"，返回"辅助项"窗口，单击"确定"，填写借方金额"5 000"。按"Enter"键，自动复制第二条分录摘要，科目名称选择"工程物资"，填写贷方金额"5 000"。最后单击"保存"，即得图 3-16 所示的转账凭证。

②涉及现金流量和银行存款业务的凭证填制。以业务 2 为例：单击"填制凭证"，在弹出的空白凭证中，修改凭证类别为"收款凭证"。再填写摘要，选择借方科目"100201"，按"Enter"键，在收款凭证填制界面的"辅助项"窗口中选择结算方式，如图 3-17 所示，填写票号，单击"确定"。按"Enter"键自动复制第二条分录摘要，选择贷方科目并输入贷方金额，单击"保存"。

保存后，如图 3-18 所示，在现金流量项目选择界面弹出的"现金流量录入修改"窗口中，单击"项目编码"输入栏，选择现金流量项目，单击"确定"，再单击"保存"，保存成功后退出。

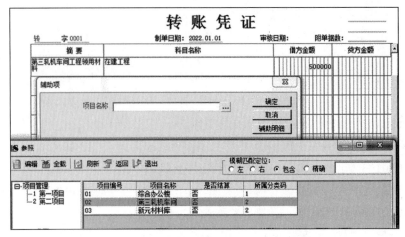

图 3-15　涉及在建工程科目的凭证填制

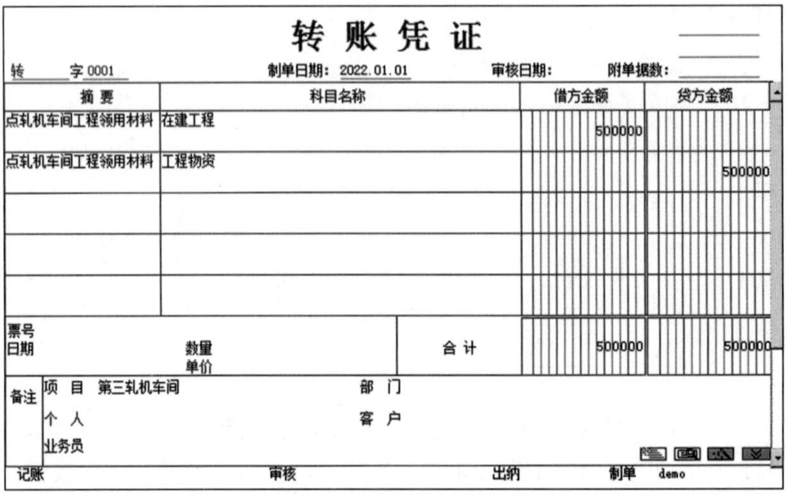

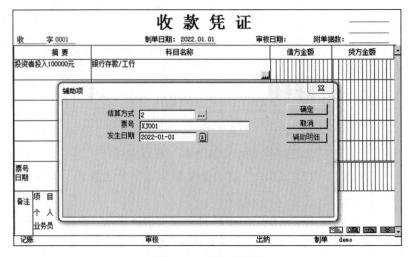

图 3-16　项目核算科目的凭证

图 3-17　收款凭证填制

图 3-18　现金流量项目选择

（2）审核凭证。以批量审核 2022 年 1 月 1 日到 1 月 5 日的收款凭证为例。

①单击"凭证"菜单下的"凭证审核"，弹出图 3-19 所示的窗口，选择"收款凭证"，选择日期后，单击"确定"，得到图 3-20 所示的过滤结果。

图 3-19　凭证审核界面

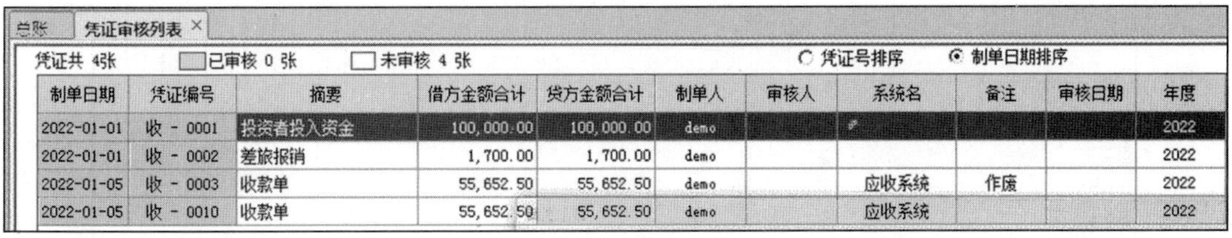

图 3-20　凭证审核列表

②双击需要审核的记录进入凭证界面，单击工具栏"审核"完成审核，针对需要批量审核的凭证，也可以依次选择"批处理"和"成批审核凭证"，最后单击"确定"，完成审核。

作废的凭证不能被审核，也不能被标错。被标错的凭证不能被审核，只有取消标错后才能审核。

（3）查询凭证。对于已输入的凭证，系统提供了任意组合条件的查询界面，可根据凭证的某些特征进行查询。

以查询 2022 年 1 月 1 日到 1 月 5 日的转账凭证为例。

①单击“凭证”菜单下“凭证查询”，在图 3-21 所示的“凭证查询”窗口中设置查询条件，凭证类别选择“转账凭证”，选择日期后，单击“确定”，进入图 3-22 所示的界面。

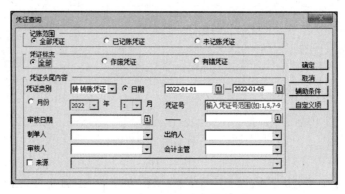

图 3-21　凭证查询条件设置界面

简易桌面　凭证审核列表　查询凭证列表

凭证共 25张　已审核 3 张　未审核 22 张　凭证号排序　制单日期排序

制单日期	凭证编号	摘要	借方金额合计	贷方金额合计	制单人	审核人	系统名	备注	审核日期	年度
2022-01-01	转 - 0001	第三轧机车间工程领用材	5,000.00	5,000.00	demo	王浩			2022-01-31	2022
2022-01-01	转 - 0035	产成品入库单	45,594.60	45,594.60	demo	王浩	存货核算系统		2022-01-31	2022
2022-01-01	转 - 0031	蓝字回冲单	25,500.00	25,500.00	demo	王浩	存货核算系统		2022-01-31	2022

图 3-22　查询凭证列表

②在图 3-22 所示界面中，双击单条记录，弹出对应凭证，如图 3-23 所示。

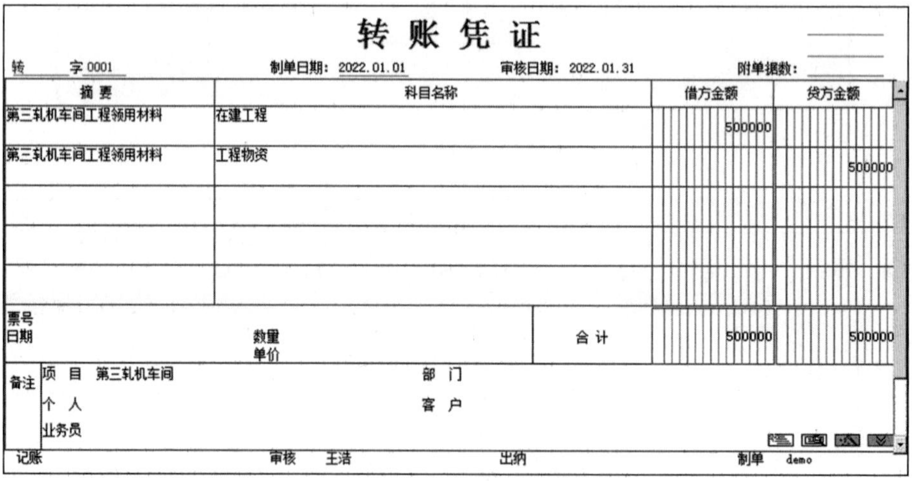

图 3-23　凭证查询结果界面

（4）修改或修正凭证。

①未记账凭证的修改。单击“凭证查询”，设置查询条件，找到需要修改的凭证后，直接修改内容，再单击“保存”。若凭证已审核，则取消审核后，执行同样的操作。

②已记账凭证的修正。已记账凭证的修正有两种方法：一种是“补充登记法”，适用于

会计科目正确但输入金额小于实际金额的情况，只需计算出少计的金额，另外补充一张凭证即可，填制方法与普通凭证填制一样；另一种是"红字冲销法"，适用于多种情况，方法是先填制一张与原来错误凭证内容一样的红字凭证，与原来的错误凭证相抵消，再填制一张符合实际业务的正确的凭证，而且红字冲销凭证也要进行审核、记账。这里只介绍"红字冲销法"的操作。

以冲销 0058 号转账凭证为例进行说明。

单击"填制凭证"，在凭证窗口栏选择"冲销凭证"，弹出图 3-24 所示的"冲销凭证"窗口，选择冲销凭证的凭证类别"转账凭证"，输入凭证号"0058"，单击"确定"，生成冲销凭证，单击"保存"退出。

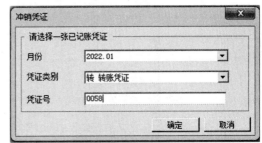

图 3-24　冲销凭证

（5）删除凭证。凭证删除要先作废凭证，再整理凭证。凭证删除只能在凭证未被审核前进行，已审核凭证先取消审核，再删除。已记账的凭证不能作废和删除。

以作废收字 0003 号凭证为例进行说明。

单击"凭证查询"，找到要删除的凭证，单击凭证窗口栏的"作废/恢复"，凭证被标记为"作废"，如图 3-25 所示。

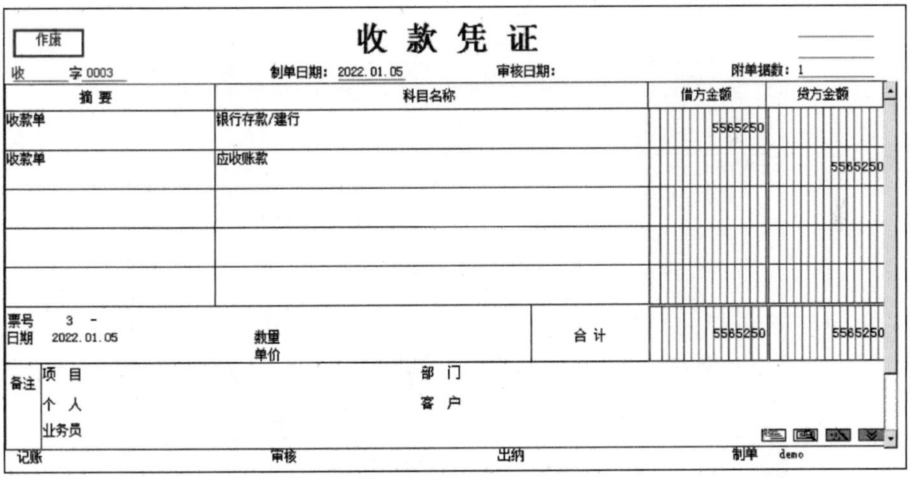

图 3-25　作废凭证

单击凭证窗口栏的"整理凭证"，在弹出的窗口选择凭证期间，单击"确定"，进入"作废凭证表"窗口，双击"删除？"栏，显示"Y"标志，最后单击"确定"。

（6）记账。凭证审核后，可对其进行记账处理。记账之后的凭证不能被修改或删除。若上月未结账，则本月不能进行记账处理。

单击"凭证"菜单下的"记账"，在图 3-26 所示的记账范围选择界面单击"全选"，再单击"记账"，系统开始登记总账、明细账、辅助账，结束后，系统弹出"记账完毕"的提示框，单击"确定"完成记账。

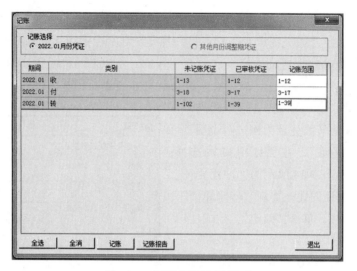

图 3-26 记账范围选择界面

如果因为数据错误等原因,需要将凭证恢复到记账前状态,具体操作如下。

①以账套主管身份登录总账系统,选择"总账"→"期末"→"对账",进入"对账窗口"。按"Ctrl+H"键,系统弹出"恢复记账前状态功能已被激活!"。单击"确定"按钮,再单击"退出"按钮,退出"对账"窗口。选择"总账"→"凭证"→"恢复记账前状态"命令,进入"恢复记账前状态"窗口,如图 3-27 所示。

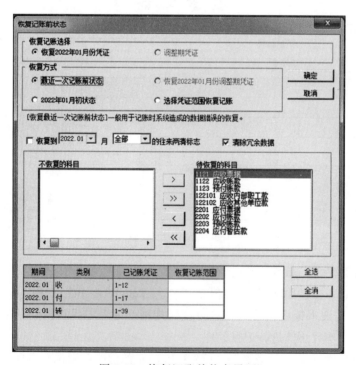

图 3-27 恢复记账前状态界面

②恢复方式选择"最近一次记账前状态",单击"确定"按钮,系统弹出"请输入口令"

提示框，输入正确的口令。本账套没有设置口令，直接单击“确定”按钮，系统弹出“恢复记账完毕”，操作完成。

3.4.3 总账系统期末处理

总账系统期末处理主要包括自动转账设置与生成、对账和结账，以及进行账簿管理。

1. 自动转账设置与生成

（1）转账定义——期间损益结转设置。依次选择“期末”→“转账定义”→“期间损益”，进入“期间损益结转设置”窗口。

选择凭证类别“转账凭证”，选择本年利润科目“4103”，最后单击“确定”按钮，完成期间损益结转设置，如图3-28所示。

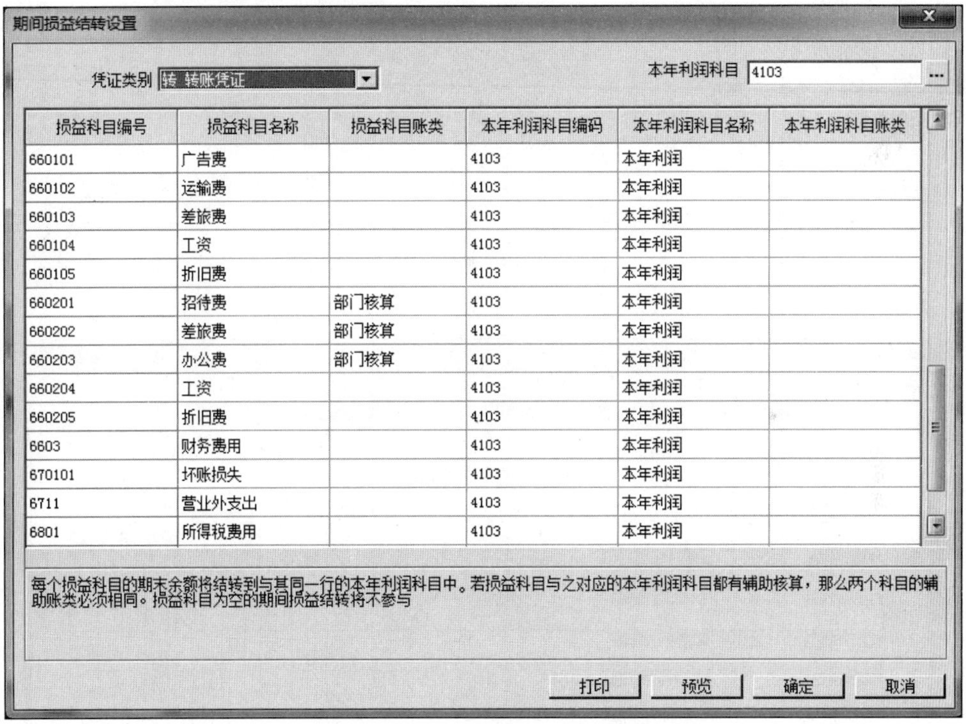
期间损益结转设置
凭证类别 转 转账凭证
本年利润科目 4103

损益科目编号	损益科目名称	损益科目账类	本年利润科目编码	本年利润科目名称	本年利润科目账类
660101	广告费		4103	本年利润	
660102	运输费		4103	本年利润	
660103	差旅费		4103	本年利润	
660104	工资		4103	本年利润	
660105	折旧费		4103	本年利润	
660201	招待费	部门核算	4103	本年利润	
660202	差旅费	部门核算	4103	本年利润	
660203	办公费	部门核算	4103	本年利润	
660204	工资		4103	本年利润	
660205	折旧费		4103	本年利润	
6603	财务费用		4103	本年利润	
670101	坏账损失		4103	本年利润	
6711	营业外支出		4103	本年利润	
6801	所得税费用		4103	本年利润	

每个损益科目的期末余额将结转到与其同一行的本年利润科目中。若损益科目与之对应的本年利润科目都有辅助核算，那么两个科目的辅助账类必须相同。损益科目为空的期间损益结转将不参与
打印
预览
确定
取消

图3-28 期间损益结转设置

（2）自定义转账生成。选择“期末”→“转账生成”命令，进入“转账生成”窗口，如图3-29所示。

选择“期间损益结转”，单击“全选”按钮，再单击“确定”按钮，生成转账凭证，如图3-30所示，单击“保存”按钮，系统自动将当前凭证追加到未记账凭证中。

2. 对账和结账

（1）对账。

①选择“期末”→“对账”，在图3-31所示的对账界面勾选所有核对内容，双击

"2022.01"对应的"是否对账"栏,出现"Y"标志,单击"对账"按钮。对账完毕后,显示对账日期"2022.01.31"和对账结果"正确"。

图 3-29 转账生成窗口

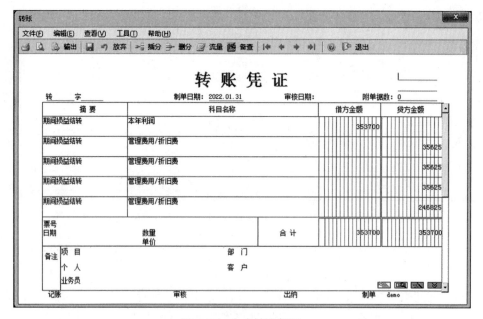

图 3-30 生成转账凭证

②单击"试算"按钮,对各科目余额进行试算,结果如图 3-32 所示。

(2)结账。结账是指将本期内所发生的经济业务全部登记入账后,按照规定的方法结算出本期发生额合计和余额,并将其余额结转下期或转入新账。结账只能每月进行一次。

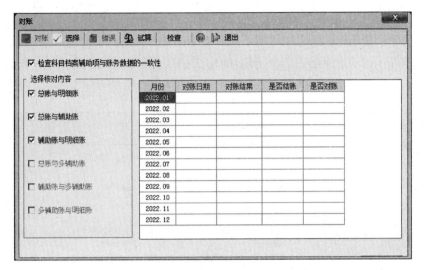

图 3-31 对账界面

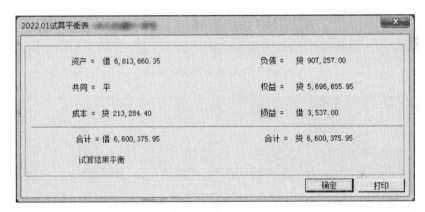

图 3-32 试算平衡表

①选择"期末"→"月末结账",在图 3-33 所示的选择结账月份界面双击需要结账月份的"结账标识"栏。

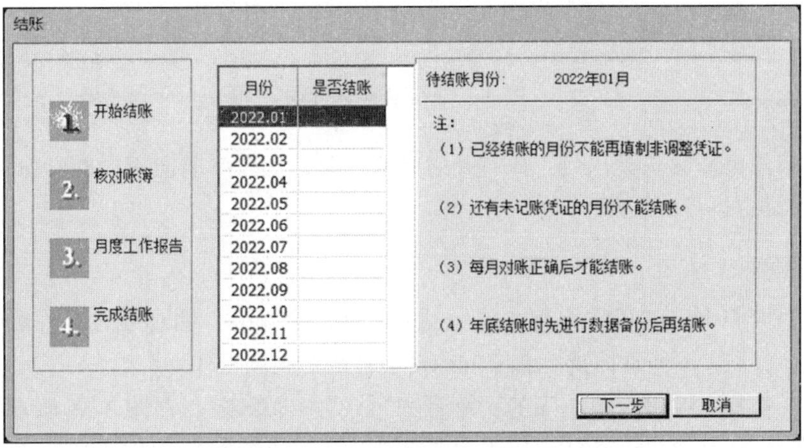

图 3-33 选择结账月份界面

②单击"下一步",选择"对账",对账完毕。

③单击"下一步",显示图 3-34 所示的月度工作报告界面。

④单击"下一步",弹出图 3-35 所示的完成结账界面,单击"结账",即可完成结账工作。

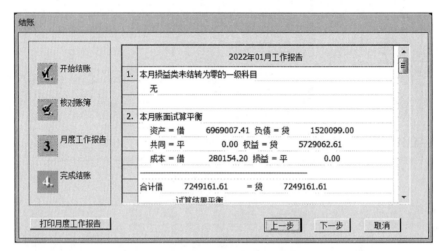

图 3-34　月度工作报告界面

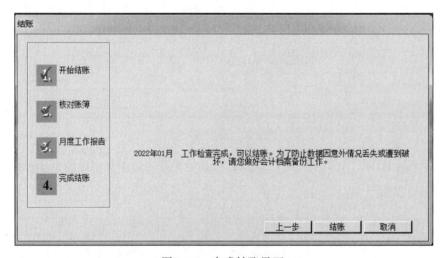

图 3-35　完成结账界面

反结账只能由账套主管执行。在"开始结账"时,选择要取消结账的月份,按"Ctrl+Shift+F6"键即可进行反结账。

3.账簿管理

(1)科目账查询。科目账查询主要包括对总账、余额表、明细账、多栏账、综合多栏账和日记账的查询,下面具体讲解总账和综合多栏账的查询操作。

①总账。选择"账表"菜单下的"科目账",单击"总账",在图 3-36 所示的总账查询条件设置界面选择制造费用科目,勾选"末级科目"和"包含未记账凭证"。单击"确定",

显示图 3-37 所示的制造费用总账，选择“当前合计”，单击“明细”，显示图 3-38 所示的制造费用明细账。可在上述界面选择制造费用的下级科目，依次进行查询。

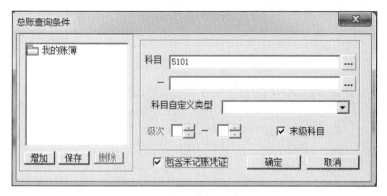

图 3-36　总账查询条件设置界面

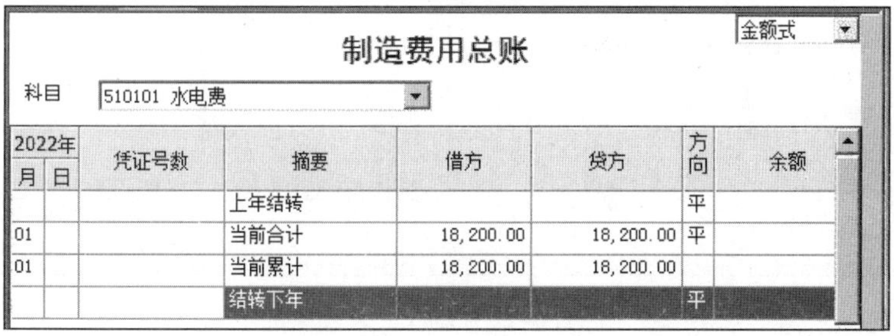

2022年 月	日	凭证号数	摘要	借方	贷方	方向	余额
			上年结转			平	
01			当前合计	18,200.00	18,200.00	平	
01			当前累计	18,200.00	18,200.00		
			结转下年			平	

图 3-37　制造费用总账

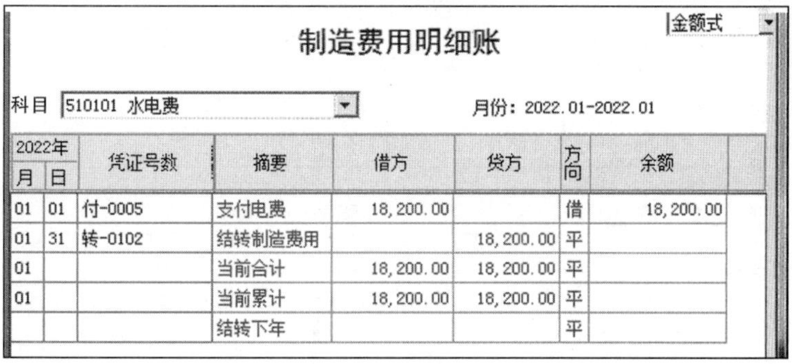

2022年 月	日	凭证号数	摘要	借方	贷方	方向	余额
01	01	付-0005	支付电费	18,200.00		借	18,200.00
01	31	转-0102	结转制造费用		18,200.00	平	
01			当前合计	18,200.00	18,200.00	平	
01			当前累计	18,200.00	18,200.00	平	
			结转下年			平	

图 3-38　制造费用明细账

②综合多栏账。综合多栏账可以将科目作为分析栏目查询明细账，也可以将辅助项及自定义项作为分析栏目查询明细账，并可完成多组借贷栏目在同一账表中的查询。要进行综合多栏账查询，首先要进行定义。

可以定义并查询综合多栏账的科目有“管理费用”“主营业务收入”“主营业务成本”“在建工程”等。

选择“科目账”菜单下的“综合多栏账”，在图 3-39 所示的窗口单击工具栏的“增加”按钮，在“综合多栏明细账定义”窗口输入多栏账名称“主营业务收入”，选择辅助核算

"项目核算",单击栏目组框下的"增加",弹出图 3-40 所示的窗口,输入栏目组名"主营业务收入各产品账",选择核算科目"6001 主营业务收入",单击"增加栏目",在"栏目定义"框下的新增行填写方向、科目编码、辅助项、栏目名称之后,单击"确定",完成设置。

图 3-39　综合多栏明细账定义—增加多栏账

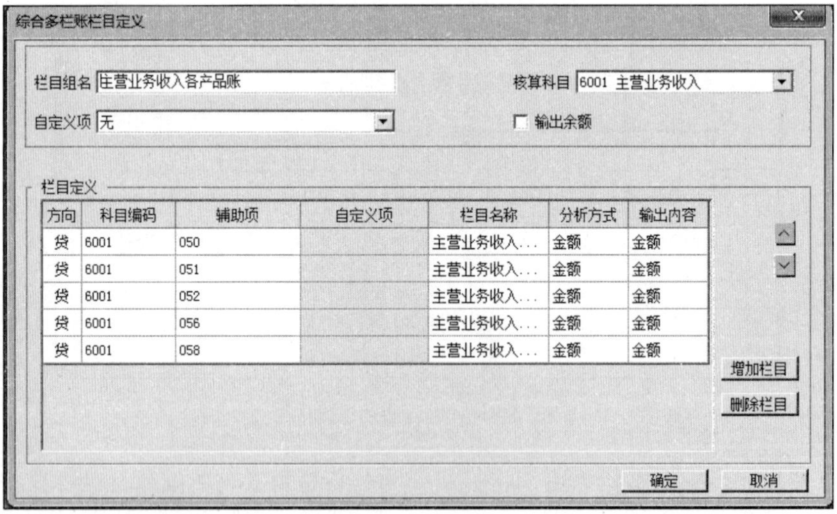

图 3-40　综合多栏明细账定义—栏目定义

可用同样的操作建立"主营业务收入""主营业务成本"和"在建工程"科目综合多栏明细账,"主营业务收入"科目的综合多栏明细账查询结果如图 3-41 所示。

(2)项目辅助账查询。此项主要是针对设置了项目核算的会计科目数据的查询,可以查询"项目管理"大类和"存货核算"大类下的各科目。

主营业务收入

辅助类型：项目核算　项目大类：存货核算

月份：2022.01-2022.01

2022年		凭证号数	摘要	主营业务收入各产品账					
				合计	贷方				
月	日				主营业务收入_齿轮钢	主营业务收入_螺纹钢	主营业务收入_角钢	主营业务收入_链条钢	主营业务收入_弹条钢
01	02	转-0075	—	49,250.00					49,250.00
01	05	转-0076	—	82,800.00	82,800.00				
01	06	收-0009	现结_3	116,400.00				116,400.00	
01	19	转-0077	—	66,500.00		66,500.00			
01	25	收-0013	现结_3	-29,100.00				-29,100.00	
01	28	转-0079	—	66,150.00			66,150.00		
01			当前合计	352,000.00	82,800.00	66,500.00	66,150.00	87,300.00	49,250.00
01			当前累计	352,000.00	82,800.00	66,500.00	66,150.00	87,300.00	49,250.00

图 3-41　主营业务收入的综合多栏明细账

选择"项目辅助账""项目总账"，单击"项目科目总账"，在图 3-42 所示的项目辅助账查询条件设置界面选择项目大类"存货核算"，勾选"包含未记账凭证"，选择相应的科目如"1405 库存商品"，单击"确定"。在弹出的图 3-43 所示的项目总账界面，选择"科目"菜单下的不同科目，可显示不同科目的总账。

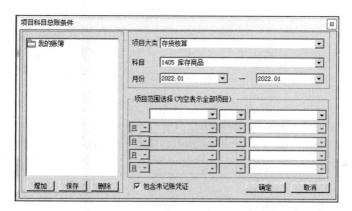

图 3-42　项目辅助账查询条件设置界面

项目总账

科目　1405 库存商品　　　　　　　　　　　　　　金额式　数量单位：吨　月份：2022.01-2022.01

编码	存货名称	方向	期初余额	本期借方发生	本期贷方发生	方向	期末余额
050	齿轮钢	借	54,713.52	45,594.60	41,035.14	借	59,272.98
051	螺纹钢	借	82,082.28	117,260.40	41,041.14	借	158,301.54
052	角钢	借	83,886.56	131,072.75	52,429.10	借	162,530.21
053	槽钢	借	40,187.91			借	40,187.91
054	扣件钢	借	33,659.76			借	33,659.76
055	轻轨	借	56,698.30			借	56,698.30
056	链条钢	借	58,259.50	134,445.00	40,333.50	借	152,371.00
057	锚杆钢	借	35,791.02			借	35,791.02
058	弹条钢	借	31,865.36	59,747.55	19,915.85	借	71,697.06
	合计	借	477,144.23	488,120.30	194,754.73	借	770,509.80

图 3-43　项目总账界面

（3）现金流量表查询。此项主要是针对设置了"指定为现金流量科目"的会计科目的数据查询。

单击“账表”菜单下的“现金流量统计表”，在图 3-44 所示的现金流量表查询条件设置界面勾选“包含未记账凭证”，选择“按月查询”，单击“确定”，界面跳转至图 3-45 所示的现金流量统计表。

图 3-44　现金流量表查询条件设置界面

现金流量统计表

月份：2022. 01-2022. 01

现金流量项目	方向	金额
销售商品、提供劳务收到的现金(01)	流入	209,301.50
收到其他与经营活动有关的现金(03)	流入	122.00
现金流入(0101)(分类小计)	净流入	209,423.50
购买商品、接受劳务支付的现金(04)	流出	160,573.00
支付其他与经营活动有关的现金(07)	流出	21,600.00
现金流出(0102)(分类小计)	净流出	182,173.00
经营活动(01)(分类小计)	净流入	27,250.50
收回投资收到的现金(08)	流入	32,000.00
处置固定资产、无形资产和其他长期资产收回的现金	流入	70,000.00
现金流入(0201)(分类小计)	净流入	102,000.00
购建固定资产、无形资产和其他长期资产支付的现金	流出	453,000.00
支付其他与投资活动有关的现金(16)	流出	1,950.00
现金流出(0202)(分类小计)	净流出	454,950.00
投资活动(02)(分类小计)	净流出	352,950.00
吸收投资收到的现金(17)	流入	100,000.00
现金流入(0301)(分类小计)	净流入	100,000.00
偿还债务支付的现金(20)	流出	5,000.00
现金流出(0302)(分类小计)	净流出	5,000.00
筹资活动(03)(分类小计)	净流入	95,000.00

账套:(666)新世纪轧钢厂 demo(账套主管) 2022-01-31 21:07 4006-600-588

图 3-45　现金流量统计表

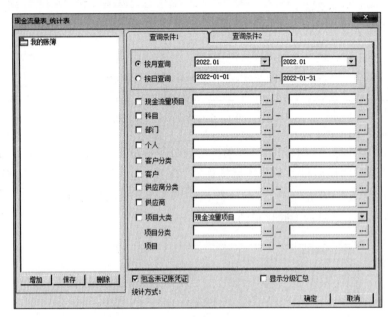

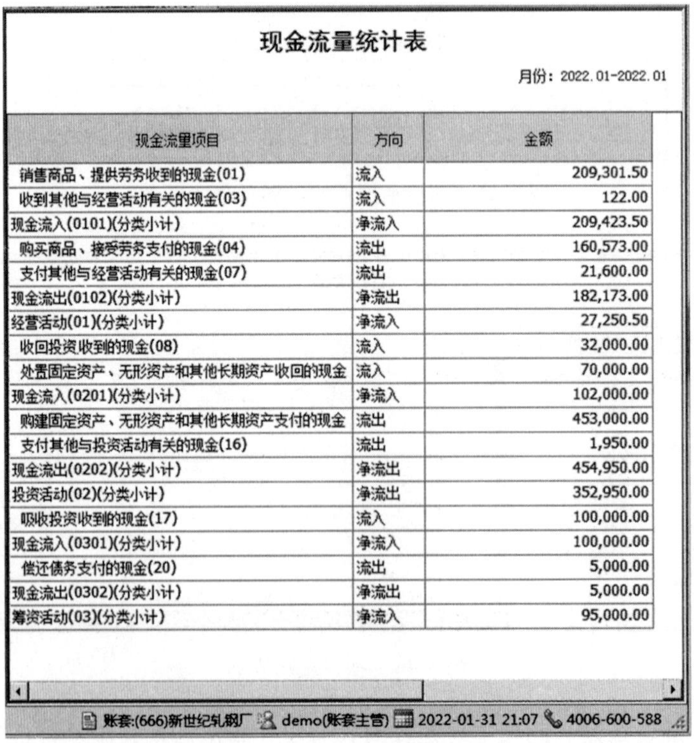

▶ 本章小结

总账系统是会计信息系统的核心，会计核算的基础数据都集中在总账系统，其他专业核算系统的最终处理结果都必须生成凭证进入总账系统。各系统之间数据的联结，都是依靠会计科目的核算关系来实现的。会计科目在会计信息系统中就像人体的神经网络，它作用于任何一项业务处理。因此，在基础资料的科目设置中，要注重与其他系统的集成问题，同时还要考虑具体企业的不同需求，设计科学合理的会计科目体系和与之相关的辅助核算资料。从新世纪轧钢厂的实务处理过程中，我们可以看到会计科目在辅助核算及月末结转过程中发挥的作用。各类账簿的查询过程，可充分体现计算机处理与手工处理的内在差异。在总账系统中，各类账簿都是查询的结果，是凭证中会计科目与基础资料的关联使用，保证了账簿灵活多样的呈现方式。

▶ 练习题

一、不定项选择题（每题至少有一个选项正确）

1. 在系统中真正删除一张凭证的方法是（　　）。
   A. 将此凭证进行作废操作
   B. 将此凭证进行删除操作
   C. 将此凭证进行作废操作，然后进行整理操作
   D. 将此凭证进行删除操作，然后进行整理操作

2. 下列关于会计科目的描述，不正确的是（　　）。
   A. 已使用的会计科目在会计年中不能删除
   B. 如果会计科目已经使用，可以增设下级科目
   C. 只有末级科目才允许有余额
   D. 期初余额录入时，上级科目的余额是由下级科目的余额自动计算得出的

3. 下列（　　）不是总账系统中凭证类别的限制类型。
   A. 借方必无　　　　B. 凭证必无
   C. 借方必有　　　　D. 凭证必有

4. 制单序时控制是指制单时，凭证编号必须按（　　）顺序。
   A. 时间　　　　　　B. 年份
   C. 月份　　　　　　D. 日期

5. 设置凭证类别时需进行相应条件限制，若限制类型为"无限制"则表示制单时（　　）。
   A. 凭证中借方至少有一个限制科目发生
   B. 凭证中贷方至少有一个限制科目发生
   C. 凭证中借方或贷方都不允许有一个限制科目发生
   D. 凭证中可以是任意合法的科目

6. 对于已记账的凭证，下列说法正确的是（　　）。
   A. 可以修改
   B. 取消记账后，可以修改
   C. 不能修改
   D. 只能部分修改

7. 在总账系统中，凭证类型的设置可以选择（　　）方式进行设置。
   A. 收、付、转三类
   B. 只设一种类型
   C. 不设置凭证类型
   D. 现收、现付、银收、银付、转账五类

8. 属于总账系统中初始化的内容有（　　）。
   A. 科目设置　　　　B. 凭证审核
   C. 余额输入　　　　D. 凭证类别设置

9. 记账操作，每月可以进行（　　）。
   A. 一次　　　　　　B. 多次
   C. 二次　　　　　　D. 三次

10. 关于凭证的摘要，下列说法正确的是（　　）。
    A. 可以调用常用摘要，也可以即时输入
    B. 凭证中不同行的摘要可以相同，也可以不同
    C. 在同一张凭证中，系统能将摘要自动复制到下一分录行
    D. 凭证的每一行都要有摘要，不能为空

11. 冲销凭证可以采用"制单"中的"冲销凭证"命令制作红字冲销凭证，但冲销凭证只适用于（　　）。
    A. 已记账的凭证　　B. 未记账凭证

C. 作废凭证　　　　D. 未审核凭证
12. 关于辅助账类设置，下列说法正确的是（　　）。
　　A. 管理费用设成部门核算
　　B. 生产成本设成项目核算
　　C. 应收账款设成客户往来核算
　　D. 应付账款设成供应商往来核算

13. 关于记账，下列说法正确的是（　　）。
　　A. 未审核凭证不能记账
　　B. 上月未结不能记账
　　C. 一个月只能记账一次
　　D. 第一次记账时，期初余额试算不平不能记账

二、判断题

1. 一个科目不能同时设置为项目辅助核算和部门辅助核算。（　　）
2. 在录入记账凭证时，会计科目只能输入最末级会计科目。（　　）
3. 对需要记账的含有现金、银行科目的凭证，是必须审核的，且一定要出纳签字。（　　）
4. 在设置供应商分类的前提下，必须先设置供应商分类才能建立供应商档案。（　　）
5. 只有在建立会计科目时将科目设置为项目辅助核算账类，该科目才能在项目档案中被指定核算科目。（　　）
6. 记账凭证编号可以由会计软件自动产生，也可以手工输入。（　　）
7. 一个项目大类可以指定多个科目，一个科目只能指定一个项目大类。（　　）
8. 外部系统传递来的凭证不能在总账系统中修改，只能在生成该凭证的系统中进行修改。（　　）
9. 如果总账系统与其他子系统联合使用，其他子系统未全部结账，则总账系统不能结账。（　　）

三、简答题

1. 账务处理的两条主线是什么？
2. 通过怎样的设置可以实现在总账系统中使用应收应付受控科目？若应收应付受控科目可以同时在总账系统中使用，可能会出现怎样的后果？
3. 填制凭证时，有时会出现不能保存的提示，有可能是哪些原因造成的？
4. 使用支票登记簿要进行哪些设置？

第 4 章

应收款管理系统

4.1 应收款管理业务概述

应收款管理系统（简称应收款系统）管理的是企业由于销售产品、提供劳务以及由于罚款、临时提供内部员工借款及对外支付押金等而形成的债权。应收款项的回收是企业现金流入量的重要组成部分，应该引起企业的高度重视。应收款管理主要包括应收账款的管理、其他应收款的管理及应收票据的管理三个部分。

4.1.1 应收账款的管理

应收账款是企业因销售商品、提供劳务等经营活动而收取的款项，但是因销售商品、提供劳务等采用递延方式收取合同款项或协议价款，实质上具有融资性质，所以在"长期应付款"科目核算。由于时间上的差异和商业竞争中企业扩大销售额的需要，销售过程可以分为两个子过程：一是通过销售实现商品或劳务转移的过程；二是赊销货款的回收过程，即应收账款的计算、催收、回款、应收账款分析和客户信用等级评定等环节。应收账款是在商业信用条件下由于赊销业务而产生的买方向卖方所做的口头付款承诺，由于这种口头承诺具有不确定性，因此应收账款的确认尤为重要。应收账款的核算主要包括应收账款入账时间的确认、应收账款入账金额的确认、应收账款的回收以及坏账准备的计提及核算等内容。

1. 应收账款入账时间的确认

应收账款的确认时间与销售收入的确认标准密切相关。在销售成立确认销售收入时，便可以确认应收账款。按照《企业会计准则第 14 号——收入》，销售商品取得收入同时满足以下条件时可以确认。

（1）企业已将商品所有权上的主要风险与报酬转移给购货方。

（2）企业既没有保留通常与所有权相联系的继续管理权，也没有对已售商品实施有效控制。

（3）收入的金额能够可靠地计量。

（4）相关的经济利益很可能流入企业。

（5）相关的已发生或将发生的成本能够可靠地计量。

一般情况下，企业售出的商品符合合同或协议规定的要求，并已将发票账单交付买方，买方也承诺付款，即表明销售商品的价款能够回收。此时，若同时满足其他条件，即可以确认与销售价款相关的应收账款。

2. 应收账款入账金额的确认

企业一般按照实际发生的交易价格确认应收账款的入账金额，它包括发票金额和代购货单位垫付的运杂费两部分，但是在商业信用中由于存在商业折扣、现金折扣、销售折让、销售退回等情况，因而影响应收账款金额的确认。

（1）商业折扣。商业折扣是指企业为了促进商品销售而在商品标价上给予的价格折扣。企业会计准则规定，在销售商品时，涉及商业折扣的，应当按照扣除商业折扣之后的金额确定销售商品收入金额。因此，商业折扣只是要求应收账款按实际销售收入确认，不必做其他特殊的账务处理。

（2）现金折扣。现金折扣是指债权人为了鼓励债务人在规定的期限内付款而向债务人提供的债务扣除。销售商品牵涉现金折扣的，应当按照扣除现金折扣前的金额确认销售收入及应收账款，现金折扣在实际发生时计入当期损益。

（3）销售折让。销售折让是指企业因售出商品的质量不合格等原因而在售价上给予的减让。企业已经确认销售商品收入的售出商品发生销售折让时，应当在发生时冲减当期商品销售收入及应收账款。

（4）销售退回。销售退回是指企业售出的商品由于质量、品种不符合要求等原因而发生的退货，企业已经确认销售商品收入的售出商品发生销售退回时，应当在发生时冲减当期销售商品收入。

3. 应收账款的回收

企业应收账款的回收，可以分几种情况进行处理：第一种是收到客户归还欠款，由出纳人员填写收款单确认收回款项；第二种是预收款冲销应收款，由出纳人员根据销售单填写收款单，记录企业所收到的客户款项；第三种是应收款项冲销应付款项，企业与某一单位有长期稳定的往来，在过往的交易中间欠了对方单位的款项尚未偿还，即可以以应收款项冲销应付款项。

4. 坏账准备的计提及核算

坏账是企业无法收回的应收账款，由于发生坏账而造成的损失称为坏账损失。企业坏账损失的处理有直接转销法和备抵法两种，其中，直接转销法不符合收入与费用的配比原则和确认损益的权责发生制原则，不做详述。备抵法按照一定的方法估计坏账损失，一方面把这些估计的损失列作费用，另一方面形成一笔坏账准备，在资产负债表上列示，实际发生坏账时，再冲销已形成的坏账准备及应收账款。估计坏账有应收账款余额百分比法、账龄分析法等。

4.1.2 其他应收款的管理

其他应收款是指企业除应收账款、应收票据、预付账款等以外的其他各种应收暂付款项，包括各种赔款、罚款、存出保证金、应向职工收取的各种垫付款、应收暂付的非营业款项等非营业收入项目。在会计核算时，其他应收款项目一般按照对应单位或个人进行明细核算，在支出款项时填写其他应收单确认应收款项的形成，在回收款项时填写收款单确认款项回收。

应收暂付款项主要包括：①应收的各种赔款、罚款；②应收出租包装物租金；③应向职工收取的各种垫付款项；④备用金（不单独设置"备用金"科目的企业，向内部各职能科室、车间等拨付用于零星开支的现金）；⑤存出保证金，如租入包装物支付的押金；⑥预付账款转入；⑦其他各种应收暂付款项。

将这些项目单独归类为其他应收款，以便会计报表使用时，能把这些项目与购销等营业活动而发生的应收项目区别开来。

4.1.3 应收票据的管理

应收票据是企业因销售商品、提供劳务等而收到的商业汇票，包括银行承兑汇票及商业承兑汇票。企业因销售商品，收到别的单位开出、承兑的商业汇票，以汇票为凭证确认企业应收票据的增加，企业在急需资金时可以持商业汇票到银行申请贴现，也可以将持有的商业汇票背书转让以取得所需要的物资。商业汇票到期时应积极收回，并以收款单为依据确认票据已经回收。

企业应当设置"应收票据备查簿"逐笔登记商业汇票的种类、号数、出票日、票面金额、交易合同号和付款人、承兑人、背书人的相关资料，以及到期日、背书转让日、贴现日等。商业汇票到期结清票款后或退票后，在备查簿中应该予以注销。

4.1.4 应收款系统的处理流程

1. 应收款业务手工处理流程

在手工条件下，根据赊销发票、收款单、预收单、应收票据、其他应收单，编制记账凭证，根据记账凭证逐笔登记"应收款-客户往来明细账"，月末结出各客户的欠款情况，期末余额表示尚未收回的应收款数额。应收款往往按客户开设明细账，会计人员平时根据应收款发生的发票和收回货款的收款凭证进行登记，并以此为依据进行信用分析及坏账损失的估计。应收款业务手工处理流程可用图4-1表示。

2. 应收款业务系统处理流程

系统处理与手工处理的最大不同点是将不同的单据分别存储在不同的数据表中，根据特定单据类型，编制记账凭证，记账凭证自动传到总账系统凭证库。应收账款明细账是系统根据相同客户从收款单和赊销发票的对应关系中检索出来的。系统根据应收账款余额表计提坏账准备，同时制作记账凭证，传入总账系统凭证库，处理流程如图 4-2 所示。

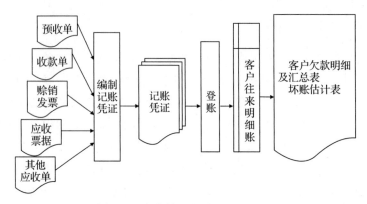

图 4-1　应收款业务手工处理流程

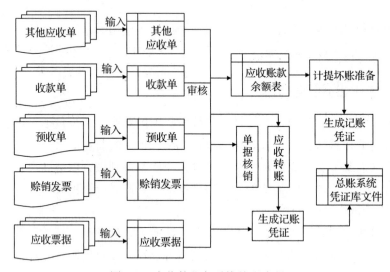

图 4-2　应收款业务系统处理流程

如果应收款系统与销售管理系统同时启用，则这些单据由业务单位在销售管理系统录入，从销售管理系统传递到应收款系统，进行核销及编制记账凭证。如果不使用销售管理系统，则这些单据归由财务部门在应收款系统录入。

4.1.5　应收款系统与其他子系统的关系

应收款系统与其他子系统的关系如图 4-3 所示。销售管理系统开出销售发票，在应收款系统核算赊销发票的款项；应收款系统生成销售收入凭证，收款后输入收款单核销应收款，生成收款凭证，这些凭证直接传递到总账系统凭证库；应收款系统与应付款系统

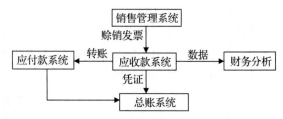

图 4-3　应收款系统与其他子系统的关系

转账对冲，解决了客户同时又是供应商时销售发票与采购发票的核销问题，以定期清理债权债务；应收款系统为企业管理者提供客户的欠款偿还情况、账龄分析表等数据，作为制定信用政策、计算应收账款周转率和周转期的依据。

4.2 应收款管理系统的主要功能

4.2.1 功能模块结构

应收款系统具有的主要功能模块如图 4-4 所示，在实际操作中，各模块业务会有重合，下面对各功能模块的作用做简要说明。

系统设置	日常处理	账表查询	期末处理
账套参数设置	应收单据处理	账表自定义	对账检查
初始设置	收款单据处理	业务账表查询	计提坏账准备
初试数据录入	单据核销/转账	统计分析	期末对账
对账/结束初始化	坏账确认及收回处理	科目账表查询	期末结账
	票据管理		
	制单处理		

图 4-4　应收款系统功能模块

4.2.2 功能模块的作用

1. 系统设置

（1）账套参数设置。账套参数设置包括常规、凭证、权限与预警等内容设置，详细内容见图 4-6 至图 4-8。

（2）初始设置。初始设置中的科目设置非常关键，是应收款核算的基础，在此予以重点说明。

1）科目设置。该设置功能包括基本科目设置、控制科目设置、产品科目设置、结算方式科目设置，每种设置对应不同的单据类型，其目的是依据用户定义的科目及不同的业务类型，在生成凭证时自动带出设置的对应科目。

①基本科目设置。基本科目设置即定义凭证制单所需要的基本科目，如应收科目、预收科目、销售收入科目、税金科目等。如果输入单据时未指定科目，且控制科目设置与产品科目设置中没有明细科目的设置，则系统制单（编制凭证）时，依据制单规则取基本科目设置中的科目。

②控制科目设置。该设置为用户提供对客户的个性化管理，可对客户进行分类设置控制科目。该设置由此前的两项设置决定：控制科目由"总账"会计科目设置了"客户核算"并"受控"于应收系统的科目；对客户分类的依据是客户档案，依据在系统初始中的客户

分类进行。

如对受控于应收系统的科目都设置了客户辅助核算，该项可不设置，制单时取基本科目。

③产品科目设置。产品科目设置提供了"销售收入"科目分产品进行核算。如"销售收入"科目设置了存货辅助核算，则该项目无须设置。

④结算方式科目设置。该科目设置进行结算方式、币种所对应的科目设置。对于现结的发票、收付款单，系统依据单据上的结算方式查找对应的结算科目，系统制单时自动带出。

2）账龄区间设置。账龄区间设置提供了应收款的个性化管理，可根据企业对应收款或收款时间管理的需要，定义账款时间间隔，以便于进行应收款的账龄查询和账龄分析，掌握在一定期间内所发生的应收款、收款情况。

3）坏账准备设置。首先要选择计提坏账的方法，定义本系统内计提坏账准备的比率，设置坏账准备期初余额，使系统能够根据用户的应收款余额进行计提坏账准备以及坏账发生和收回的处理。

系统提供两种坏账处理的方式：备抵法和直接转销法。目前我国企业会计准则只允许选择备抵法进行坏账处理，备抵法按照计提坏账准备的依据不同又具体分为应收账款余额百分比法、销售收入百分比法、账龄分析法三种。这三种方法需要在初始设置中录入坏账准备期初余额和计提比例或账龄区间等，并在坏账处理中进行后续处理。

4）付款条件设置。付款条件设置即现金折扣设置，现金折扣是企业为了鼓励客户早日偿还货款而承诺在一定期限内付款给予的规定折扣优待。这种折扣条件通常可表示为 5/10，2/20，n/30，它的意思是：客户在 10 天内偿还货款，可得到 5% 的折扣；客户在 20 天内偿还货款，可得到 2% 的折扣；客户在 30 天内偿还货款，可得到 n% 的折扣。付款条件可在采购订单、销售订单、采购结算、销售结算、客户目录、供应商目录中引用。

初始数据录入及结束初始化的对账功能详见实验部分，在此省略。

2. 日常处理

该功能主要完成企业日常的应收单据/收款单据录入、应收与收款业务核销、应收并账、汇兑损益以及坏账的处理，及时记录应收、收款业务的发生，为查询和分析往来业务提供完整、正确的资料，加强对往来款项的监督管理。

（1）应收单据及收款单据处理。其包括应收单及收款单的录入、修改、删除和审核管理工作。如果同时使用应收款系统和销售管理系统，则发票和代垫费用产生的应收单据由销售管理系统生成并传递到应收款系统，在该系统可以对这些单据进行审核、弃审、查询、核销、制单等。此时，在该系统需要录入的单据只有收款单。如果企业只启用了应收款系统，则在该系统既需要录入应收单（如发票等）也需要录入收款单。

①应收单的录入。单据录入是该系统处理的起点，该功能提供销售业务中的各类发票、销售业务之外其他应收单的录入。

②收款单的录入。收款单据录入是将已收到的客户款项或退回的客户款项的原始单据录入应收款系统，包括收款单与付款单（即红字收款单）。

收款单用来记录企业收到的款项，每收到一笔款项时，应明确该款项是客户结算所欠货款，还是提前支付的货款，或是支付其他费用，并在收款单中用"款项类型"来区分。因此在录入收款单时，必须指定款项类型。如果对于同一张收款单，包含不同的款项，则需要在表体记录中分行输入。

③单据的审核。经过审核之后的单据才可以被系统确认有效，单据保存后即可对该单据进行审核，也可以使用应收款系统的"应收单审核"或"收款单审核"功能专门进行批量审核处理。

（2）单据核销/转账。

①单据核销。单据核销的作用是建立应收款和收款到账之间的关联关系，加强往来款项的管理。核销规则如下所述。

第一，收款单的金额等于应收单的金额。收款单与应收单完全核销。

第二，在核销时使用预收款。若客户先预付了部分货款，在提货之后付清了剩余的款项，并且要求这两笔款项同时结算，则在核销时需要使用预收款。在收到第一笔款项后，先录入一张收款单，款项类型为预收款，形成预收款；在收到第二笔款项后，再录入一张收款单，款项类型为应收款。在核销时，可以根据选项中设置的预收款核销方式来输入需要核销的预收款金额，这时就可以同时对两次（或多次）收款进行一次结算。

第三，收款单的金额大于应核销金额。将收款单的金额核销应收单据，剩余部分形成预收款。

第四，收款单的金额小于应收单据的金额。应收单据仅得到部分核销。

②应收转账。转账业务也是应收款系统的常见处理业务，用于进行客户与供应商之间、客户与客户之间各种对冲业务的业务处理。转账业务可分为四种类型：应收冲应收、预收冲应收、应收冲应付、红票对冲。（见实验操作指导）

（3）坏账确认及收回处理。坏账处理模块是一个独立的模块，提供了日常发生的坏账确认及收回处理、期末根据应收账款余额计提坏账准备处理，以及与坏账业务相关的凭证生成等功能。

（4）制单处理。制单即生成凭证，即根据不同的单据类型编制记账凭证的功能。在应收款管理系统中，对每一类原始单据都提供了实时制单的功能。此外系统还提供了一个统一制单的平台，可以在此快速、成批生成凭证，并可依据规则进行合并制单等处理。

①应收发票制单。对销售发票制单时，若只进行了"基本科目设置"，则取"基本科目设置"中设置的应收科目和销售科目。因应收科目设置了按客户进行辅助核算，因此发票中的客户对应应收款的客户，即：

借：应收账款——发票中的客户
　　贷：主营业务收入——发票中的存货
　　　　应交税费——应交增值税（销项税额）

②其他应收单制单。其他应收单用于记录销售业务之外所发生的各种其他应收业务。应收单表头中的信息等同于凭证中的一条分录信息，表头科目为核算客户所欠款项的一个科目，且该科目必须是应收系统的受控科目。表头科目的方向即为所选择的单据的方向。

表体中的一条记录同样等同于凭证中的另一条分录。当输入了表体内容后，表头金额与表体中的金额合计应相等，表头科目为借方，表体科目为贷方。对应收单制单时，借方取应收单表头科目，贷方取应收单表体科目。

③收款单制单。借方科目为表头结算科目，贷方科目由"款项类型"决定，若款项类型为应收款，则贷方科目为"应收账款"，若款项类型为预收款，则贷方科目为"预收账款"，若选择的款项类型为其他费用，则贷方科目应根据业务手工录入。

④核销制单。核销制单受系统初始选项的控制，若选项中选择核销不制单，则即使入账科目不一致也不制单。核销制单需要应收单及收款单已经制单，且在核销双方的入账科目不相同的情况下才需要进行核销制单。

⑤票据处理制单。收到商业汇票制单，借方取"基本科目"设置中的应收票据科目，贷方取"基本科目"设置中的销售收入科目及税金科目，若没有设置，则需要手工输入科目。

⑥转账制单。应收冲应收（不同客户结转）：

借：应收账款——转入客户
　　贷：应收账款——转出客户
　　　　预收冲应收（同客户结转）：
借：预收账款——客户
　　贷：应收账款——客户
　　　　应收冲应付（客户与供应商之间的结转）：
借：应付账款——供应商
　　　预付账款——供应商
　　贷：应收账款——客户

或者

借：应付账款——供应商
　　贷：应收账款——客户
　　　　预收账款——客户

⑦坏账处理制单。坏账计提制单：借方取"坏账准备设置"中的对方科目，贷方取"坏账准备设置"中的"坏账准备"科目。

坏账发生制单：借方取"坏账准备"科目，贷方科目根据发生坏账的客户记"应收账款"。

坏账收回制单：借记"应收账款"/（坏账收回的客户）取收款单的客户，贷记"坏账准备"。同时做收款制单：借记"结算科目"，贷记应收账款/（坏账收回的客户）。

此外，系统还提供汇兑损益处理功能、单据导出功能等。

3. 账表查询

账表查询的主要功能包括账表自定义、业务账表查询、统计分析、科目账表查询等。

（1）账表自定义。系统提供的自定义报表功能就是指根据企业管理的要求，为用户提供内部管理报表分析工具。用户可以设置报表标题、表头、表体，定义报表数据来源，灵活定义过滤条件和显示、打印方式，自定义查询报表。通过数据源的定义可将系统提供的不同报表进行组合或计算机加工，这是为高级用户提供的个性化定制报表的功能。

(2)业务账表查询。通过账表查询，可查询业务总账表、业务余额表、业务明细账、对账单，及时了解一定期间内期初应收款结存汇总情况，应收款发生、收款发生的汇总情况、累计情况，期末应收款结存汇总情况，还可了解各个客户期初应收款结存明细情况，应收款发生、收款发生的明细情况、累计情况，期末应收款结存明细情况，能及时发现问题，加强对往来款项的监督管理。

(3)统计分析。通过统计分析，可以按初始定义的账龄区间，进行一定期间内应收款账龄分析、收款账龄分析、往来账龄分析，了解各个客户应收款周转天数、周转率，了解各个账龄区间内应收款、收款及往来情况，能及时发现问题，加强对往来款项动态的监督管理。

4. 期末处理

期末处理是指用户在期末结账之前必须要做的工作。首先要进行期末对账检查，检查无误后，按照应收账款的余额计提坏账准备，然后执行期末结账功能。对每个月来说，只有月末结账之后，才可以开始下月的工作。

4.3 应收款管理系统实验指南

4.3.1 应收款系统操作流程

应收款系统操作流程如图 4-5 所示。

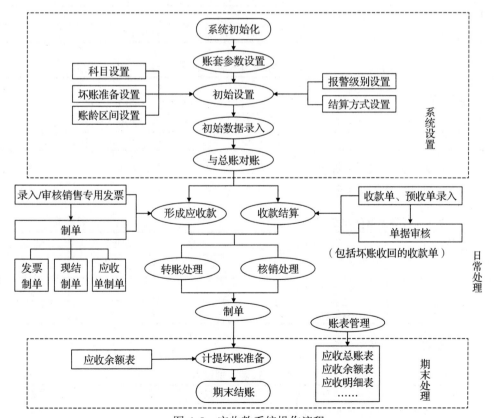

图 4-5 应收款系统操作流程

4.3.2 系统初始设置

【实验内容】

（1）账套参数设置。

（2）初始设置。

（3）初始数据录入。

（4）与总账对账。

【实验资料】

（1）应收款系统账套参数。

①常规。按"单据日期"审核单据，按照备抵法下的"应收余额百分比法"计提坏账，"登记支票"。

②凭证。受控科目制单方式："明细到单据"。

③权限与预警。"单据报警"提前天数为5天，"信用额度报警"提前比率为20%，即当对某个供应商的信用比率小于或等于20%时，系统自动弹出信用报警单。

（2）初始设置。

①基本科目设置如表 4-1 所示。

②结算方式科目设置如表 4-2 所示。

表 4-1 基本科目设置

设置项	科目
应收科目	应收账款
预收科目	预收账款
销售收入科目	主营业务收入
税金科目	应交税金——应交增值税（销项税额）
银行承兑科目	应收票据
商业承兑科目	应收票据
现金折扣科目	财务费用

表 4-2 结算方式科目设置

结算方式	币种	科目
现金支票	人民币	100201（银行存款——工行）
转账支票	人民币	100202（银行存款——建行）
现金	人民币	1001（库存现金）

③坏账准备设置如表 4-3 所示。

④账龄区间设置如表 4-4 所示。

表 4-3 坏账准备设置

控制参数	参数设置
提取比率	1%
坏账准备期初余额/元	630.80
坏账准备科目	坏账准备
对方科目	信用减值损失

表 4-4 账龄区间设置

序号	起止天数	总天数
01	0～30	30
02	31～60	60
03	61 及以上	—

⑤报警级别设置如表 4-5 所示。

表 4-5 报警级别设置

序号	起止比率	总比率（%）	级别名称
01	0～10%	10	A

（续）

序号	起止比率	总比率（%）	级别
02	10%～20%	20	B
03	20%～30%	30	C
04	30% 及以上	—	D

（3）初始数据如表 4-6 所示。

表 4-6　初始数据

日期	客户	摘要	方向	本币余额 / 元
2021-12-31	涞源公司	销售螺纹钢"5 吨 × 7 000 元 / 吨（含税价）"	借	35 000.00
2021-12-31	肯亚集团	预收款（票号 ZZR31）	贷	14 000.00

【操作指导】

（1）应收款系统账套参数设置。

①在企业应用平台中，依次选择"业务工作"→"财务会计"→"应收款管理"，进入应收款管理系统，单击"设置"下的"选项"，进入"账套参数设置"界面。

②单击"编辑"按钮，打开"常规"选项卡，单据审核日期依据选择"单据日期"，坏账处理方式选择"应收余额百分比法"，勾选"登记支票"，如图 4-6 所示。

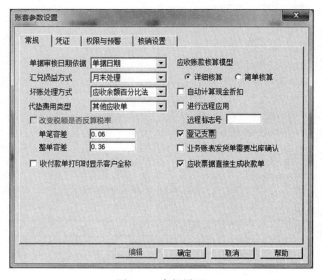

图 4-6　常规设置

③选择"凭证"选项卡，受控科目制单方式选择"明细到单据"，如图 4-7 所示。

④选择"权限与预警"选项卡，单据报警方式选择"信用方式"，"提前天数"栏选择 5 天，"提前比率"栏设置为 20%，如图 4-8 所示。

⑤其他项均为系统默认值，设置完成后，单击"确定"按钮返回。

（2）初始设置。

①单击"设置"下的"初始设置"，选择"设置科目"下的"基本科目设置"，再单击工具栏中的"增加"按钮，按照实验资料输入信息，如图 4-9 所示。

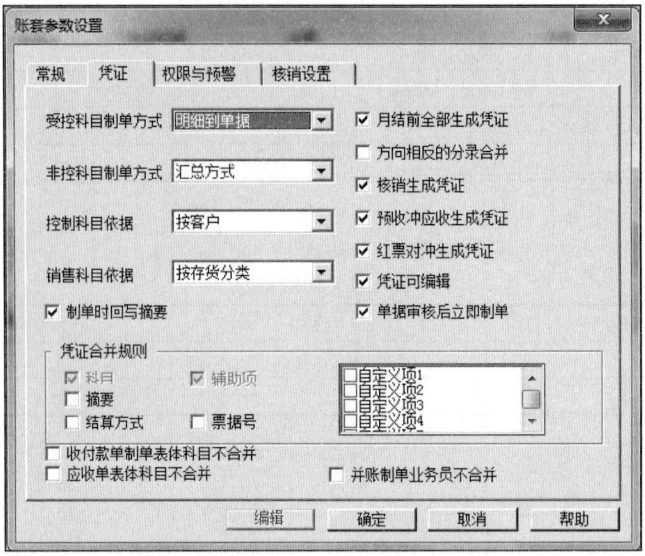

88　会计信息系统

图 4-7　凭证设置

图 4-8　权限与预警设置

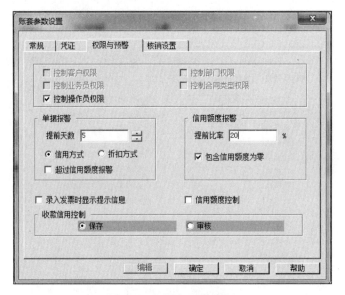

图 4-9　基本科目设置

②单击"结算方式科目设置",单击工具栏中的"增加"按钮,按照实验资料输入信息,如图 4-10 所示。

③单击"坏账准备设置""增加",按照实验资料输入信息,单击"确定",如图 4-11 所示。

结算方式	币种	本单位账号	科目…
2 现金支票	人民币	123456789012	100201
3 转账支票	人民币	123456789012	100202
1 现金	人民币	123456789012	1001

图 4-10 结算方式科目设置

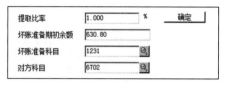

图 4-11 坏账准备设置

④单击"账期内账龄区间设置",在如图 4-12 所示的窗口双击第一行的总天数栏,输入"30"并回车,第二行的总天数栏输入"60"。序号由系统自动生成,只要输入总天数,系统就会自动生成起止天数。最后一个区间不需要输入总天数,系统自动生成。

⑤单击"报警级别设置",在如图 4-13 所示的窗口输入第一行的总比率"10"和级别名称"A",回车后输入第二行的总比率"20"和级别名称"B",按照实验资料,以同样的操作增加第三行,第四行只输入级别名称"D"。

序号	起止天数	总天数
01	0~30	30
02	31~60	60
03	61及以上	

图 4-12 账期内账龄区间设置

序号	起止比率	总比率(%)	级别名称
01	0~10%	10	A
02	10%~20%	20	B
03	20%~30%	30	C
04	30%及以上		D

图 4-13 报警级别设置

(3)初始数据录入。

①双击"设置"菜单下的"期初余额",弹出"期初余额 – 查询"窗口,单击"确认",进入期初余额明细表界面。单击工具栏的"增加"按钮,在如图 4-14 所示的窗口中,选择单据名称"销售发票",单据类型"销售专用发票"和方向"正向"。系统弹出空白的销售专用发票,单击左上角工具栏中的"+"按钮,选择客户"涞源公司",销售部门"销售部"。单击表体部分的第一行,选择货物"螺纹钢",填写数量"5",含税单价"7 000"。最后单击"保存",即生成如图 4-15 所示的期初销售专用发票,操作完成,关闭窗口。

图 4-14 单据类别

```
                          销售专用发票                             期初专用发票打印模 ▼
表体排序 _____▼

开票日期 2021-12-31           发票号 0000000001              订单号 _____
客户名称 涞源公司              客户地址 _____           电话 _____
开户银行 _____           银行账号 _____           税号 79653
付款条件 _____           税率(%) 13.00                  科目 1122
币种 人民币                    汇率 1                          销售部门 销售部
业务员 _____             项目 _____                备注 _____
```

	货物编号	货物名称	规格型号	主计量	税率(%)	数量	无税单价	含税单价	税额	无税金额	价税合计	批号	累⋯	累积收⋯	科目
1	051	螺纹钢		吨	13.00	5.00	6194.69	7000.00	4026.55	30973.45	35000.00		0.00	0.00	1122
2															
3															
4															
5															

图 4-15　期初销售专用发票

②回到期初余额明细表界面，单击工具栏的"增加"按钮，在弹出的窗口中选择单据名称"预收款"，单据类型"收款单"。系统弹出空白的收款单，再次单击工具栏的"增加"按钮，选择客户"肯亚集团"，结算方式"转账支票"，输入金额"14 000"。单击表体部分的第一行，选择款项类型"预收款"。最后单击"保存"，生成如图4-16所示的收款单。

```
                              收款单                             应收收款单显示模
表体排序 _____▼

单据编号 0000000001          日期 2021-12-31                客户 肯亚集团
结算方式 转账支票             结算科目 100202                 币种 人民币
汇率 1.00000000              金额 14000.00                   本币金额 14000.00
客户银行 _____           客户账号 _____           票据号 _____
部门 _____               业务员 _____              项目 _____
摘要 _____
```

	款项类型	客户	部门	业务员	金额	本币金额	
1	预收款	肯亚集团			14000.00	14000.00	2203
2							
3							

账套:(666)新世纪轧钢厂　demo(账套主管)　2022-01-01 16:29　4006-600-

图 4-16　收款单

（4）与总账对账。回到期初余额明细表，单击工具栏中的"对账"按钮，打开"期初对账"窗口，如图4-17所示。

	科目		应账期初		总账期初		差额	
编号	名称		原币	本币	原币	本币	原币	本币
1121	应收票据		0.00	0.00	0.00	0.00	0.00	0.00
1122	应收账款		35,000.00	35,000.00	35,000.00	35,000.00	0.00	0.00
122102	应收其他单位款		0.00	0.00	0.00	0.00	0.00	0.00
2203	预收账款		-14,000.00	-14,000.00	-14,000.00	-14,000.00	0.00	0.00
	合计			21,000.00		21,000.00		0.00

图 4-17　期初对账

对账平衡后，应收款管理系统的初始化工作结束，可以进行日常经营业务的处理。

4.3.3 日常业务处理

【实验内容】

（1）发票处理。

（2）收款结算。

（3）核销处理。

（4）转账处理。

（5）坏账处理。

【实验资料】

本实验中共有以下12笔业务。

业务1 2022-01-02，销售给新康机械厂5吨弹条钢，不含税单价9 850元/吨，增值税税率13%，新增销售专用发票并制单。（销售管理系统的普通销售业务 业务1，销售专用发票）

  借：应收账款——新康机械厂   55 652.50

    贷：主营业务收入——弹条钢   49 250.00

      应交税费——应交增值税（销项税额）   6 402.50

业务2 2022-01-05，收到新康机械厂一张转账支票，结清本月2日购买弹条钢的全部价款55 652.50元，支票票号为ZZR006。（收款单）

  借：银行存款   55 652.50

    贷：应收账款——新康机械厂   55 652.50

业务3 2022-01-05，肯亚集团向本公司订购齿轮钢9吨，无税单价为9 200元/吨，当日提货，未支付款项，要求用上月预付款14 000元冲抵部分应付账款。本公司于当日开具销售专用发票。（销售管理系统的普通销售业务 业务2，销售专用发票）

  借：应收账款——肯亚集团   93 564.00

    贷：主营业务收入——齿轮钢   82 800.00

      应交税费——应交增值税（销项税额）   10 764.00

  借：预收账款——肯亚集团   14 000.00

    贷：应收账款——肯亚集团   14 000.00

业务4 2022-01-06，涞源公司派采购员到本公司订购链条钢12吨，双方协定价格为每吨不含税单价9 700元，当日提货并付款。采用转账支票结算，支票票号为ZZR007。（销售管理系统的现结业务，销售专用发票）

  借：银行存款   131 532.00

    贷：主营业务收入——链条钢   116 400.00

      应交税费——应交增值税（销项税额）   15 132.00

注意：若未启用销售管理系统，则现结业务直接在总账系统录入，应收款管理系统不予反映。

业务 5　2022-01-10，收到涞源公司转账支票，结清上月货款 35 000 元，支票票号为 ZZR008。（收款单）

　　借：银行存款　　　　　　　　　　　　　　　　35 000.00
　　　　贷：应收账款——涞源公司　　　　　　　　　　　　　35 000.00

业务 6　2022-01-19，本公司以分期收款方式向巴氏集团赊销螺纹钢 7 吨，无税单价为 9 500 元／吨。双方约定，一次发货，分三期收款。本公司于当日开具销售专用发票并确认应收账款结转收入。（销售管理系统的分期收款销售业务，销售专用发票）

　　借：应收账款——巴氏集团　　　　　　　　　　75 145.00
　　　　贷：主营业务收入——螺纹钢　　　　　　　　　　　　66 500.00
　　　　　　应交税费——应交增值税（销项税额）　　　　　　 8 645.00

业务 7　2022-01-22，收到巴氏集团一张转账支票 20 000 元，系支付螺纹钢第一笔款项，支票票号 ZZR009。（收款单）

　　借：银行存款　　　　　　　　　　　　　　　　20 000.00
　　　　贷：应收账款——巴氏集团　　　　　　　　　　　　　20 000.00

业务 8　2022-01-25，涞源公司要求退货，退回链条钢 3 吨，该笔业务已于本月 6 日开具发票并收款。本公司同意退货，同时办理退款手续，开出一张反向发票 32 883 元。（销售管理系统的销售退货业务，红字销售专用发票）

　　借：银行存款　　　　　　　　　　　　　　　　32 883.00（红字）
　　　　贷：主营业务收入——链条钢　　　　　　　　　　　　29 100.00（红字）
　　　　　　应交税费——应交增值税（销项税额）　　　　　　 3 783.00（红字）

业务 9　2022-01-25，向单南公司销售货物并为其代垫运费 400 元，客户尚未支付款项。（销售管理系统的代垫费用业务，其他应收单）

　　借：其他应收款——单南公司　　　　　　　　　　　400.00
　　　　贷：银行存款——工行　　　　　　　　　　　　　　　　400.00

业务 10　2022-01-28，财务部门收到业务部门传来的委托浦华公司代销角钢的出库单及销售发票，共计销售角钢 7 吨，无税单价为 9 450 元，据此确认收入。（销售管理系统的委托代销业务，销售专用发票）

　　借：应收账款——浦华公司　　　　　　　　　　74 749.50
　　　　贷：主营业务收入——角钢　　　　　　　　　　　　　66 150.00
　　　　　　应交税费——应交增值税（销项税额）　　　　　　 8 599.50

业务 11　2022-01-31，浦华公司应收款 10 000 元转入彭园公司应收款。（应收转应收）

　　借：应收账款——彭园公司　　　　　　　　　　10 000.00
　　　　贷：应收账款——浦华公司　　　　　　　　　　　　　10 000.00

业务 12　2022-01-31，计提坏账准备。（坏账处理）

　　借：信用减值损失　　　　　　　　　　　　　　 1 467.78
　　　　贷：坏账准备　　　　　　　　　　　　　　　　　　　 1 467.78

【操作指导】

（1）发票及其他应收单录入及审核。若已经启用了销售管理模块，则销售专用发票及由于代垫运费产生的其他应收单在销售管理模块生成，本模块此处只需要对发票进行审核与生成凭证。

若某些教学单位未启用供应链模块，则实验资料中业务 1、业务 3、业务 4、业务 6、业务 8、业务 10 需要手工输入发票并保存、审核，业务 9 需要录入其他应收单。

1）录入发票或其他应收单，步骤如下所述。

①录入发票。依次单击“业务工作”→“财务会计”→“应收单据处理”，双击“应收单据录入”，弹出“单据类别”窗口。单据名称选择“销售发票”，单据类型选择“销售专用发票”，方向选择“正向”，单击确认。进入到销售专用发票窗口，单击左上角的“+”键，在表头部分输入开票日期、销售类型、客户简称、销售部门、业务员以及其他相关信息。在表体栏目中输入存货编码、存货名称、数量、含税单价、无税单价以及无税金额、税额、价税合计等项目，输入完成，单击保存并退出，如图 4-18 所示。

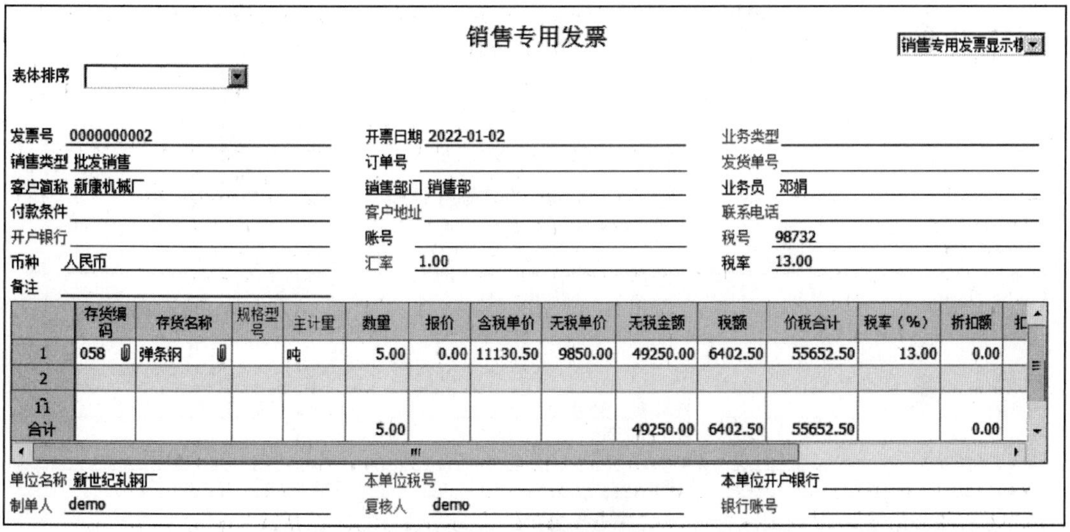
销售专用发票

销售专用发票显示模

表体排序

发票号 0000000002　开票日期 2022-01-02　业务类型
销售类型 批发销售　订单号　发货单号
客户简称 新康机械厂　销售部门 销售部　业务员 邓娟
付款条件　客户地址　联系电话
开户银行　账号　税号 98732
币种 人民币　汇率 1.00　税率 13.00
备注

	存货编码	存货名称	规格型号	主计量	数量	报价	含税单价	无税单价	无税金额	税额	价税合计	税率（%）	折扣额	扣
1	058	弹条钢		吨	5.00	0.00	11130.50	9850.00	49250.00	6402.50	55652.50	13.00	0.00	
2														
合计					5.00				49250.00	6402.50	55652.50		0.00	

单位名称 新世纪轧钢厂　本单位税号　本单位开户银行
制单人 demo　复核人 demo　银行账号

图 4-18　销售专用发票

输入发票时特别注意，未启用销售管理系统的单位，在首次输入发票之前是没有进行“销售类型”栏目设置的，所以单击“销售类型”会出现如图 4-19 所示的“销售类型“窗口，单击“增加”，可输入“销售类型编码”“销售类型名称”，“出库类别”需要选择，双击输入栏进入图 4-20 所示的“收发类别”界面，如图所示输入收发类别，保存并退出，返回图 4-19 所示的界面，输入完整，并选择“01 批发销售”，填写完整的增值税专用发票信息，如图 4-18 所示，保存并退出。

②录入其他应收单。依次单击“业务工作”→“财务会计”→“应收单据处理”，双击“应收单据录入”，弹出“单据类别”窗口，单据名称选择“应收单”，单据类型选择“其他应收单”，方向选择“正向”，单击确认。进入应收单窗口，单击左上角“+”键，在表

头部分输入单据日期、客户、科目、金额以及其他相关信息,并填写表体内容,如图4-21所示。

图 4-19　新增销售类型

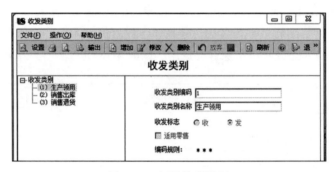

图 4-20　新增收发类别

图 4-21　其他应收单

2)发票及其他应收单审核,步骤如下所述。

①在企业应用平台中,依次选择"业务工作"→"财务会计"→"应收款管理",进入应收款系统。单击左侧工具栏中的"应收单据处理",双击"应收单据审核",系统自动弹出"应收单查询条件"窗口,如图4-22所示,根据单据类型设置适当的查询条件,单击"确定"按钮。

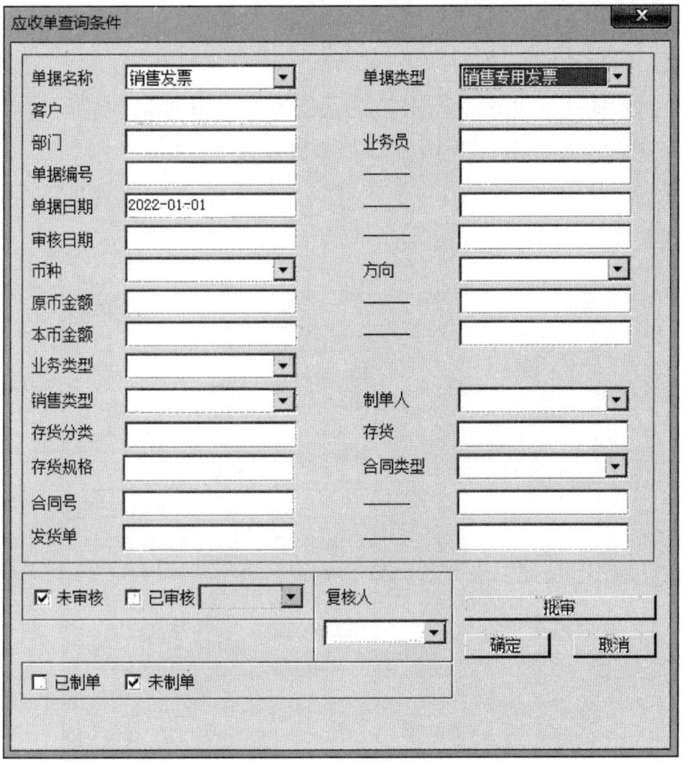

第 4 章 应收款管理系统 95

图 4-22 应收单查询条件

②选择需要审核的应收单据，在"选择"栏处双击，出现"Y"，表示选择成功。如图 4-23 所示，单击左上角"审核"按钮，系统弹出"本次审核成功单据[1]张"信息提示对话框，单击"确定"完成审核。

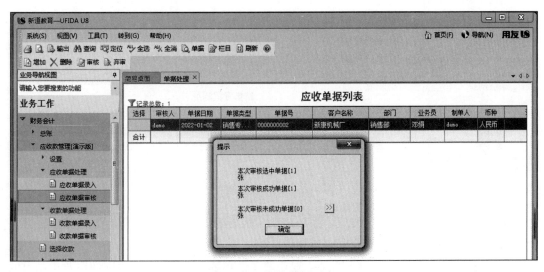

图 4-23 应收单据列表

若进行其他应收单的审核，则在图 4-22 中，单据名称选择"应收单"，单据类型选择

"其他应收单",单击"确定"。后续审核过程和销售发票审核一致。

(2)制单处理。

1)发票制单。所谓制单是指根据审核无误的发票、其他应收单、收款单等填制或者生成记账凭证的过程,以业务1为例介绍发票制单操作步骤。

登录应收款系统,双击左侧"应收款管理"菜单下的"制单处理",系统自动弹出单据过滤对话框。勾选"发票制单",如图4-24所示,单击"确定"按钮。

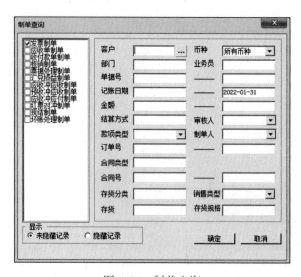

图4-24 制单查询

凭证类别选择"转账凭证",在需要制单的记录前的"选择标志"栏输入"1",表示选择"1"的单据生成一张凭证,相同序号的记录会制成一张凭证,修改制单日期为"2022-01-02",如图4-25所示。

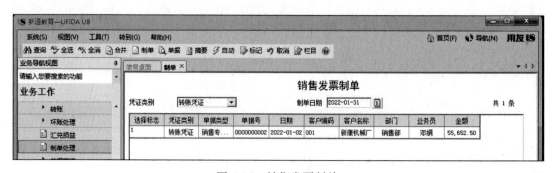

图4-25 销售发票制单

单击工具栏中的"制单"按钮,系统自动生成转账凭证。单击"保存"按钮,凭证左上方显示"已生成"标志,如图4-26所示。

2)其他应收单制单。实验资料中需要应收单制单的有业务9,下面介绍应收单制单的操作步骤。

双击左侧"应收款管理"菜单下的"制单处理",系统自动弹出单据过滤对话框,如

图4-24所示。选择"应收单制单",单击"确定"按钮。

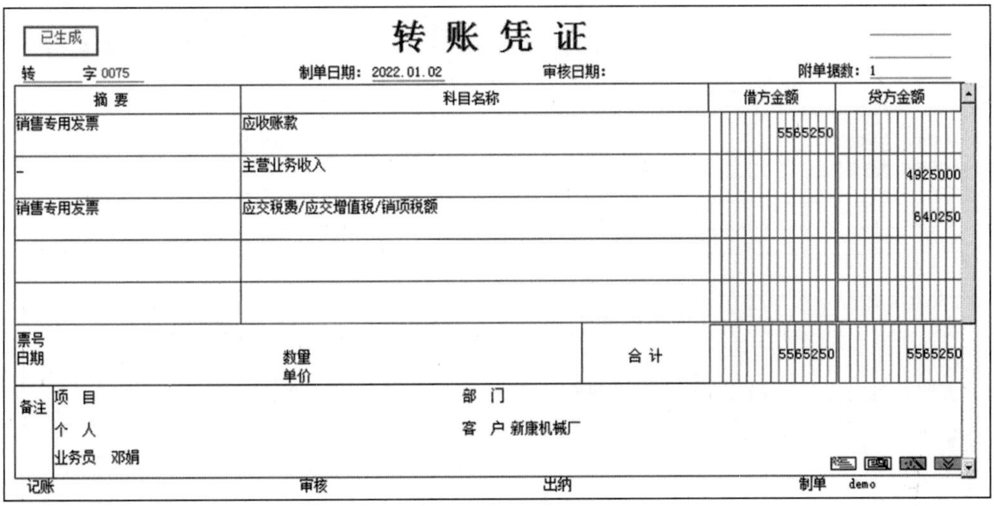

图4-26 转账凭证

选择凭证类别为"付款凭证",在需要制单的记录前的"选择标志"栏输入"1",单击工具栏中的"制单"按钮,系统自动生成付款凭证。选择现金流量表项目,保存付款凭证,如图4-27所示。

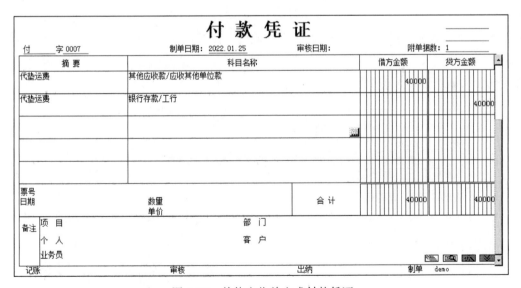

图4-27 其他应收单生成付款凭证

(3)收款单录入及审核。实验资料中业务2、业务5、业务7需要进行收款结算。

1)收款单录入。收款单用来记录企业收到的客户款项,下面以业务2为例介绍收款单录入的操作步骤。

①登录应收款管理系统,双击"收款单据处理"菜单下的"收款单据录入",进入收款单据录入窗口,单击"增加"按钮。

②根据实验资料输入相关信息，单击"保存"按钮，生成收款单，如图 4-28 所示。

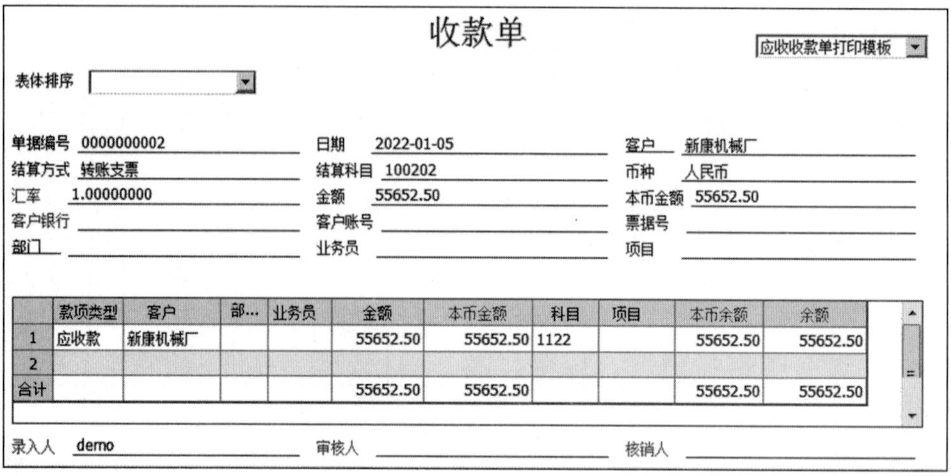

图 4-28　收款单

2）收款单审核与制单。业务 2 的收款单录入完成后，单击工具栏中的"审核"按钮完成审核，同时系统提示"是否立即制单"，单击"是"，弹出如图 4-29 所示的收款凭证，指定现金流量并对凭证进行保存，退出。

若对收款单进行审核后未立即制单，后续做单的操作步骤如下：登录应收款系统，双击左侧"应收款管理"菜单下的"制单处理"，系统自动弹出单据过滤对话框。在如图 4-24 所示界面中，勾选"收付款单制单"，单击"确定"按钮，弹出如图 4-25 所示的制单窗口，在选择标志处输入"1"，修改凭证类别为"收款凭证"，单击工具栏中的"制单"，生成凭证，指定现金流量并对凭证进行保存，退出。

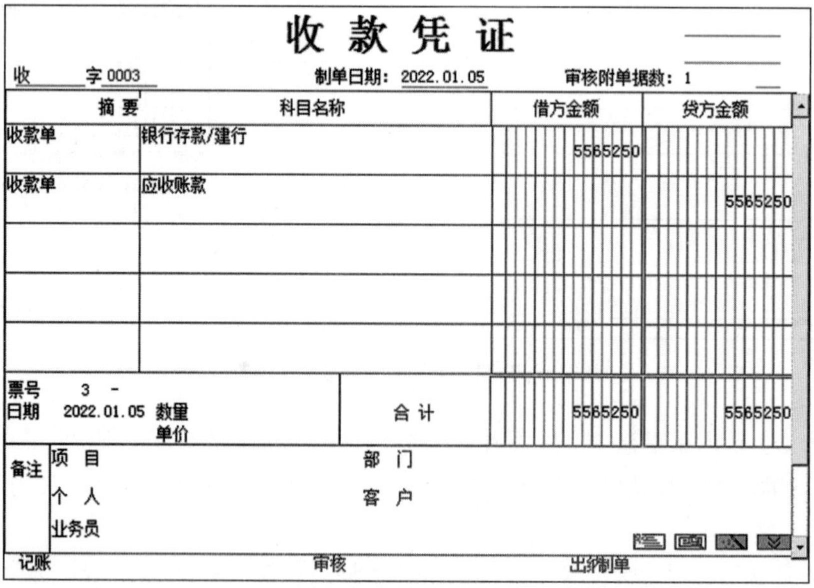

图 4-29　收款凭证

（4）核销处理。实验资料中需要进行核销的业务有以下几项。

新康机械厂：业务 1 和业务 2 到款结算核销。

涞源公司：期初应收账款与业务 5 收款进行核销。

巴氏集团：业务 6 应收账款与业务 7 收款单进行部分核销。

下面以业务 1 和业务 2 为例介绍到款结算核销的操作步骤。

1）登录应收款管理系统，双击"核销处理"菜单下的"手工核销"，系统自动弹出"核销条件"对话框，客户栏选择"001-新康机械厂"，如图 4-30 所示，单击"确定"按钮进入单据核销界面。

图 4-30 核销条件选择

2）单据核销界面分为上下两部分。上半部分列示了对新康机械厂的收款情况，下半部分列示了对新康机械厂的应收情况，如图 4-31 所示，在应收部分的"本次结算"栏输入本次需要核销的金额 55 652.5 元，在工具单击"保存"按钮，核销成功。

单据日期	单据类型	单据编号	客户	款项类型	结算方式	币种	汇率	原币金额	原币余额	本次结算金额	订单号
2022-01-05	收款单	0000000002	新康机械厂	应收款	转账支票	人民币	1.00000000	55,652.50	55,652.50	55,652.50	
合计									55,652.50	55,652.50	

单据日期	单据类型	单据编号	到期日	客户	币种	原币金额	原币余额	可享...	本次折扣	本次结算	订...	凭证号
2022-01-02	销售专...	0000000002	2022-01-02	新康机械厂	人民币	55,652.50	55,652.50	0.00	0.00	55,652.50		转-0002
合计						55,652.50	55,652.50	0.00		55,652.50		

图 4-31 单据核销

业务 5 核销与上例同，业务 6 和业务 7 属于部分核销，在"本次结算"栏输入实际收款金额核销并保存即可。

（5）转账处理。

1）预收冲应收。预收冲应收是处理某一客户的预收款和该客户的应收款的转账核销业务，业务 3 要经过预收冲应收的转账处理，处理流程如下。

在应收款管理系统中，双击"转账"菜单下的"预收冲应收"，进入"预收冲应收"窗口。

首先，输入日期"2022-01-31"。

其次，在"预收款"选项卡，选择客户"008-肯亚集团"。单击"过滤"按钮，查询出曾经预收肯亚集团的原币金额 14 000 元，在"转账金额"栏输入本次需要转账处理的金额 14 000.00 元，如图 4-32 所示。

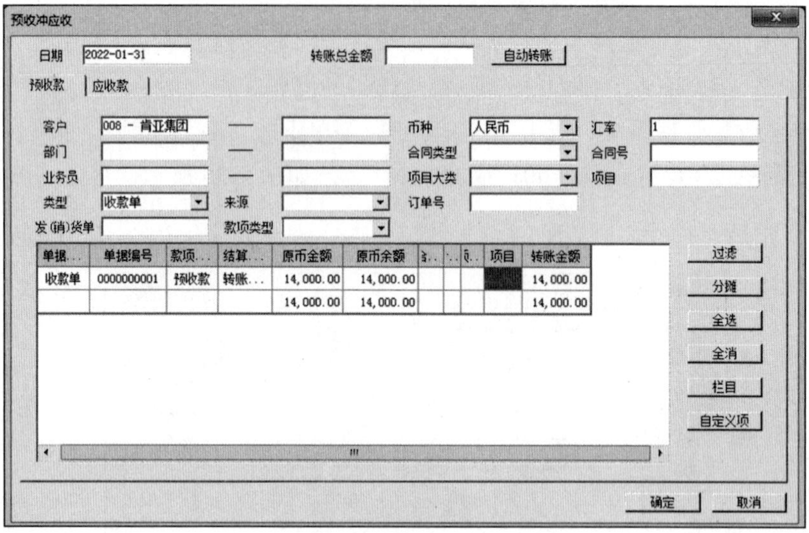

图 4-32 预收款选项卡窗口

再次，单击"应收款"选项卡，单击"过滤"按钮。系统查询出本企业对肯亚集团的应收款原币金额等数据，同样在"转账金额"栏输入转账金额 14 000.00 元，如图 4-33 所示。

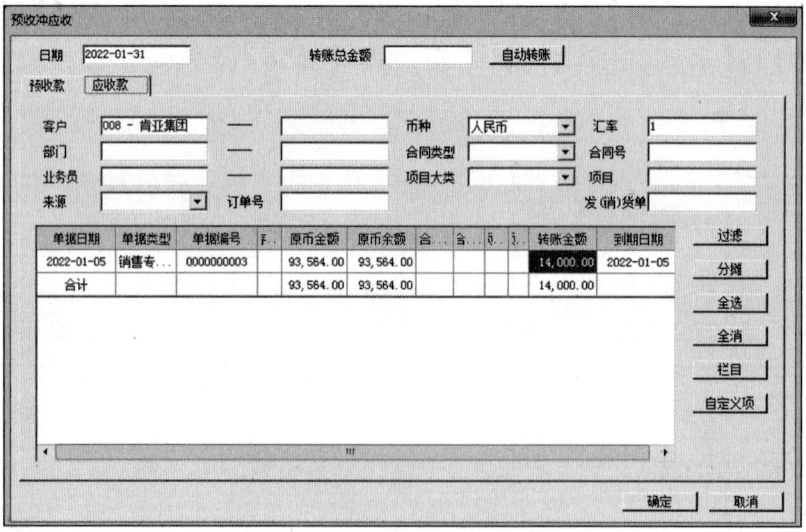

图 4-33 应收款选项卡窗口

最后，单击右下方"确定"按钮，系统弹出"是否立即制单"提示框。单击"是"，生成一张转账凭证，如图 4-34 所示，保存凭证并退出。

2）应收冲应收。应收冲应收是指将对一家客户的应收款转入另一家客户名下，业务 11 将对浦华公司的应收款转为对彭园公司的应收款即为应收冲应收业务，处理过程如下。

①双击"转账"菜单下的"应收冲应收"，进入"应收冲应收"窗口，如图 4-35 所示。

②选择转出客户"004-浦华公司",转入客户"003-彭园公司"。
③单击工具栏中的"查询"按钮,系统列出转出客户"浦华公司"的未核销的应收款。
④在销售发票单据行最后一栏"并账金额"中输入10 000。

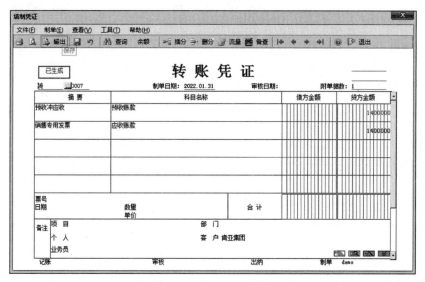

图 4-34 预收冲应收转账凭证

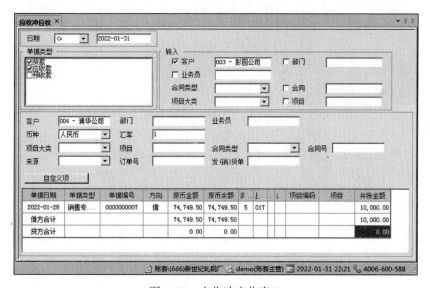

图 4-35 应收冲应收窗口

⑤单击左上角的"保存"按钮,系统弹出"是否立即制单"提示框,单击"是",生成一张转账凭证,如图 4-36 所示。

(6)期末处理。

1)计提坏账准备处理。实验资料中业务 12 需要计提本月坏账准备,处理流程如下。

①在应收款管理系统中,双击左侧"坏账处理"菜单栏下的"计提坏账准备",进入"应收账款百分比法"窗口。

②系统根据应收账款余额、坏账准备余额、坏账准备初始设置情况自动计算出本次计提金额,如图 4-37 所示。

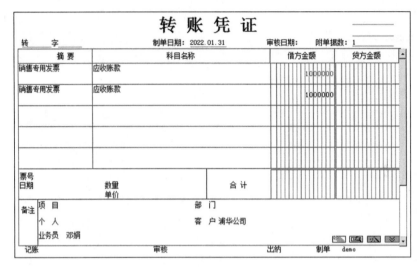

图 4-36　应收冲应收转账凭证

图 4-37　计提坏账准备

③单击"确定"按钮,系统弹出"是否立即制单"对话框,单击"是",生成一张转账凭证,如图 4-38 所示。

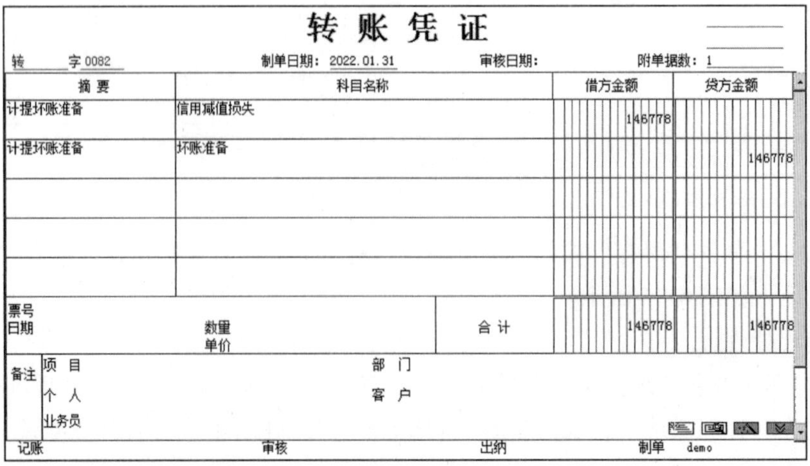

图 4-38　计提坏账准备转账凭证

2）期末对账。应收款系统与总账系统对账，主要是检查两个系统中的往来账是否相等，如果不相等，可以查看原因。

单击"账表管理"下的"业务账表"，单击"与总账对账"，在如图4-39所示的窗口选择对账方式"按客户＋币种"，查询2022年1月所有客户对账情况，显示如图4-40所示的"与总账对账结果"。

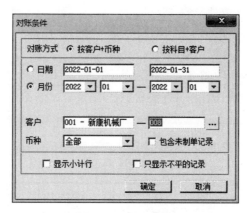

图4-39　对账条件

	客户			应收系统				总账系统			差额(应收-总账)		
编号	名称	币种	期初本币	借方本币	贷方本币	期末本币	期初本币	借方本币	贷方本币	期末本币	期初本币	借方本币	贷方本币	期末本币
001	新康机械厂	人民币		55,652.50		55,652.50		55,652.50		55,652.50				
002	沫源公司	人民币	35,000.00	98,649.00	35,000.00	98,649.00	35,000.00	98,649.00	35,000.00	98,649.00				
003	彩园公司	人民币		10,000.00		10,000.00		10,000.00		10,000.00				
004	华公司	人民币		64,749.50		64,749.50		64,749.50		64,749.50				
005	单南公司	人民币		400.00		400.00		400.00		400.00				
007	巴氏集团	人民币		75,145.00	20,000.00	55,145.00		75,145.00	20,000.00	55,145.00				
008	尚立集团	人民币	-14,000.00	93,564.00		79,564.00	-14,000.00	93,564.00		79,564.00				
	合计		21,000.00	398,160.00	110,652.50	308,507.50	21,000.00	398,160.00	110,652.50	308,507.50				

图4-40　与总账对账结果

3）期末结账。当本期所有操作完成后，如所有单据都进行了审核、核销处理，相关单据已生成了凭证，同时与总账系统的数据资料已核对无误，即可进行期末结账工作。单击"应收款管理"下的"期末处理"，单击"月末结账"，在弹出窗口双击1月对应结账标志栏，显示标志"Y"，单击"下一步"，弹出如图4-41所示界面，单击"完成"，结账成功。

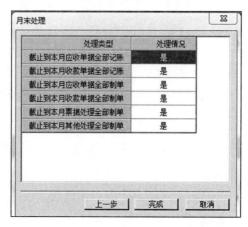

图4-41　应收款系统月末结账

期末结账处理完毕，系统进入下一个会计期间，该月不能再进行任何业务处理。若同时启用了销售系统，则应收款系统结账应在销售系统结账完成后进行。

如发现已结账期间有问题，可通过取消结账功能恢复结账前的工作。单击"期末处理"菜单下的"取消月结"，在弹出的取消结账窗口选择最后一个已结账的月份，单击"确认"，系统提示"取消结账成功"，单击"确定"。

（7）账表查询。通过业务账表查询，可以查询应收总账表、应收余额表、应收明细账及应收对账表等，以了解一定期间内应收款期初数、发生额和期末数，以及款项的收回情况，还可以了解每个客户的应收款的明细情况。

1）应收总账表。登录应收款管理系统，单击"账表管理"下的"业务账表"，双击"业务总账"，在弹出的窗口中选择客户"新康机械厂"，单击"确定"，系统将显示如图4-42所示的应收总账表。

应收总账表

币种：
期间：2022.1 - 2022.1

期间	本期应收 本币	本期收回 本币	余额 本币	月回收率%	年回收率%
期初余额			21,000.00		
202201	398,160.00	110,652.50	308,507.50	27.79	27.79
总计	398,160.00	110,652.50	308,507.50		

图4-42　应收总账表

其中，期初余额栏列示的是本期应收净额，即应收款扣除预收款的净额；本期应收栏列示的是销售发票、应收单、其他应收单和并账单的汇总金额；本期收回栏列示的是收款单、预收单、退款单和坏账发生单的汇总金额。

2）应收余额表。单击"账表管理"下的"业务账表"，双击"业务余额表"，查询所有客户业务余额，如图4-43所示。

应收余额表

币种：
期间：2022.1 - 2022.1

客户编码	客户名称	期初 本币	本期应收 本币	本期收回 本币	余额 本币	周转率 本币	周转天数 本币
001	新康机械厂	0.00	55,652.50	55,652.50	0.00	0.00	0.00
（小计）…		0.00	55,652.50	55,652.50	0.00		
002	涞源公司	35,000.00	98,649.00	35,000.00	98,649.00	1.48	20.27
（小计）…		35,000.00	98,649.00	35,000.00	98,649.00		
003	彭园公司	0.00	10,000.00	0.00	10,000.00	2.00	15.00
（小计）…		0.00	10,000.00	0.00	10,000.00		
004	浦华公司	0.00	64,749.50	0.00	64,749.50	2.00	15.00
（小计）…		0.00	64,749.50	0.00	64,749.50		
005	单南公司	0.00	400.00	0.00	400.00	2.00	15.00
（小计）…		0.00	400.00	0.00	400.00		
007	巴氏集团	0.00	75,145.00	20,000.00	55,145.00	2.73	10.99
（小计）…		0.00	75,145.00	20,000.00	55,145.00		
008	肯亚集团	-14,000.00	93,564.00	0.00	79,564.00	2.85	10.53
（小计）…		-14,000.00	93,564.00	0.00	79,564.00		
总计		21,000.00	398,160.00	110,652.50	308,507.50		

图4-43　应收余额表

与应收总账表相比,应收余额表更加详细,将对每个客户的期初应收余额、本期应收发生额、本期收回金额即期末应收余额的数据都进行列示了,每列数据的汇总数与总账表相等。

3)应收明细账。单击"账表管理"下的"业务账表",双击"业务明细账",查询所有客户业务明细,单击"确定",系统将显示如图4-44所示的应收明细账。

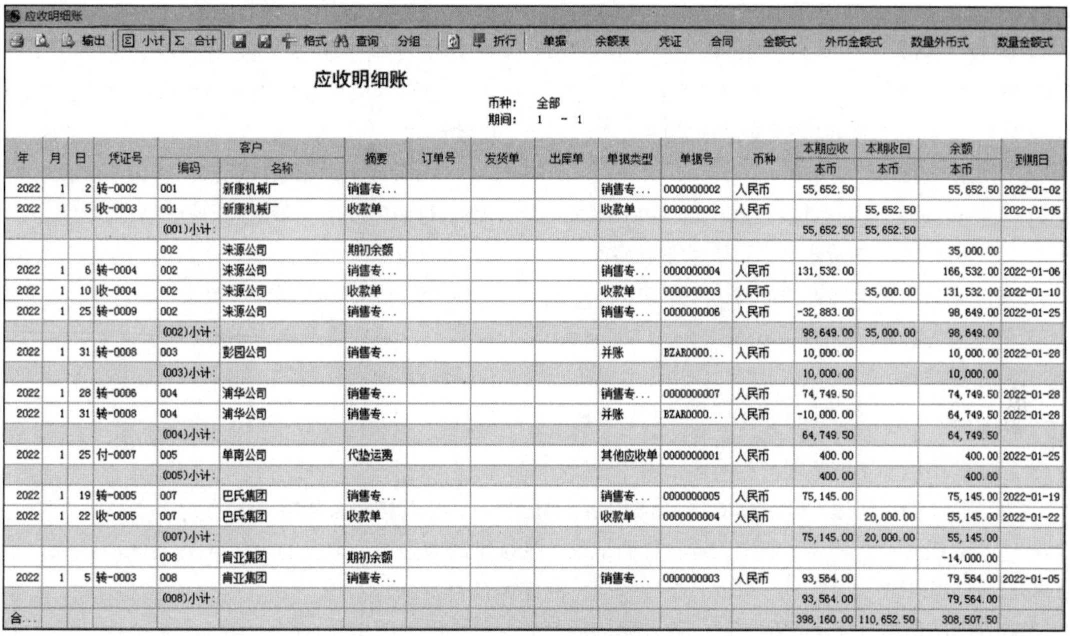

图 4-44　应收明细账

与应收余额表相比,应收明细账提供了更加详细的数据资料,不仅详细列示了每个客户发生的应收款相关业务的单据类型、单据号、凭证号等,还把会计数据与业务数据之间的追溯关系体现了出来。

▶ 本章小结

应收款系统是连接销售管理子系统和总账系统的纽带,它接受销售管理子系统形成的应收款业务,生成并审核应收款业务相关的记账凭证,将凭证传递到总账系统。它还确认应收款项的回收并生成凭证,根据应收款和收款事项进行核销处理,及时更新应收余额,根据应收款余额及将账龄分析计提坏账损失,同时负责坏账收回和确认的处理。

▶ 练习题

一、不定项选择题(每题至少有一个选项正确)

1. 在应收款系统中,收款单用来记录企业所收到的客户款项,款项性质包括(　　)等。

A. 应收款　　　　B. 应付款
C. 预收款　　　　D. 预付款

2. 在应收款系统中,用(　　)来记录发生销售退货时企业开具的退付给客户的款项。
A. 应收单　　　　　B. 付款单
C. 收款单　　　　　D. 应付单

3. 应收款管理系统日常业务处理包括（　　）。
A. 应收单据处理　　B. 收款单据处理
C. 核销处理　　　　D. 票据管理

4. 应收系统的转账处理包括（　　）。
A. 应收冲应收　　　B. 应收冲应付
C. 预收冲应收　　　D. 预付冲应付

5. 在应收款系统的预收冲应收转账处理功能中，以下说法正确的是（　　）。
A. 红字预收款不能与红字应收单进行冲销
B. 每一笔应收款的转账金额不能大于其余额
C. 每一笔应收款的转账金额应大于其余额
D. 应收款的转账金额合计应该等于应付款的转账金额合计

6. 进行预收冲应收转账处理时，要想进行红字预收款冲销红字应收款，选择单据类型为（　　）。
A. 付款单　　　　　B. 收款单
C. 其他应收单　　　D. 销售发票

7. 在应收款系统中，执行以下（　　）操作之后，就不能修改坏账准备数据，只允许查询。
A. 录入期初余额　　B. 坏账计提
C. 坏账收回　　　　D. 坏账发生

8. 要对已经生成凭证的销售发票进行修改，正确的操作是（　　）。
A. 在总账系统中删除该凭证，然后在应收系统中对销售发票弃审，最后修改销售发票。
B. 在应收系统中删除该凭证，然后对销售发票弃审，最后修改销售发票。
C. 直接在应收单据录入中进行修改。
D. 对销售发票弃审后，修改销售发票。

二、判断题

1. 手工核销和自动核销都能一次对多个客户进行核销。（　　）
2. 往来账的核销是通过找到收款单与单据之间的对应关系，标明核销金额来处理的。（　　）
3. 在应收款系统中，如果发票同时存在红蓝记录，则核销时应先进行单据的内部对冲。（　　）
4. 对应收单据和收款单据进行核销，在核销时可以使用预付款。（　　）
5. 当收款单的数额大于单据数额时，收款单的数额部分核销以前的单据，部分退回。（　　）
6. 应收款系统与销售系统集成使用时，销售发票可以在销售系统录入，也可以在应收款系统录入。（　　）
7. 应收款系统中已记账的凭证可以直接删除。（　　）

三、简答题

1. 应收款系统和销售系统同时启用时，二者如何关联？
2. 应收款系统提供了哪两种核算模型？二者有何区别？
3. 应收款系统如何与总账系统关联？
4. 应收转账有哪几种方式？
5. 生成凭证有哪几种方式？

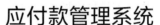

第 5 章

应付款管理系统

5.1 应付款管理业务概述

应付款管理系统（简称应付款系统）管理企业因购买材料、商品或接受劳务供应等而应付给供应单位的款项以及发生的其他应付暂收款项，包括应付账款、应付票据、其他应付款。

5.1.1 应付账款管理

应付账款指企业因购买材料、商品或接受劳务供应等而应付给供应单位的款项。这笔款项在未支付前构成企业的一项负债，是买卖双方在购销活动中由于取得物资与支付货款在时间上不一致而产生的。值得注意的是，企业应付各种赔款、应付存入保证金等，应在"其他应付款"中核算。

1. 应付账款的入账时间

应付账款一般应在与所购买物资所有权相关的主要风险和报酬已经转移，或者所购买的劳务已经接受时确认。在实际工作中，应分情况区别处理：在货物和发票账单同时到达的情况下，一般在货物验收入库后根据发票账单登记入账，确认应付账款；在货物验收入库、发票账单未到的情况下，应付账款可暂不入账，月份内等待，待收到发票账单后根据情况处理；至月份终了仍未收到发票账单的，为了反映企业的负债情况，需要将货物和相关的应付账款暂估入账，待下月初再用红字冲回。

2. 应付账款的计量

应付账款一般在较短的期限内偿付，所以按应付金额入账，即应付账款一般应按发票账单金额入账，而不按到期应付金额的现值入账。如果购入的货物在形成应付账款时带有现金折扣，应付账款的入账金额为发票上的金额，即不扣除现金折扣。当获得现金折扣时，作为一项理财收益，冲减财务费用。

3. 应付账款核算的科目设置

在会计核算上应设置"应付账款"科目，用来核算企业因购买材料、商品和接受劳务供应等而应付给供应单位的款项，属负债类科目。其贷方登记企业购买材料、商品等而发生的应付款项；借方登记企业已付的各项应付款项；期末贷方余额，反映企业尚未支付的应付账款。该科目应按供应单位设置明细账进行明细核算。

4. 应付账款的核算

（1）发生应付账款的核算。购买的材料、商品等已验收入库，但货款尚未支付时，应根据有关凭证以往记载的实际价款或暂估价值，借记"原材料""库存商品"等科目，按增值税专用发票注明的增值税税额，借记"应交税费——应交增值税（进项税额）"等科目，贷记"应付账款"科目。

（2）偿付应付账款的核算。企业用银行存款偿付应付账款时，借记"应付账款"科目，贷记"银行存款"科目。当企业开出商业汇票抵付应付账款时，借记"应付账款"科目，贷记"应付票据"科目。

5.1.2 应付票据管理

应付票据是指由出票人签发，由承兑人承诺在一定时期内支付一定款项给收款人或持票人的票据。

1. 应付票据核算的科目设置

会计核算上应设置"应付票据"科目，用来核算企业因购买材料、商品和接受劳务供应等而开出、承兑的商业汇票。

手工处理情况下，企业应当设置"应付票据备查簿"，详细登记每一应付票据的种类、号数、签发日期、票面金额、合同交易号、收款人姓名或单位名称，以及付款日期和面额等资料。应付票据到期结清时，应当在备查簿内逐笔注销。

2. 应付票据的核算

（1）签发、承兑商业汇票。企业开出、承兑商业汇票时，借记"材料采购""库存商品""应付账款""应交税费——应交增值税(进项税额)"等科目，贷记"应付票据"科目。

（2）支付银行手续费。支付银行承兑汇票的手续费，借记"财务费用"科目，贷记"银行存款"等科目。

（3）期末计息。带息票据应于期末计算应付利息，计入财务费用，借记"财务费用"科目，贷记"应付票据"科目。

（4）到期偿还本息。票据到期偿还本息，按应付票据科目的贷方余额借记"应付票据"科目，按应计利息借记"财务费用"科目，按实际支付的金额贷记"银行存款"等科目。

（5）到期无力偿付。到期无力偿付的商业承兑汇票票款，按应付票据的账面余额，借记"应付票据"科目，贷记"应付账款"科目；到期不能偿付的带息票据，转入"应付账款"科目核算后，期末时不再计提利息。

到期无力偿付的银行承兑汇票票款，以应付票据的账面余额，借记"应付票据"科目，贷记"短期借款"科目。

5.1.3 其他应付款管理

1. 其他应付款的核算内容

其他应付款具体包括：①应付经营租入固定资产和包装物的租金；②职工未按期领取的工资；③存入保证金（如收入包装物押金等）；④其他应付、暂收款项。

2. 其他应付款的科目设置

企业应设置"其他应付款"账户，核算其他应付款的增减变动及其结存情况，并按其他应付款的项目和对方单位（或个人）设置明细账户进行核算。贷方登记发生的各种应付、暂收款项；借方登记偿还或转销的各种应付、暂收款项；该账户期末贷方余额，反映企业应付未付的其他应付款项。

3. 其他应付款的核算

企业发生其他各种应付、暂收款项时，借记"管理费用"等科目，贷记"其他应付款"科目；支付或退回其他各种应付、暂收款项时，借记"其他应付款"科目，贷记"银行存款"等科目。

5.1.4 应付款系统的处理流程

（1）在手工条件下，应付款业务的处理流程可用图5-1表示。

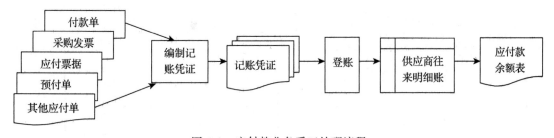

图 5-1 应付款业务手工处理流程

手工处理环境下，财会部门收到供应商寄来的发票、代垫运费凭证和其他单据时，将其与存货验收入库报告单、采购订单进行核对，计算存货成本；编制记账凭证并登记账簿，更新应付账款账户。应付款到期时，财会部门签发支票付款。

（2）系统处理环境下，应付款业务的处理流程如图5-2所示。

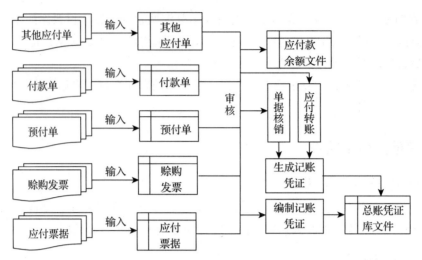

图 5-2 应付款业务系统处理流程

5.1.5 应付款系统与其他子系统的关系

应付款系统接受采购管理系统传递的赊购发票，生成凭证，传递到总账系统。进行付款结算处理后，将付款单生成记账凭证传递给总账系统，使总账系统能够及时获取应付款情况。应收款系统和应付款系统之间可以进行转账处理，应付款系统与其他子系统的关系具体如图 5-3 所示。

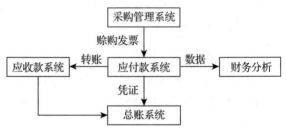

图 5-3 应付款系统与其他子系统的关系

5.2 应付款管理系统的主要功能

应付款系统主要提供系统设置、日常处理、账表查询、期末处理等功能模块，如图 5-4 所示。在实际操作中，各模块的业务会有重合，下面对各模块的功能做简要说明。

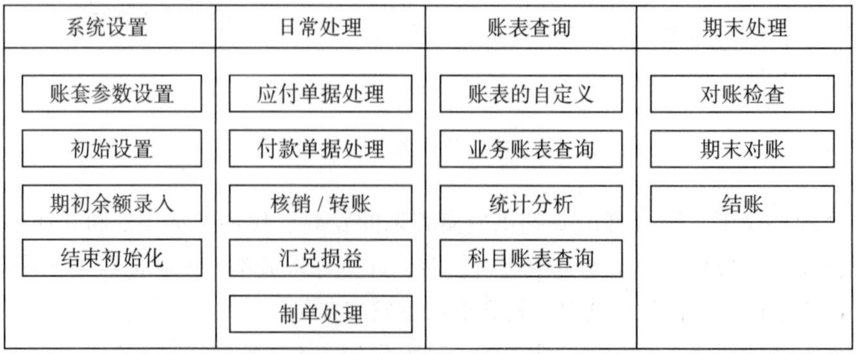

系统设置	日常处理	账表查询	期末处理
账套参数设置	应付单据处理	账表的自定义	对账检查
初始设置	付款单据处理	业务账表查询	期末对账
期初余额录入	核销/转账	统计分析	结账
结束初始化	汇兑损益	科目账表查询	
	制单处理		

图 5-4 应付款系统功能模块

5.2.1 系统设置

系统设置功能包括账套参数设置、初始设置、期初余额录入、结束初始化等。在此，重点介绍初始设置功能，其他功能详见实验部分。初始设置主要包括以下设置。

1. 凭证科目设置

该设置功能包括基本科目设置、控制科目设置、产品科目设置、结算方式科目设置，每种设置对应不同的单据类型。其目的是通过让用户对不同的业务类型进行科目定义，在后续生成凭证时自动带出设置的对应科目，从而保证系统生成正确的会计凭证。

2. 基本科目设置

用户可以在此定义应付系统凭证制单所需要的基本科目，如应付科目、预付科目、采购科目、应交税费/应交增值税/进项税科目等。若未在单据中指定科目，且控制科目设置与产品科目设置中没有明细科目的设置，则系统制单依据制单规则取基本科目设置中的科目。

注意：基本科目设置中的科目必须是明细科目。应付科目、预付科目按供应商设置了核算项目，材料采购科目按存货设置了项目核算。控制科目设置和产品科目设置在此均可省略，制单时直接取基本科目设置中的会计科目。

3. 结算方式设置

可以为每种结算方式设置一个默认的科目，设置的科目必须是明细科目，结算科目不能是指定为应收系统或者应付系统的受控科目。系统依据制单业务规则将设置的科目自动带出。

4. 账龄区间设置

为了对应付账款进行账龄分析，应首先在此设置账龄区间。账龄区间设置为用户提供了应付账款的个性化管理功能，用户可根据应付款的重要程度及付款条件设置、定义账款时间间隔，其作用是使用户便于进行应付账款分析，尽可能享受优惠折扣政策，掌握在一定期间内所发生的应付款、付款情况。

5. 单据类型设置

一般不需要自行设置，选择系统默认单据类型，在此不展开介绍。

5.2.2 日常处理

日常处理是应付款系统的重要组成部分，是经常性的应付业务处理工作。用户主要完成企业日常的应付/付款业务录入、应付/付款业务核销、应付并账、汇兑损益等的处理，及时记录应付、付款业务的发生，为查询和分析往来业务提供完整、正确的资料，加强对往来款项的监督管理。

1. 单据处理功能

此功能包括应付单及付款单的录入、修改、删除和审核管理工作。如果同时使用应付款系统和采购管理系统，则发票和代垫费用产生的应付单据由采购系统录入，在本系统可以对这些单据进行审核、弃审、查询、核销、制单等。若企业尚未启用采购管理系统，则在本系统需要录入各类发票和应付单。

2. 单据核销功能

单据核销的作用是建立付款与应付款的关联记录，监督应付款及时偿付，加强往来款项的管理。单据核销规则参见收款单核销规则，在应付款系统中，只需把收款单改为付款单，把预收款改为预付款。

3. 转账功能

转账功能用于解决供应商与供应商之间、供应商与客户之间对冲的业务，通常有4种类型：应付冲应付、预付冲应付、应付冲应收、红票对冲。

（1）应付冲应付。应付冲应付就是应付款转销，是指将对某一供应商的应付款转到另一供应商。通过该项功能将应付账款在供应商之间进行转入、转出，实现应付业务的调整，但不会改变企业应付账款金额。

（2）预付冲应付。通过预付冲应付处理，企业预付给供应商的货款与应付给同一供应商的款项进行转账核销业务。当支付的预付款大于或等于应付款时，最终自动冲销的金额以应付款总额为准；当支付的预付款小于应付款时，最终自动冲销的金额以预付款总额为准。

（3）应付冲应收。应付冲应收用于解决企业与供应商和客户之间的债权债务问题，用应付供应商的款项冲抵应收客户的账款，从而实现应付业务的调整，解决应收债权与应付债务的冲抵。

（4）红票对冲。采用红票对冲功能，可在指定供应商的红字应付单与其蓝字应付单、收款单与付款单之间进行冲抵。

4. 汇兑损益功能

此功能用于解决有外币业务核算时的汇兑损益处理工作。

5. 制单处理功能

制单即生成凭证，系统具有针对不同的单据类型提供编制记账凭证的功能，并将编制的记账凭证传递到总账系统，实现账务处理的一体化。在应付款系统中，对每一类原始单据都提供了实时制单的功能。除此之外，系统还提供了一个统一制单的平台，可以在此快速、成批生成凭证，并可依据规则进行合并制单等处理。

（1）应付发票制单。取"基本科目设置"中设置的应付科目、采购科目及进项税科目。因应付科目按供应商设置了辅助核算，所以采购发票上的供应商就是应付款的明细科目。

（2）其他应付单制单。其他应付单用于记录采购业务之外所发生的各种其他应付业务。其他应付单表头中的信息等同于凭证中的一条分录信息，表头科目为核算所欠供应商款项的一个科目，且该科目必须是应付系统的受控科目。表头科目的方向即为所选择的单据的方向。表体中的一条记录同样等同于凭证中的一条分录。输入了表体内容后，表头金额与表体中的金额合计应相等，表头科目为借方，表体科目为贷方。应付单制单时，借方取应付单表头科目，贷方取应付单表体科目。

（3）付款单制单。付款单制单时，借方科目由付款单表体款项类型决定。款项类型为"应付款"，则借方科目为应付科目；款项类型为"预付款"，则借方科目为预付科目；款项类型为其他费用，则借方科目应根据具体情况手工录入，贷方科目为结算科目，取表头金额。

（4）核销制单。核销制单受系统初始选项的控制，若选项中不勾选"核销是否生成凭证"，则即使入账科目不一致也不制单。核销制单时，需要应付单及付款单已经制单，才可以进行核销制单。在核销双方的入账科目不相同的情况下才需要进行核销制单。

（5）票据制单。收到承兑汇票制单时，借方取"基本科目设置"中的应收票据科目，贷方取"基本科目设置"中的销售收入科目及税金科目，若没有设置，则需要手工输入科目。

（6）转账制单。转账制单方式参见应收款转账制单。

（7）付款单导出。完成付款单与网上银行的相互导入导出处理。

5.2.3　账表查询

账表查询的主要功能包括账表的自定义、业务账表查询、统计分析、科目账表查询等。

1. 业务账表查询

通过账表查询，可及时了解一定期间内期初应付款结存汇总情况，应付款发生、支付货款的汇总情况、累计情况，期末应付款结存汇总情况，还可以了解各个供应商期初应付款结存明细情况、应付款发生、货款支付的明细情况、累计情况及期末应付款结存明细情况，能及时发现问题，加强对往来款项的监督管理。可提供业务总账表、业务余额表、业务明细账、对账单的查询。

2. 统计分析

通过统计分析，可以按初始定义的账龄区间进行一定期间内应付款账龄分析、付款账龄分析、往来账龄分析，了解各个供应商应付款周转天数、周转率，了解各个账龄区间内应付款、付款及往来情况，能及时发现问题，加强对往来款项动态的监督管理。

5.2.4　期末处理

期末处理指用户进行的期末结账工作。如果当月业务已全部处理完毕，就需要执行月末结账功能。结账之前要与总账对账，对账无误后进行月末结账，之后才可以开始下月工作。

5.3　应付款管理系统实验指南

5.3.1　应付款系统实验流程

应付款系统操作流程如图 5-5 所示。

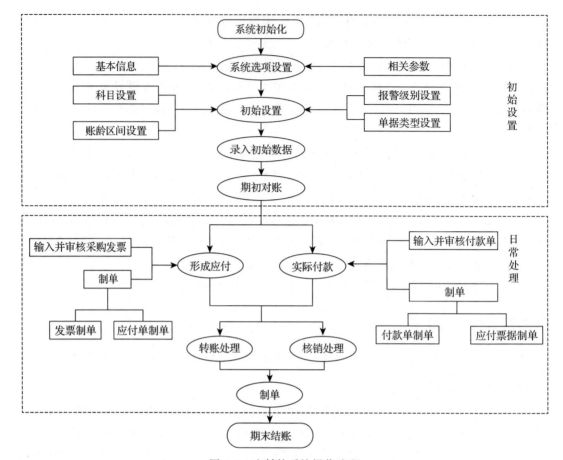

图 5-5 应付款系统操作流程

5.3.2 系统初始设置

【实验内容】

（1）设置系统参数。

（2）初始设置。

（3）录入期初余额。

【实验资料】

（1）应付款系统参数设置。

1）常规。单据审核日期依据选择"单据日期"，应付账款核算模型选择"详细核算"。

2）凭证。受控科目制单方式选择"明细到单据"，非控制科目制单方式选择"汇总方式"，控制科目依据选择"按供应商"，采购科目依据选择"按存货分类"。

3）权限与预警。单据报警方式选择按"信用方式"，根据单据提前 5 天自动报警，"提前比率"设置为 20%。

（2）初始设置。

1）基本科目设置如表 5-1 所示。

表 5-1 基本科目设置

设置项	科目
应付科目	应付账款
预付科目	预付账款
采购科目	材料采购
税金科目	应交税费——应交增值税（进项税）
银行承兑科目	应付票据
商业承兑科目	应付票据
现金折扣科目	财务费用

结算方式科目设置与应收款管理系统相同。

2）账龄区间设置如表 5-2 所示。

3）报警级别设置如表 5-3 所示。

表 5-2 账龄区间设置

序号	起止天数	总天数
01	0～30	30
02	31～60	60
03	61 及以上	—

表 5-3 报警级别设置

序号	起止比率	总比率（%）	级别名称
01	0～10%	10	A
02	10%～20%	20	B
03	20%～30%	30	C
04	30% 及以上	—	D

4）单据类型设置如表 5-4 所示。

表 5-4 单据类型设置

单据类型	单据名称	单据类型	单据名称
发票	采购专用发票	发票	农副产品收购凭证
发票	采购普通发票	发票	其他票据
发票	运费发票	应付单	其他应付单
发票	废旧物资收购凭证		

（3）期初数据如表 5-5 所示。

表 5-5 期初数据

日期	供应商	摘要	方向	本币余额
2021-12-15	新元炼钢厂	购买 45# 锭（30 吨 × 含税单价 4 290 元）	贷	128 700.00
2021-12-31	中华炼钢厂	预付款	借	20 000.00

【操作指导】

（1）应付款系统参数设置。在应付款系统中，单击"设置"下的"选项"，进入"账套参数设置"界面。

1）"常规"选项卡设置。单击"编辑"按钮，在"常规"选项卡界面，将单据审核日期依据设置为"单据日期"，应付账款核算模型设置为"详细核算"，如图 5-6 所示。

2）"凭证"选项卡设置。选择"凭证"选项卡，单击"受控科目制单方式"下拉列表，选中"明细到单据"，单击"非控科目制单方式"下拉列表，选中"汇总方式"。勾选"月结前全部生成凭证""核销生成凭证"和"预付冲应付是否生成凭证"等复选框，如图 5-7 所示。

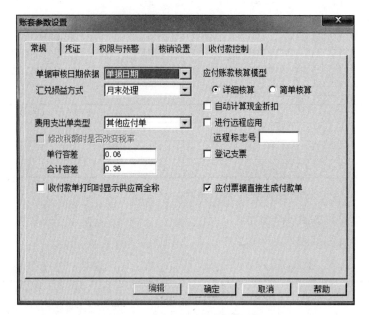

图 5-6 "常规"选项卡设置界面

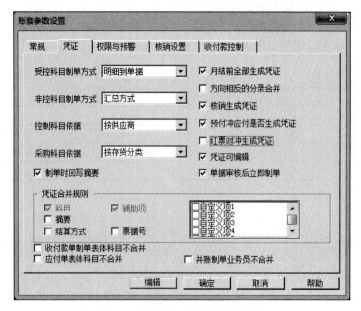

图 5-7 "凭证"选项卡设置界面

3)"权限与预警"选项卡设置。选择"权限与预警"选项卡,单据报警方式选择"信用方式",提前天数设置为 5 天,提前比率设置为 20%(当对某个供应商的信用比率小于或等于 20% 时,系统自动弹出信用报警单),其他项均为系统默认值,如图 5-8 所示。设置完成后,单击"确定"按钮返回。

(2)初始设置。初始设置包括基本科目设置、账龄区间设置、报警级别设置和单据类型设置等内容。

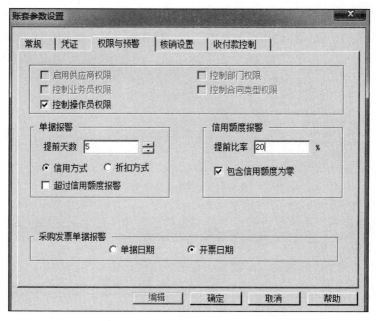

图 5-8 "权限与预警"选项卡设置界面

1）基本科目设置。选择"设置"→"初始设置",在"设置科目"下单击"基本科目设置",按照所给资料输入信息,如图 5-9 所示。

基础科目种类	科目	币种
应付科目	2202	人民币
预付科目	1123	人民币
采购科目	1401	人民币
税金科目	22210101	人民币
银行承兑科目	2201	人民币
商业承兑科目	2201	人民币
现金折扣科目	6603	人民币

图 5-9 基本科目设置界面

2）账龄区间设置。在图 5-9 所示的界面中,单击"账期内账龄区间设置",双击第一行的总天数栏,输入"30",单击"增加"按钮,第二行的总天数栏输入"60",如图 5-10 所示。

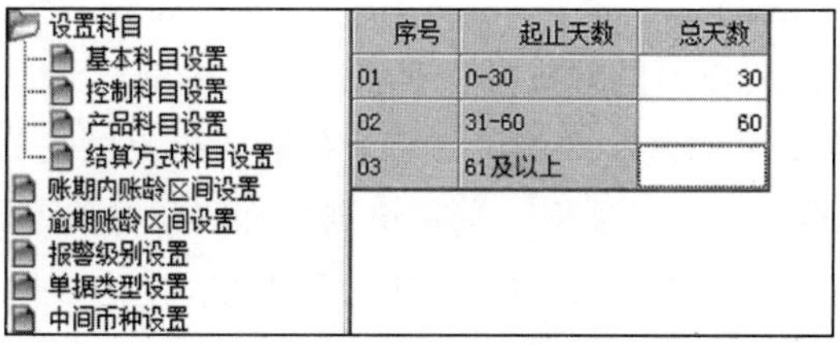

序号	起止天数	总天数
01	0-30	30
02	31-60	60
03	61及以上	

图 5-10 账龄区间设置

3）报警级别设置。在图 5-11 所示的界面中,单击"报警级别设置",输入第一行的总比率"10"和级别名称"A",单击"增加"按钮,输入第二行的总比率"20"和级别名称"B",按照实验资料,以同样的操作增加第三行,第四行只输入级别名称"D"。

图 5-11　报警级别设置

4)单据类型设置。系统默认的单据类型包括发票和应付单。发票包括采购专用发票、采购普通发票、运费发票、废旧物资收购凭证、农副产品收购凭证和其他票据,应付单是其他应付单,均不能修改和删除。在此采用系统默认项,如图 5-12 所示。

如果需要增加单据类型,只能增加应付单,单击工具栏中的"增加"按钮,在新增行输入单据名称即可。

(3)期初余额录入。

1)期初采购发票录入。在应付款管理中,单击"设置"下的"期初余额",弹出"期初余额-查询"窗口,单击"确定",进入期初余额明细表。单击工具栏的"增加"按钮,进入"单据类别"对话框,选择单据名称"采购发票"、单据类型"采购专用发票"和方向"正向",如图 5-13 所示。

图 5-12　单据类型设置界面　　　　　图 5-13　单据类别选择界面

单击"确定"按钮,系统弹出空白的采购专用发票,单击"增加"按钮,根据期初数据填入相关信息,如图 5-14 所示。

2)期初预付款录入。期初预付款是指企业在账套启用前已经预付给供应商的款项。录入预付款时,使用付款单。实验资料中的第二笔业务需要录入付款单。

在图 5-13 所示"单据类别"对话框,选择单据名称"预付款"、单据类型"付款单"和方向"正向",单击"确定"按钮进入空白付款单的界面,单击左上角"增加"按钮,根据期初数据填入相关信息,生成付款单,如图 5-15 所示。

全部余额输入完成后,在"期初余额明细表"界面,单击工具栏"对账"进行与总账系统的账务核对,结果如图 5-16 所示。

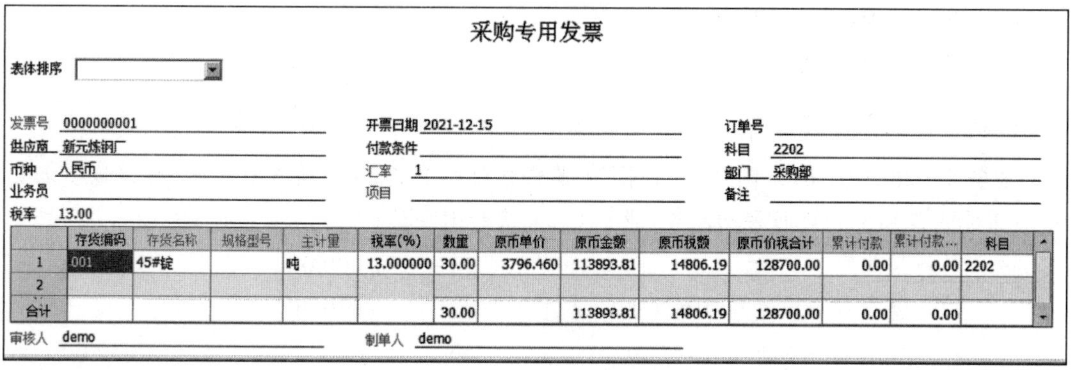

采购专用发票

表体排序

发票号 0000000001　开票日期 2021-12-15　订单号
供应商 新元炼钢厂　付款条件　科目 2202
币种 人民币　汇率 1　部门 采购部
业务员　项目　备注
税率 13.00

	存货编码	存货名称	规格型号	主计量	税率(%)	数量	原币单价	原币金额	原币税额	原币价税合计	累计付款	累计付款...	科目
1	001	45#锭		吨	13.000000	30.00	3796.460	113893.81	14806.19	128700.00	0.00	0.00	2202
2													
合计						30.00		113893.81	14806.19	128700.00	0.00	0.00	

审核人 demo　制单人 demo

图 5-14　采购专用发票

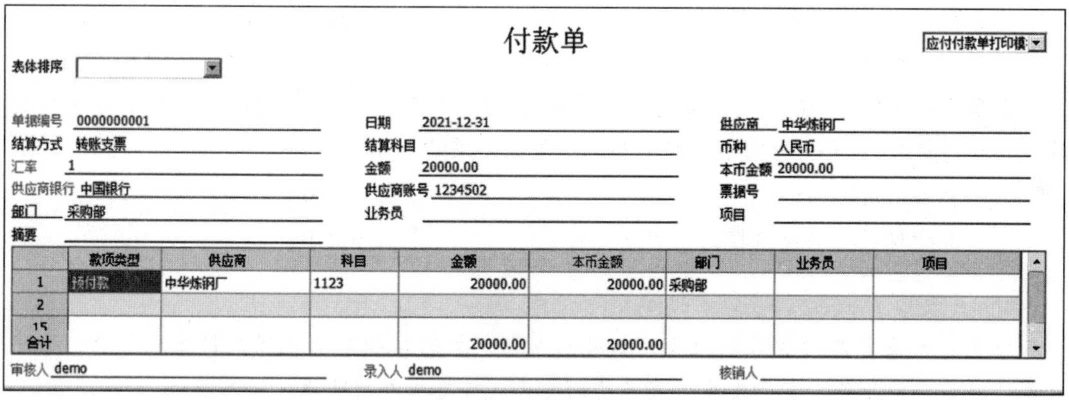

付款单

应付付款单打印模

表体排序

单据编号 0000000001　日期 2021-12-31　供应商 中华炼钢厂
结算方式 转账支票　结算科目　币种 人民币
汇率 1　金额 20000.00　本币金额 20000.00
供应商银行 中国银行　供应商账号 1234502　票据号
部门 采购部　业务员　项目
摘要

	款项类型	供应商	科目	金额	本币金额	部门	业务员	项目
1	预付款	中华炼钢厂	1123	20000.00	20000.00	采购部		
2								
合计				20000.00	20000.00			

审核人 demo　录入人 demo　核销人

图 5-15　付款单

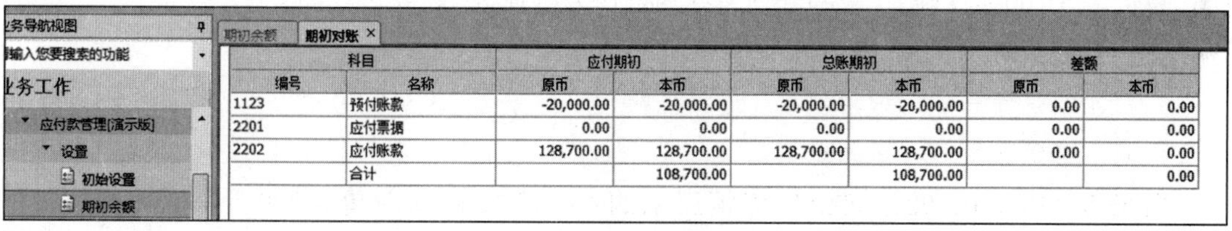

业务导航视图
请输入您要搜索的功能
业务工作
应付款管理[演示版]
设置
初始设置
期初余额

期初余额　期初对账

科目		应付期初		总账期初		差额	
编号	名称	原币	本币	原币	本币	原币	本币
1123	预付账款	-20,000.00	-20,000.00	-20,000.00	-20,000.00	0.00	0.00
2201	应付票据	0.00	0.00	0.00	0.00	0.00	0.00
2202	应付账款	128,700.00	128,700.00	128,700.00	128,700.00	0.00	0.00
	合计		108,700.00		108,700.00		0.00

图 5-16　期初余额对账

应付款系统和总账系统的三个账户“预付账款”“应付票据”“应付账款”相核对，差额为 0，核对相符，应付款系统的初始化工作结束，可以进行日常经营业务处理了。

5.3.3　日常业务处理

【实验内容】

（1）应付单据处理。

（2）付款单据处理。

（3）制单处理。

（4）票据管理。

（5）转账处理。

【实验资料】

业务1 2022-01-01，向新元炼钢厂采购轻轨钢坯10吨，单价5 100元/吨，款项未支付。（采购管理系统的普通采购业务 业务1，采购专用发票）

  借：材料采购   51 000.00

    应缴税费——应缴增值税（进项税额） 6 630.00

   贷：应付账款——新元炼钢厂   57 630.00

业务2 2022-01-03，支付新元炼钢厂轻轨钢坯材料款57 630元。（付款单，转账支票ZZR11）

  借：应付账款——新元炼钢厂   57 630.00

   贷：银行存款   57 630.00

业务3 2022-01-05，向巨象炼钢厂采购25MV坯5吨，单价4 500元/吨，以工行转账支票支付货款。（采购管理系统的采购现结业务，采购专用发票）

  借：材料采购   22 500.00

    应缴税费——应缴增值税（进项税额） 2 925.00

   贷：银行存款   25 425.00

注意：此业务是付现采购业务，如果采用本教材的学校不启用供应链模块部分，则不能在此核算现购业务，企业发生付现采购的业务，可直接在总账系统输入凭证。

业务4 2022-01-06，收到新元炼钢厂上月已验收入库的5吨轻轨钢坯的专用发票一张，单价为5 100元/吨。（采购管理系统的普通采购业务 业务2，采购专用发票）

  借：材料采购   25 500.00

    应缴税费——应缴增值税（进项税额） 3 315.00

   贷：应付账款——新元炼钢厂   28 815.00

业务5 2022-01-08，向中华炼钢厂采购45#锭12吨，单价4 200元/吨，20管锭8吨，单价4 900元/吨，款项未支付。（采购管理系统的普通采购业务 业务3，采购专用发票）

  借：材料采购   89 600.00

    应缴税费——应缴增值税（进项税额） 11 648.00

   贷：应付账款——中华炼钢厂   101 248.00

业务6 2022-01-13，前期从中华炼钢厂采购的45#锭有质量问题，从原材料仓库退回5吨给供货商，单价为4 200元/吨，同时收到红字专用发票一张。（采购管理系统的采购退货，红字专用发票）

  借：材料采购   21 000.00（红字）

    应缴税费——应缴增值税（进项税额） 2 730.00（红字）

   贷：应付账款——中华炼钢厂   23 730.00（红字）

业务 7 2022-01-14，支付中华炼钢厂材料款 77 518 元。(付款单，转账支付，转账支票票号 ZZR12)

  借：应付账款——中华炼钢厂   77 518.00

   贷：银行存款   77 518.00

业务 8 2022-01-17，处理 15 日以赊购方式向启德炼钢厂采购 T8 坯 6 吨，单价 4 050 元/吨，Q235 坯 8 吨，单价 3 800 元/吨，并开出商业承兑票据。(采购管理系统的普通采购业务 业务 4，采购专用发票)

  借：材料采购   54 700.00

   应缴税费——应缴增值税（进项税额） 7 111.00

   贷：应付票据——启德炼钢厂   61 811.00

业务 9 2022-01-25，以赊购方式向中华炼钢厂采购 45# 锭 3 吨，单价 4 200 元/吨。(采购管理系统的普通采购业务 业务 5，采购专用发票)

  借：材料采购   12 600.00

   应缴税费——应缴增值税（进项税额） 1 638.00

   贷：应付账款——中华炼钢厂   14 238.00

业务 10 2022-01-31，将中华炼钢厂的预付账款冲销应付账款 14 238 元。(转账)

  借：应付账款——中华炼钢厂   14 238.00

  借：预付账款——中华炼钢厂   14 238.00（红字）

业务 11 2022-01-31，将新元炼钢厂的应付账款 28 815 元转入中隆炼钢厂。(并账)

  贷：应付账款——新元炼钢厂   28 815.00（红字）

  贷：应付账款——中隆炼钢厂   28 815.00

【操作指导】

（1）应付单据处理。应付单据处理包括应付单据录入、应付单据审核和应付单据制单。若企业尚未启用采购管理系统，各种应付单据在应付款系统录入，则从以下 1) 开始操作。若企业同时启用了采购管理系统和应付款系统，采购发票的生成在采购管理系统中进行，在应付款系统中直接进行凭证审核，则从 2) 开始操作。

1）应付单据录入。在 U8 系统中，单击"业务工作"→"财务会计"→"应付款管理"→"应付单据处理"→"应付单据录入"，弹出"单据类别"对话框，选择如图 5-13 所示，单击"确定"按钮，进入专用发票窗口，单击左上角"增加"按钮，录入内容见图 5-17。

2）应付单据审核。在系统中，只有经过审核的应付单据才能被系统确认为有效单据，才可以进行后续处理。新元炼钢厂的采购发票的审核步骤如下。

①单击"应付款管理"下的"应付单据处理"，单击"应付单据审核"，选择单据名称"采购发票"，供应商"001-新元炼钢厂"，如图 5-18 所示。

②单击"确定"按钮，进入"应付单据列表"，如图 5-19 所示。

③双击该记录的"选择"栏，出现标志"Y"，单击工具栏"审核"按钮，审核完成。

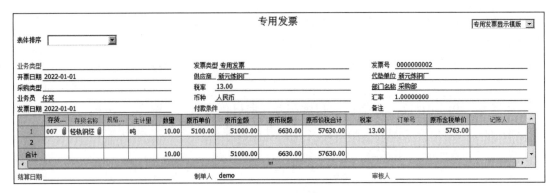

图 5-17 专用发票录入

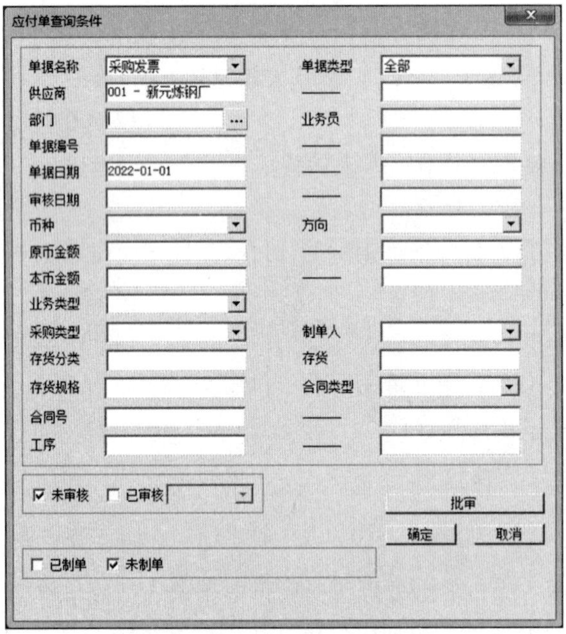

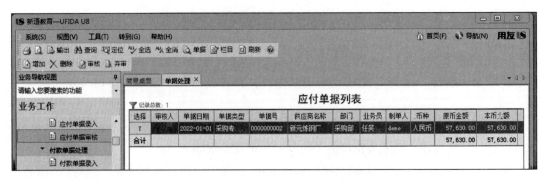

图 5-18 应付单据审核查询

图 5-19 应付单据列表

3）应付单据的制单。双击"应收款管理"菜单下的"制单处理"，系统自动弹出单据过滤对话框，勾选"发票制单"复选框，如图 4-24 所示，单击"确定"按钮，进入选择采购发票界面。

凭证类别选择"转账凭证",在需要制单的记录前的"选择标志"栏输入"1",表示选择"1"的单据生成一张凭证,相同序号的记录会制成一张凭证,如图 5-20 所示。制单日期为当前日期,单击工具栏"制单"按钮,生成如图 5-21 所示转账凭证,保存并退出。

图 5-20 选择采购发票

图 5-21 采购发票制单生成转账凭证

(2)付款单据处理。付款单据处理包括付款单据录入、付款单据审核和付款单制单。

1)付款单据录入。单击"应付款管理"下的"付款单据处理",单击"付款单据录入",系统弹出空白付款单,单击工具栏的"增加"按钮,将数据录入相应的栏目,如图 5-22 所示。

录入完成,单击工具栏的"保存"按钮。

2)付款单据审核。有两种方法可以进行付款单的审核。第一种方法是在付款单填写完成并保存之后,直接在工具栏单击"审核"按钮,完成审核工作。第二种方法是填写付款单,先保存并退出,再在"财务会计"→"应付款管理"→"付款单据处理"下单击"付款单据审核"。系统弹出"付款单查询条件"对话框,选择供应商"新元炼钢厂",如图 5-23 所示,单击"确定"按钮,进入收付款单列表窗口,如图 5-24 所示。双击"选择"输入框,出现"Y"表示选中,单击工具栏"审核"按钮,审核完成。

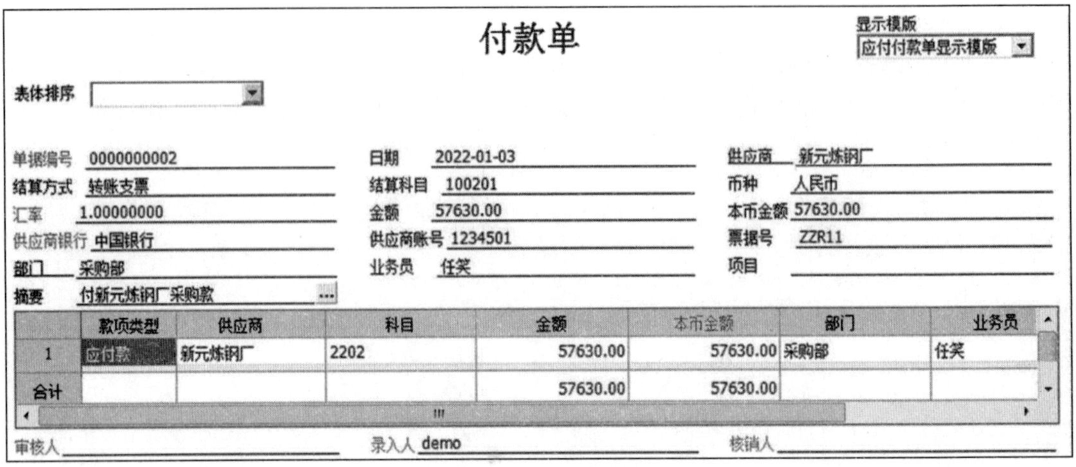

图 5-22 付款单

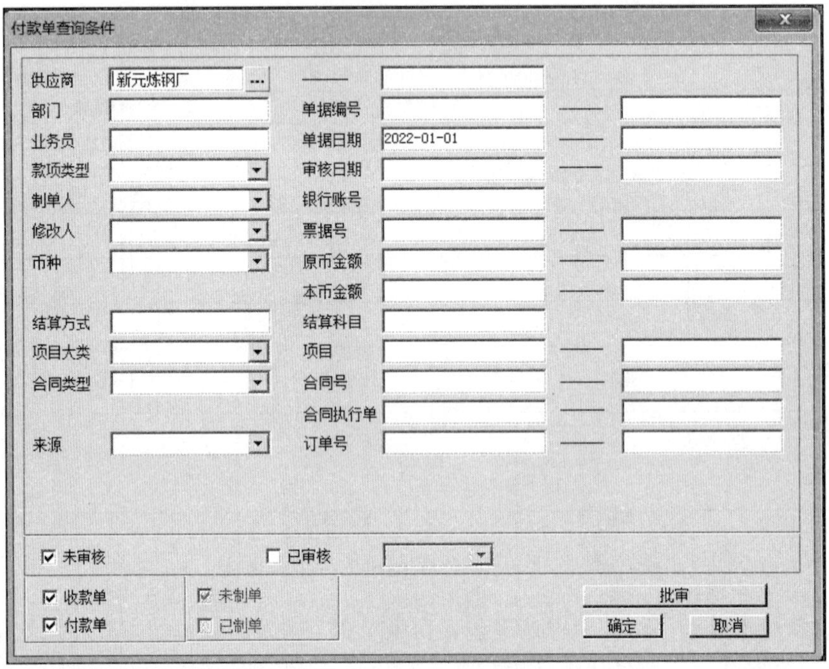

图 5-23 付款单查询条件窗口

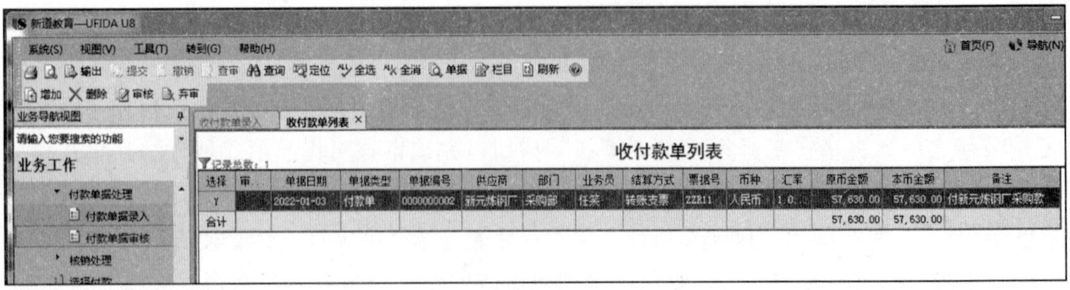

图 5-24 收付款单列表

3)付款单制单。根据审核无误的付款单生成记账凭证的过程称为付款单制单,以业务 2 为例进行制单处理,选择"财务会计"→"应付款管理"→"制单处理",进入图 4-24 所示的"制单查询"对话框,选择类型"收付款单制单",选择供应商"新元炼钢厂",单击"确定"按钮,进入"收付款单制单"窗口,如图 5-25 所示。在选择标志处输入"1",修改凭证类别为"付款凭证",制单日期为当前日期,单击工具栏"制单"按钮,生成付款凭证,如图 5-26 所示,单击工具栏"流量"按钮指定现金流量,单击"保存"按钮并退出。

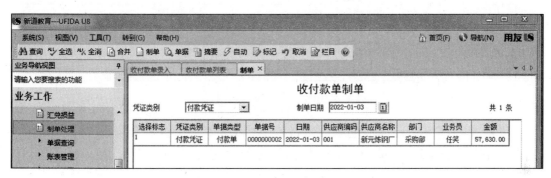

图 5-25 收付款单制单界面

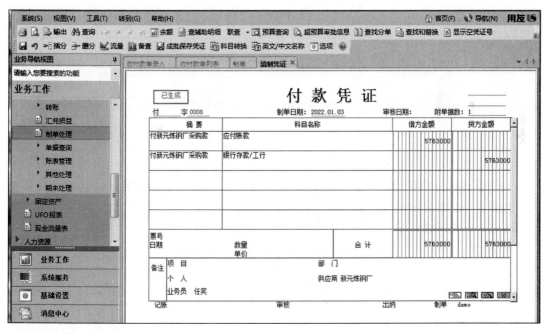

图 5-26 付款单制单生成付款凭证

(3)票据管理。在票据管理中,既可以查询票据登记情况,也可以进行票据增加操作。以增加商业承兑汇票为例进行说明。

1)单击"应付款管理"下的"票据管理",在票据查询界面设置查询条件后,单击"确定"按钮,进入票据管理界面,此时系统将显示已登记的票据信息。单击工具栏的"增加"

按钮，在图 5-27 所示商业汇票窗口输入相应信息后，单击"确定"按钮保存。

图 5-27 商业汇票

2）商业汇票保存后自动生成一张付款单，单击"应付款管理"→"付款单据处理"→"付款单据审核"，输入查询条件查询付款单，如图 5-28 所示。

注意：由系统自动生成的付款单不能删除，只可以进行修改、审核、制单处理。

图 5-28 商业汇票生成付款单审核

如图 5-29 所示，把付款单表头的结算科目修改为"2201"（应付票据），表体的科目修改为"2202"（应付账款），单击"审核"按钮，系统弹出"是否立即制单？"询问框，单击"确定"按钮，生成转账凭证，如图 5-30 所示，保存并退出。

图 5-29 商业汇票保存生成付款单

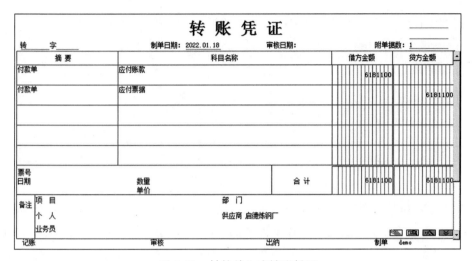

图 5-30 付款单生成转账凭证

（4）核销处理。应付款核销是指采购业务形成的票据（如专用发票）和付款业务形成的票据（如付款单），经过审核后相互钩稽，进行的核销过程。本案例中需要核销的业务有：业务 1 和业务 2 的核销，业务 5、业务 6 和业务 7 的核销，业务 8 采购形成的专用发票和应付票据审核生成的付款单之间的核销。以业务 1 和业务 2 新元炼钢厂的业务进行核销为例予以说明。

①单击"应付款管理"下的"核销处理"，单击"手工核销"，在图 5-31 所示对话框选择供应商"001-新元炼钢厂"，单击"确定"按钮。

图 5-31 核销条件界面

②单据核销界面分为上下两部分，上半部分列示的是付款单，下半部分列示的是应付单，如图 5-32 所示，双击下半部分第二条记录对应的"本次结算"栏，输入金额"57 630.00"，单击"保存"。

到款结算核销不需生成凭证，保存完成即完成了核销工作。

（5）转账处理。转账类型包括应付冲应付、预付冲应付、应付冲应收和红票对冲，除红票对冲以外，其他转账业务都生成凭证。下面详细讲述应付冲应付，预付冲应付和红票对冲的操作。

1）应付冲应付。应付冲应付是将一家供应商的应付款转入另一家供应商。业务 11 将新元炼钢厂的应付款转入中隆炼钢厂，即为应付冲应付转账业务，处理过程如下所述。

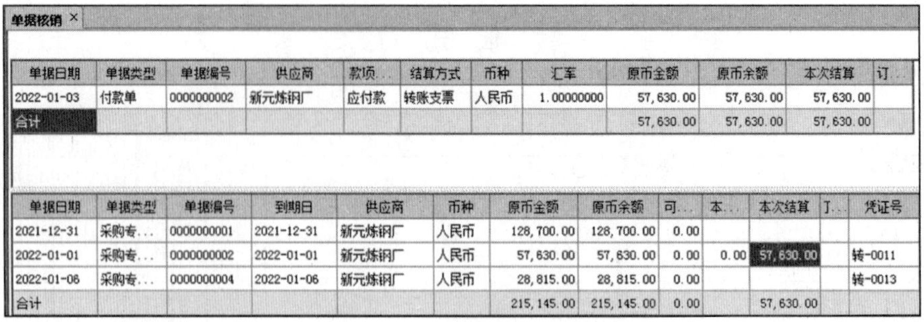

图 5-32 单据核销界面

① 单击"应付款管理"下的"转账",单击"应付冲应付",在如图 5-33 所示窗口的"单据类型"中选中"货款"复选框,在下方"供应商"处选择"001-新元炼钢厂",在转入"供应商"处输入"007-中隆炼钢厂",单击工具栏中的"查询"按钮。在并账金额栏输入"28 815.00",单击"保存"按钮。

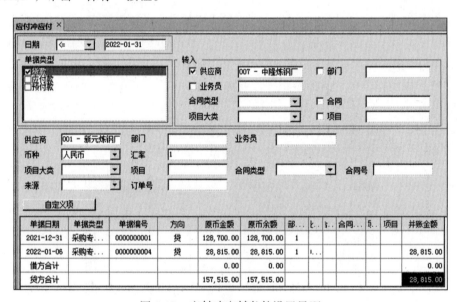

图 5-33 应付冲应付条件设置界面

② 系统弹出"是否立即制单"提示框,选择"是",自动生成如图 5-34 所示的转账凭证,检查凭证无误后单击"保存"按钮。

注意:并账金额应大于 0,小于或等于余额。

2)预付冲应付。预付冲应付是处理企业预付款和应付款的转账核销业务。根据业务 10,将对中华炼钢厂的上月预付款冲销应付款。

① 单击"应付款管理"下的"转账",单击"预付冲应付",在如图 5-35 所示的预付款界面选择供应商"002-中华炼钢厂",单击"过滤"按钮,在转账总金额栏输入"14 238.00"。单击"应付款"页签,执行同样的操作,最后单击"确定"按钮。

② 系统弹出"是否立即制单"提示框,选择"是",则自动生成如图 5-36 所示的转账凭证。

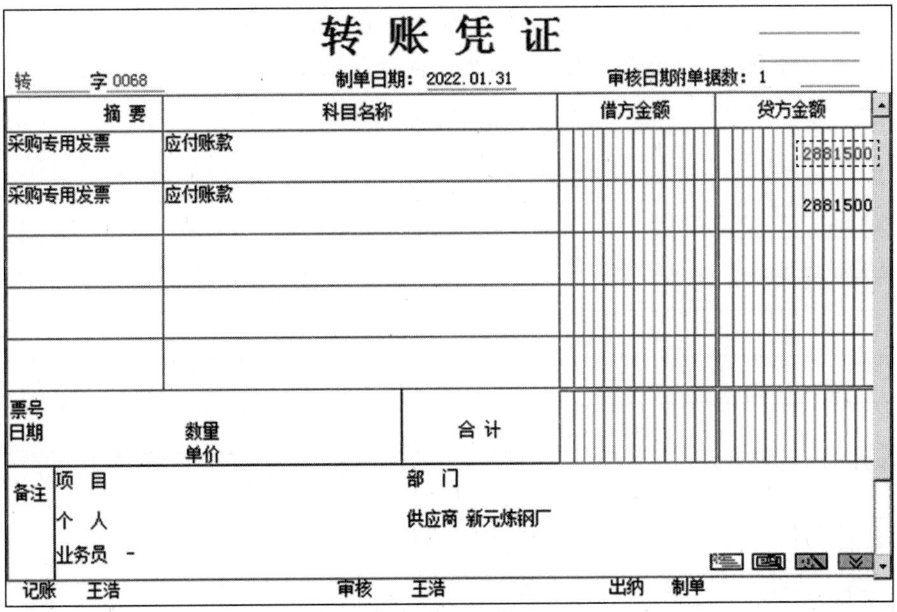

图 5-34 应付冲应付转账凭证

注：在系统实际操作界面，虚线框中数字将以红色显示。

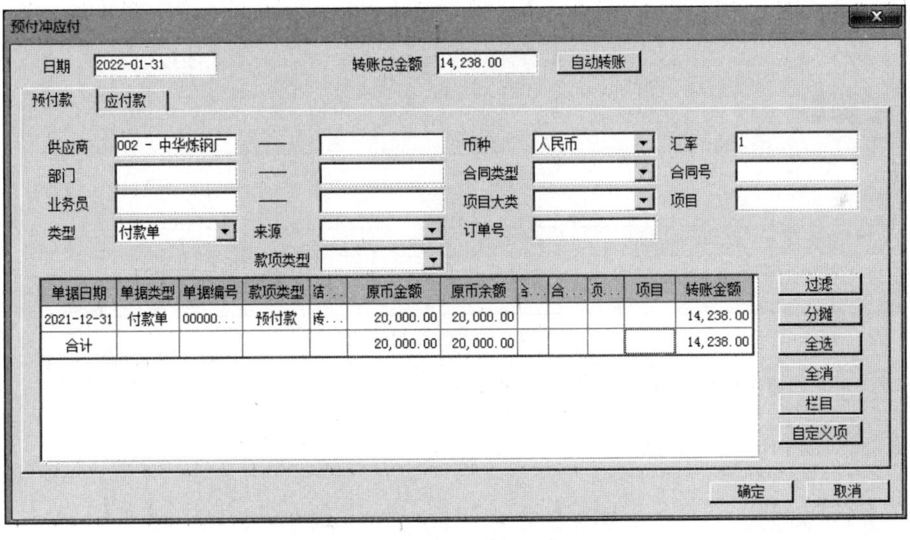

图 5-35 预付冲应付条件设置界面

3）红票对冲。红票对冲可实现某客户的红字应收单与蓝字应收单、收款单与付款单之间进行冲抵的操作。系统提供了两种处理方式：系统自动对冲和手工对冲。自动对冲，可同时对多个供应商依据红冲规则进行红票对冲，提高红票对冲的效率。手工对冲，可对一个供应商进行红票对冲，可自行选择红票对冲的单据，提高红票对冲的灵活性。

本实验中业务 5 和业务 6 需进行红票对冲，操作过程如下所述。

选择"应付款管理"→"转账"→"红票对冲"，双击"手工对冲"，弹出红票对冲条件窗口，选择供应商为中华炼钢厂，单击"确认"按钮，进入红票对冲窗口。如图 5-37 所示，窗口界面分上下两部分，上半部分显示红票，下半部分显示蓝票，在对冲金额栏输入冲销金额“23 730.00”，单击左上角的“保存”按钮。

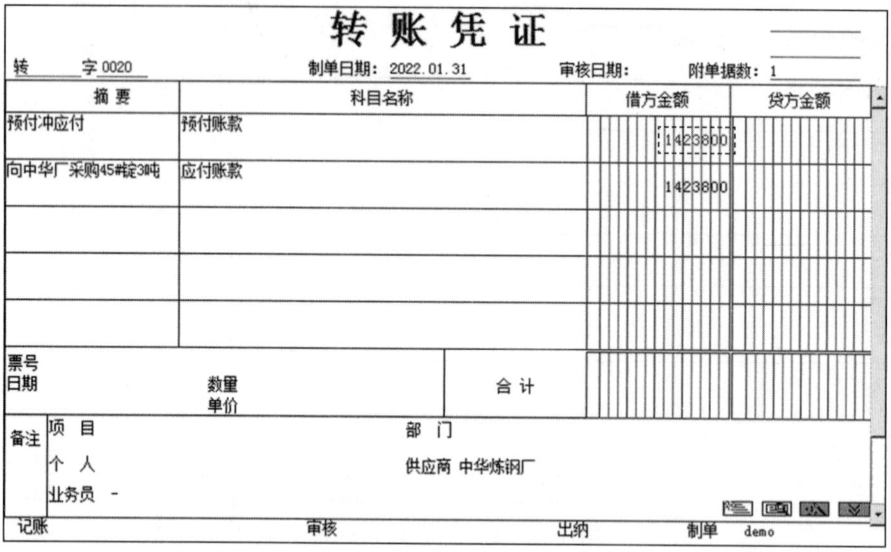

图 5-36 预付冲应付转账凭证

注：在系统实际操作界面，虚线框中数字将以红色显示。

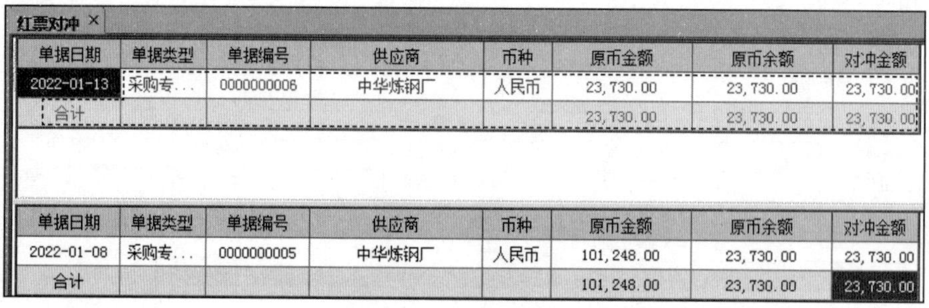

红票对冲

单据日期	单据类型	单据编号	供应商	币种	原币金额	原币余额	对冲金额
2022-01-13	采购专...	0000000006	中华炼钢厂	人民币	23,730.00	23,730.00	23,730.00
合计					23,730.00	23,730.00	23,730.00

单据日期	单据类型	单据编号	供应商	币种	原币金额	原币余额	对冲金额
2022-01-08	采购专...	0000000005	中华炼钢厂	人民币	101,248.00	23,730.00	23,730.00
合计					101,248.00	23,730.00	23,730.00

图 5-37 红票对冲界面

注：在系统实际操作界面，虚线框中内容将以红色显示。

本次红票对冲不生成凭证。

5.3.4 期末处理

1. 账表管理

应付款系统的账表管理功能包括业务账表查询、统计分析和科目账查询。通过业务账表查询，可以了解一定期间内应付款期初数、发生额和期末数，以及款项的支付，还可以了解对各个供应商的应付款明细情况。业务账表主要包括以下三种。

（1）应付总账表。通过应付总账表可以查看一定月份期间内所发生的应付、付款以及余额情况。

单击“账表管理”下的“业务账表”，单击“业务总账”，选择供应商“001”至“008”，单击“确定”按钮，系统显示如图 5-38 所示的应付总账表。

应付总账表

期间	本期应付 本币	本期付款 本币	余额 本币	月回收率%	年回收率%
期初余额			108,700.00		
202201	240,012.00	196,959.00	151,753.00	82.06	82.06
总计	240,012.00	196,959.00	151,753.00		

视图 币种： 期间：2022.1 — 2022.1

图 5-38 应付总账表

在图 5-38 中，期初余额是当前供应商的本期期初余额，本期应付是该单位在应付系统中形成的本期应付发生额，本期付款是该单位在应付系统中形成的本期付款发生额。

（2）应付余额表。通过应付余额表可以查看各个供应商的期初、本期应收、本期付款和余额的汇总数。

单击"业务余额表"，单击"确定"按钮，系统显示如图 5-39 所示的应付余额表。

应付余额表

供应商编码	供应商名称	期初 本币	本期应付 本币	本期付款 本币	余额 本币	周转率 本币	周转天数 本币
001	新元炼钢厂	128,700.00	57,630.00	57,630.00	128,700.00	0.45	66.67
(小计)001		128,700.00	57,630.00	57,630.00	128,700.00		
002	中华炼钢厂	-20,000.00	91,756.00	77,518.00	-5,762.00	-7.12	-4.21
(小计)002		-20,000.00	91,756.00	77,518.00	-5,762.00		
005	启德炼钢厂	0.00	61,811.00	61,811.00	0.00	0.00	0.00
(小计)005		0.00	61,811.00	61,811.00	0.00		
007	中隆炼钢厂	0.00	28,815.00	0.00	28,815.00	2.00	15.00
(小计)007		0.00	28,815.00	0.00	28,815.00		
总计		108,700.00	240,012.00	196,959.00	151,753.00		

币种： 期间：2022.1 — 2022.1

图 5-39 应付余额表

与应付总账表相比，应付余额表列示每个供应商的汇总数据，而供应商每列数据的合计数仍与应付总账表相等。

（3）应付明细账。通过应付明细账可以查看企业与供应商每笔业务的应付款和付款情况。

单击"业务明细账"，单击"确定"按钮，系统显示如图 5-40 所示的应付明细账。

应付明细账

币种：全部 期间：1 - 1

月	年	日	凭证号	供应商编码	供应商名称	摘要	单据类型	单据号	订单号	币种	本期应付 本币	本期付款 本币	余额 本币	到期日
				001	新元炼钢厂	期初余额							128,700.00	
1	2022	3	转-0070	001	新元炼钢厂	采购专…	采购专…	0000000010	0000000002	人民币	57,630.00		186,330.00	2022-01-03
1	2022	3	付-0016	001	新元炼钢厂	付款单	付款单	0000000006		人民币		57,630.00	128,700.00	2022-01-03
1	2022	6	转-0063	001	新元炼钢厂	采购专…	采购专…	0000000015		人民币	28,815.00		157,515.00	2022-01-06
1	2022	31	转-0068	001	新元炼钢厂	采购专…	并账	BZAF000…		人民币	-28,815.00		128,700.00	2022-01-06
				(001)小计							57,630.00	57,630.00	128,700.00	
				002	中华炼钢厂	期初余额							-20,000.00	
1	2022	10	转-0064	002	中华炼钢厂	采购专…	采购专…	0000000011	0000000003	人民币	101,248.00		81,248.00	2022-01-10
1	2022	13	转-0065	002	中华炼钢厂	采购专…	采购专…	0000000016		人民币	-23,730.00		57,518.00	2022-01-13
1	2022	14	付-0017	002	中华炼钢厂	付款单	付款单	0000000007		人民币		77,518.00	-20,000.00	2022-01-14
1	2022	27	转-0067	002	中华炼钢厂	采购专…	采购专…	0000000013	0000000005	人民币	14,238.00		-5,762.00	2022-01-27
				(002)小计							91,756.00	77,518.00	-5,762.00	
1	2022	17		005	启德炼钢厂	采购专…	采购专…	0000000012	0000000004	人民币	61,811.00		61,811.00	2022-01-17
1	2022	17	转-0072	005	启德炼钢厂	付款单	付款单	0000000009		人民币		61,811.00		2022-01-17
				(005)小计							61,811.00	61,811.00		
1	2022	31	转-0068	007	中隆炼钢厂	采购专…	并账	BZAF000…		人民币	28,815.00		28,815.00	2022-01-06
				(007)小计							28,815.00		28,815.00	
			合计								240,012.00	196,959.00	151,753.00	

图 5-40 应付明细账

应付明细账列示供应商的每笔业务数据。每个供应商的应付、付款情况和余额与应付余额表对应，最终合计数与业务总账相等。

（4）与总账对账。应付款系统与总账系统对账，主要是检查两个系统中的往来账是否相等，如果不相等，可以查看原因。

单击"账表管理"下的"业务账表"，单击"与总账对账"，"对账条件"对话框如图 5-41 所示，选择对账方式"按科目+供应商"、月份"2022.01"和供应商"001"至"008"，选中"包含未制单记录"复选框，单击"确定"按钮，系统显示如图 5-42 所示的与总账对账结果。

图 5-41 对账条件界面

		应付系统				总账系统				差额(应付-总账)		
编号	名称	期初本币	借方本币	贷方本币	期末本币	期初本币	借方本币	贷方本币	期末本币	期初本币	借方本币	贷方本币	期末本币
001	新元炼钢厂	128,700.00	57,630.00	57,630.00	128,700.00	128,700.00	57,630.00	57,630.00	128,700.00	0.00	0.00	0.00	0.00
002	中华炼钢厂		91,756.00	91,756.00			91,756.00	91,756.00					
005	启德炼钢厂		61,811.00	61,811.00			61,811.00	61,811.00					
007	中隆炼钢厂			28,815.00	28,815.00			28,815.00	28,815.00				
	合计	128,700.00	211,197.00	240,012.00	157,515.00	128,700.00	211,197.00	240,012.00	157,515.00				

图 5-42 与总账对账结果

图 5-42 列示了应付系统和总账系统各个供应商的期初数、借贷方数和期末数，在差额（应付－总账）栏中，分别显示期初、记贷方和期末对账是否平衡。若差额均为 0，则对账平衡，否则对账不平，此时，双击此行记录，系统显示对应此行记录的对账不平明细记录表。在图 5-42 左上角科目栏目还可以选择"预付账款""应付票据"科目，查看与总账系统的对账结果。

至此，新世纪轧钢厂 2022 年 1 月份的供应商往来业务全部处理完毕，并完成与总账系统的对账，差额为 0，说明账务处理准确无误。

2. 月末结账与取消记账

当本期所有操作完成后，如所有单据都进行了审核、核销处理，相关单据已生成了凭证，同时与总账系统的数据资料已核对完毕，即可进行期末结账工作。期末结账处理完毕，系统进入下一个会计期间，该月不能再进行任何业务处理。由于同时启用了采购系统，因此应付系统结账应在采购系统结账完成后进行。

单击"应付款管理"下的"期末处理",单击"月末结账",在如图 5-43 所示对话框双击一月对应"结账标志"栏,显示标志"Y",单击"下一步"按钮,弹出如图 5-44 所示的对话框,单击"完成"按钮进行结账。

图 5-43　月末结账 – 选择月份　　　　　　　图 5-44　月末结账 – 检查

如发现已结账期间有问题,可通过取消结账功能恢复结账前的工作。单击"期末处理"菜单下的"取消月结",在弹出的"取消结账"对话框选择最后一个已结账的月份,单击"确定"按钮,系统提示"取消结账成功",单击"确定"按钮。

如果该月总账已结账,则需先取消总账的月结,再执行本月应付款系统的取消月结功能,而且每次只能取消最后一个月的结账,所以如果要取消几个月前的结账,则需多次执行取消月结操作。

▶ 本章小结

应付款系统是连接采购管理系统和总账系统的纽带。当发生采购业务时,应付款系统接收采购管理系统生成的采购业务发票(启用采购管理系统时),进行发票审核并生成采购业务的记账凭证,将凭证传递给总账系统,确认材料采购的增加和应付款项的增加。当支付货款时,应付款系统输入付款单,生成付款凭证传递给总账系统,确认应付款项的减少,并根据应付款项和付款事项进行核销处理,及时更新应付款余额。编制应付款余额表,可以为财务部制订还款计划提供依据,使企业及时支付到期账款,以维护良好的信誉。

▶ 练习题

一、不定项选择题(每题至少有一个选项正确)

1. 关于应付款管理系统月末处理的说法正确的有(　　)。

A. 一次只能选择一个月进行结账

B. 前一个月没有结账,则本月不能结账

C. 结算单还有未审核的,不能结账

D. 年度末结账,对所有核销、转账等处理全部制单

2. 在应付款系统的单据查询功能中，可以对（　　）进行查询。
   A. 结算单　　　　　　B. 应付单
   C. 凭证　　　　　　　D. 发票
3. 在应付款系统中，关于账龄区间设置，以下说法正确的是（　　）。
   A. 序号由系统自动生成
   B. 系统会根据输入的总天数自动生成相应的区间
   C. 账龄区间不能修改和删除
   D. 最后一个区间不能修改和删除
4. 在应付款系统的"详细核算"应用方案下，应付款系统的主要功能有（　　）。
   A. 处理应付项目的付款及转账业务
   B. 审核已生成的记账凭证
   C. 对应付票据进行记录和管理
   D. 在应付单据的处理过程中生成凭证
5. 在应付款系统与总账系统集成使用的情况下，应付款系统向总账系统传递（　　）。
   A. 应用函数　　　　　B. 分析数据
   C. 凭证　　　　　　　D. 付款结算情况
6. 应付冲应付生成凭证应选择（　　）方式制单。
   A. 发票制单　　　　　B. 并账制单
   C. 结算单制单　　　　D. 应付单制单
7. 在应付款系统中，属于预付冲应付业务的规则是（　　）。
   A. 当该供应商的预付款小于或等于应付款时，该供应商最终自动冲销的金额以应付款总额为准
   B. 要想进行红字预付款冲销红字应付款时，则选择类型为收款单
   C. 当预付款小于应付款时，该供应商最终自动冲销的金额以预付款总额为准
   D. 系统自动对冲的原则是对有预付款和应付款的供应商挨个进行对冲

二、判断题

1. 已审核的单据要弃审才能删除。（　　）
2. 从采购系统中传入的单据不允许删除。（　　）
3. 在应付款系统中，只能增加应付单的类型，而发票的类型是固定的，不能修改和删除。（　　）
4. 在应付款系统的红票对冲的转账处理功能中，手工对冲一次只能对一个供应商进行红票对冲，对冲金额不能大于原币余额。（　　）
5. 在应付款系统的应付冲应付的转账处理功能中，每次可以选择多个转入单位。（　　）
6. 蓝字预付款冲销蓝字应付款，红字预付款冲销红字应付款，两者可以同时处理。（　　）
7. 在应付款系统中，付款单与蓝字采购发票、蓝字应付单、收款单核销，收款单与红字采购发票、红字应付单、付款单核销。（　　）
8. 当付款单的数额小于原有单据的数额时，单据仅得到部分核销。（　　）

三、简答题

1. 如何录入应付款系统的期初余额？
2. 应付款系统期末结转前，应完成哪些工作？
3. 应付款系统采用"详细核算"模型时如何与其他系统关联？

第 6 章

固定资产管理系统

固定资产管理系统（简称固定资产系统）管理的是企业为使用而持有的、使用年限较长且在使用过程中将保持原有的实物形态的固定资产。固定资产是企业进行生产经营活动的物质基础，在企业的资产总额中占有相当大的比重。由于企业固定资产的种类繁多、构成复杂，用于企业的生产经营活动而不是为了出售，因此与其他系统相比，固定资产的核算和管理有其固有的特点。

6.1 固定资产管理系统分析

6.1.1 固定资产管理概述

根据我国《企业会计准则第4号——固定资产》给固定资产下的定义，固定资产是指同时具有下列特征的有形资产：第一，为生产商品、提供劳务、出租或经营管理而持有的；第二，使用寿命超过一个会计年度。使用寿命，是指企业使用固定资产的预计期间，或者该固定资产所能生产或提供劳务的数量。

1. 固定资产的分类

企业的固定资产根据不同的管理需要和核算要求可以进行不同的分类。通常按经济用途和使用情况进行综合分类，可以将固定资产分为以下七类。

（1）生产经营用固定资产，是指直接服务于企业生产、经营过程的各种固定资产，如生产经营用的房屋、建筑物、机器、设备、器具和工具等。

（2）非生产经营用固定资产，是指不直接服务于生产、经营过程的各种固定资产，如职工宿舍、食堂、浴室、理发室等使用的房屋、设备和其他固定资产等。

（3）租出固定资产，是指在经营性租赁方式下出租给外单位使用的固定资产。

（4）不需用固定资产。

（5）未使用固定资产。

（6）融资租入固定资产，是指企业以融资租赁方式租入的固定资产，在租赁期内，应视同自有固定资产进行管理。

（7）土地，是指过去已经估价单独入账的土地。因征地而支付的补偿费，应计入与土地有关的房屋、建筑物的价值内，不单独作为土地价值入账。企业取得的土地使用权不能作为固定资产管理。

由于企业的经营性质不同，经营规模各异，对固定资产的分类不可能完全一致，也没有必要强求统一，企业可根据各自的具体情况和经营管理、会计核算的需要进行必要的分类。

2. 固定资产核算的原始记录

企业会计制度规定，企业应当设置"固定资产登记簿"和"固定资产卡片"，按固定资产类别、使用部门和每项固定资产进行明细核算。临时租入的固定资产，应当另设备查账簿进行登记，不在本科目核算。

固定资产登记簿应按固定资产的类别和明细分类开设账页，并按保管、使用单位设置专栏，按各项固定资产的增减日期序时登记，每月结出余额，以反映各单位、各部门各类固定资产的增加、减少和结存情况。

固定资产卡片应按固定资产的每一独立登记对象分别设置，每一对象设一张卡片。在每一张卡片中，应记载该项固定资产的编号、名称、规格、技术特征、技术资料编号、附属物、使用单位、所在地点、建造年份、开始使用日期、原价、预计使用年限、购建的资金来源、折旧率、大修理基金提取率、大修理次数和日期、转移调拨情况、报废清理情况等详细资料。各企业固定资产卡片的格式不尽相同。

6.1.2　固定资产管理业务分析

企业的固定资产不是存放在一个特定场所进行集中管理，而是分散在企业不同的部门。这种情况造成了固定资产的使用、管理、核算的分离，固定资产管理部门管理的只是固定资产的台账和卡片，实物的使用分散在企业的所有部门，而固定资产的核算工作由财务部门负责。这种管理体制造成固定资产的数据来源分散，有关同一固定资产的数据在不同部门归纳、收集和汇总，不仅导致大量数据重复，而且得不到完整的数据，甚至造成各部门提供的数据遗漏、脱节，产生较大的差异，各部门都无法提供完整的信息。因此，需要对固定资产进行统一的规划管理，各部门分工协作，保证固定资产的安全和完整。

1. 固定资产管理部门负责的工作

（1）采购管理：对于设备类固定资产，由需求部门提出购买申请计划，管理部门审批采购计划、管理采购合同、审查供货单位资格，并负责按计划进行采购。

（2）仓库管理：对新购置尚未确定使用单位的资产进行管理。

（3）固定资产领用管理：当使用单位根据固定资产领用单领走固定资产后，应在该项固定资产卡片上登记使用单位和折旧开始的时间。

（4）固定资产档案管理：建立固定资产台账，负责固定资产的内部调拨登记。对报废、闲置、封存、积压的设备进行备查账登记和报废清理登记。

（5）固定资产后续支出管理：对设备大修计划、更新改造计划进行审批并组织人员对设备大修情况及更新改造结果进行验收，将其增值的价值记入固定资产卡片。

（6）固定资产的清查核资管理：企业对固定资产应当定期或至少每年实地核对一次，如发现有账实不符的固定资产，应编制"固定资产清查表"并及时按规定程序进行报批处理。

（7）固定资产的报废、清理审批：根据固定资产使用部门的申请，核实固定资产的实际状况，进行审批。

2. 固定资产使用部门负责的工作

（1）编制设备维修计划：根据设备的运行状况和生产的任务，确定合适的维修时间，预计维修费用，提前将维修计划提交固定资产管理部门。

（2）固定资产的日常管理：负责对设备的日常运行状况进行登记，详细记录设备的事故（故障），以便及时维修，同时为固定资产管理部门提供详细的资料。

（3）固定资产的报废、清理申请：对尚未达到预计使用期限而不能使用的资产，应写明报废的原因。待主管部门审核批准后，方可进行报废清理工作。

6.1.3 固定资产核算业务分析

1. 固定资产的增加核算

企业固定资产增加，其来源渠道较多，而来源不同，其核算使用的科目也不尽相同。企业在取得固定资产时，一方面，要按照固定资产的经济用途或其他标准分类，并确定其取得时的价值；另一方面，要求办理交接手续，填制和审核有关凭证，作为固定资产核算的依据。

（1）外购固定资产的核算：外购固定资产的成本，包括购买价款，相关税费，使固定资产达到预定可使用状态前所发生的归属于该项资产的运输费、装卸费、安装费和专业人员服务费等。

（2）自行建造固定资产的成本：由建造该项资产至达到预定可使用状态前所发生的必要支出构成。

（3）投资者投入固定资产：对于企业接受的固定资产投资，在办理了固定资产移交手续之后，应当按照投资合同或协议约定的价值加上应支付的相关税费作为固定资产的入账价值，但合同或协议约定价值不公开的除外。

2. 计提固定资产折旧及减值准备

企业应当根据固定资产的性质和消耗方式，在会计制度允许的范围内，合理地确定每一项固定资产的预计使用年限、预计净残值、折旧方法等，这些方法一经确定不得随意变更，如需变更，需按有关规定报批备案，并在会计报表附注中予以说明。

企业的固定资产应当在期末时按照账面价值与可收回金额孰低计量，对可收回金额低于账面价值的差额，应当计提固定资产减值准备。

3. 固定资产的后续支出

（1）资本化的后续支出。固定资产发生可资本化的后续支出时，企业应将该固定资产的原值、已计提的累计折旧和减值准备转销，将固定资产的账面值转入在建工程，并停止计提折旧。发生的后续支出通过"在建工程"科目核算。当后续支出完工并达到预定可使用状态时，再从"在建工程"科目转为固定资产，并重新确定使用寿命、预计净残值和折旧方法。

（2）费用化的后续支出。在固定资产投入使用之后，由于磨损、各组成部分耐用程度不同，可能导致固定资产的局部损坏，为维护固定资产的正常运转和使用，需要对固定资产进行必要的维护。固定资产的日常修理费用、大修理费用等支出只是确保固定资产的正常工作状况，一般不产生未来的经济利益。因此，这些通常不符合固定资产的确认条件，应在发生时直接计入当期损益。

4. 固定资产投资和租出

企业向其他单位投资转出的固定资产，应从账面转出固定资产原值，同时转出固定资产已提折旧。企业经营性租出的固定资产，虽然其用途发生变化，但产权仍属于企业，因此，仅需调整固定资产明细账。

5. 固定资产清理

企业出售、报废或损毁的固定资产，应按规定程序办理转让、报废手续，并通过"固定资产清理"账户进行清理核算。

6. 固定资产清查盘点

企业对固定资产应当定期或至少每年实地盘点一次，如发现有盘盈或盘亏的固定资产，应编制"固定资产盘盈、盘亏表"并及时按规定程序进行报批处理。对于盘亏的固定资产，通过"待处理财产损益——待处理固定资产损益"科目核算，盘亏造成的损失通过"营业外支出——盘亏损失"科目核算，计入当期损益。对于盘盈的固定资产，作为前期差错处理，盘盈的固定资产通过"以前年度损益调整"科目核算。

6.1.4 固定资产核算系统处理流程

固定资产具有较长的寿命期间，系统需要记录固定资产从进入企业到报废清理的全部数据，且需要长时间保存，所以该系统的核算是多年数据的累计核算。其基本处理流程可用图 6-1 表示。

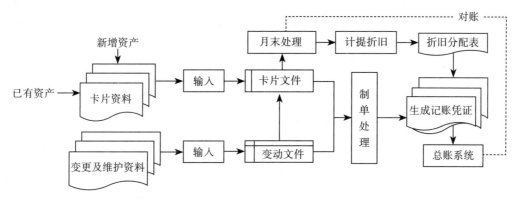

图 6-1 固定资产核算流程

6.2 固定资产管理系统的主要功能

6.2.1 功能模块结构

根据固定资产系统分析，固定资产系统主要应具备如图 6-2 所示的功能模块，在实际操作中，各模块业务会有重合。

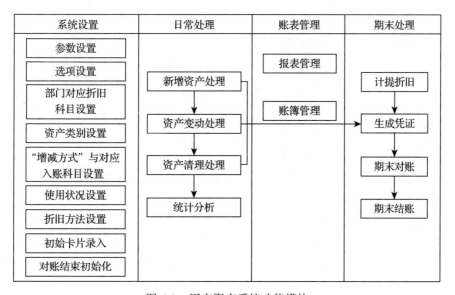

图 6-2 固定资产系统功能模块

6.2.2 功能模块说明

1. 系统设置

固定资产系统的系统设置主要包括"选项""部门档案""部门对应折旧科目""资产类别""增减方式""使用状况"和"折旧方法"的设置。其中"选项"设置是在固定资产初始化时完成的，可以修改；"部门档案"设置是在基础设置时完成的，所有的财务会计模块可以共享。

（1）选项设置。

①选项设置的作用。选项中包括在账套初始化过程中设置的参数和其他一些在账套运行中使用的参数。选项设置的结果决定固定资产系统运行的规则和处理业务的方式，因此选项设置应在充分熟悉固定资产业务的基础上进行。

②选项设置的内容。选项设置大致分为四部分。一是与账务处理系统的接口：此部分为判断参数，以后可修改，包括是否与总账对账、对账科目等。二是基本信息：此部分为建立账套的信息，在系统初始化设置后不能修改。三是折旧设置：折旧方法及计提折旧周期的选择，以后可修改。四是其他：对资产类别、卡片处理规则的设置。

（2）部门对应折旧科目设置。这项设置的目的是为企业所有部门的折旧指定一个具体的会计科目，该科目必须是总账系统的末级科目。如生产部门的折旧应计入"制造费用——折旧"科目，管理部门的折旧应计入"管理费用——折旧"科目。

（3）资产类别设置。固定资产类别设置的主要内容有类别编码、类别名称、使用年限、净残值率、计量单位、计提属性、折旧方法和卡片样式。

（4）"增减方式"与对应入账科目设置。固定资产增减方式较多，当固定资产增加时，资金来源性质的不同决定了各种固定资产增加方式对应的入账科目也不同，每种增加方式只能对应一个入账科目。如果一笔固定资产增加业务只涉及设置的对应科目，则系统会根据增加的固定资产净额自动生成该对应科目的发生额；如果一笔固定资产增加业务涉及两个以上的对应科目，则在系统自动生成凭证后，还需要手工输入有关会计科目并调整科目的发生额。

当固定资产减少时，出售、投资转出、报废、毁损都要经过"固定资产清理"科目进行核算，所以，这些减少方式所对应的入账科目均为"固定资产清理"。系统在进行固定资产减少处理时，会自动计算累计折旧，并按固定资产净值生成"固定资产清理"的发生额。盘亏的固定资产入账科目为"待处理财产损益——待处理固定资产损益"。

（5）使用状况设置。使用状况主要包括在用（季节性停用、经营性出租、大修理停用）、不需用、未使用等。同时，要明确处于不同状态下资产是否计提折旧问题，有助于正确计提折旧并随时了解固定资产的利用率。

（6）折旧方法设置。设置折旧方法是系统自动计提折旧的基础，系统预设了几种常用方法，分别为不提折旧、平均年限法（一）、平均年限法（二）、工作量法、年数总和法、双倍余额递减法。不同的资产类别可选择不同的折旧方法，除这几种之外，企业还可根据自身的需要自定义折旧方法。

2. 日常处理

（1）固定资产增加处理。固定资产的增加可分为直接购入、接受捐赠、盘盈、在建工程转入和融资租入等多种方式。对固定资产增加的业务处理，首先进行增加固定资产的卡片处理，填制卡片内容，然后根据卡片数据生成凭证。同时，完成固定资产的卡片管理和核算工作。

（2）固定资产折旧处理。固定资产的折旧是固定资产核算的重要内容。在固定资产系统中，折旧是系统根据固定资产类别及对应的折旧方法，自动进行折旧的计提，并按照"部门对应折旧科目"的关系生成折旧费用分配的记账凭证。

（3）固定资产减少处理。在企业的日常经营中，出售、盘亏、投资转出、捐赠、报废、毁损和融资租出等原因，会导致固定资产的减少。因固定资产在减少当月仍需计提折旧，所以固定资产减少的处理必须计提了当月的固定资产折旧以后才能进行。当固定资产减少时，首先要从固定资产原始卡片中将该资产卡片从在用资产中转出，然后进行资产减少的核算工作即凭证处理。

（4）固定资产的其他变动业务。固定资产的其他变动是指原值调整、部门间调拨、使用年限调整、使用状况变动、折旧方法调整以及资产类别调整等与计提和分配固定资产折旧相关的业务变动。如固定资产使用部门之间调拨业务，虽不涉及固定资产的原值、折旧方法、使用年限、净残值等的变更，但会导致固定资产存放地点、折旧费用分配的变化，因此必须对卡片数据进行及时调整。

3. 账表管理

（1）报表管理。系统提供了固定资产分析表、统计表、折旧表、减值准备表等可对固定资产进行管理和统计的报表。

①固定资产分析表。固定资产分析表提供了对固定资产全方位的分析，具体包括以下四类。

第一，部门资产构成分析表：按部门及资产类别统计各部门资产占总资产的比重、各部门分类资产占本部门资产的比重，该分析表内容可以为优化资产的构成比率提供帮助。

第二，资产价值结构分析表：按资产类别提供分析期间的原值、累计折旧、净值及净值率，净值率可反映资产的质量。

第三，资产类别构成分析表：是部门资产构成表的汇总，按资产类别分析各大类资产占总资产的比重。

第四，使用状况分析表：提供处在不同使用状态中的资产的比率，该表反映企业固定资产的利用率，是一个很重要的分析表。

②固定资产统计表。固定资产统计表，是固定资产全部信息统计汇总，可用于领导对固定资产进行全面了解，统计表提供了日常管理使用的报表和资产变动统计报告。例如：固定资产到期提示表，用于固定资产的使用期限管理；评估变动表、评估汇总表、盘盈盘亏报告表用于变动信息的统计管理。

③固定资产折旧表。用户可查询按部门计提的折旧汇总表、固定资产及累计折旧表、固定资产折旧明细表。

④固定资产减值准备表。减值准备表包括减值准备明细表、减值准备余额表及减值准备总账。

（2）账簿管理。

①（部门、类别）明细账。记录每项资产的资产编号、凭证号等详细信息，分三栏分别记录资产的原值、累计折旧、资产净值。

②固定资产登记簿。与明细账相比，固定资产登记簿记录的原始信息只有原值信息，而没有累计折旧和资产净值。

4. 期末处理

（1）固定资产折旧处理。固定资产的折旧是固定资产核算的重要内容。在固定资产系统中，系统根据固定资产类别及对应的折旧方法自动进行折旧的计提，并按照"部门对应折旧科目"的关系生成折旧费用分配的记账凭证。

（2）对账。固定资产和累计折旧科目的核算在固定资产系统中进行，总账系统不填制固定资产和累计折旧科目的凭证，只对固定资产系统传递的凭证进行审核、记账。由于固定资产科目的核算是在两个系统中进行的，为了保证两个系统固定资产科目数值的相等，必须在期末结账前进行对账检查。在对账之前，必须先在总账系统中对有关固定资产科目的凭证进行审核和记账。

（3）结账。结账工作是完成当期业务核算之后进行的，所以结账前系统会自动检查当月是否进行了计提折旧，所有核算业务是否已生成凭证，经检查符合结账的基本条件后，才能进行月末结账。

6.3 固定资产管理系统实验指南

6.3.1 固定资产系统操作流程

固定资产系统操作流程如图 6-3 所示。

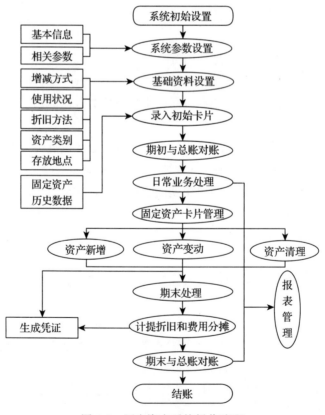

图 6-3 固定资产系统操作流程

6.3.2 固定资产系统初始化

【实验内容】

固定资产系统的初始化就是按照单位的实际需要设置工作模式,主要包括"选项""部门对应折旧科目""资产类别""增减方式""使用状况"和"折旧方法"等项目的初始设置及原始卡片的录入。

【实验资料】

(1) 控制参数。控制参数如表 6-1 所示。

表 6-1 控制参数

控制参数	参数设置
约定及说明	同意
启用月份	2022.01
折旧信息	本账套计提折旧; 折旧方法:平均年限法; 折旧汇总分配周期:1 个月; 当(月初已计提月份 = 可使用月份 −1)时,将剩余折旧全部提足
编码方式	资产类别编码方式:2112; 固定资产编码方式:按"类别编号 + 序号"自动编码; 卡片序号长度:4
财务接口	与财务系统进行对账,对账科目: 固定资产对账科目:1601,固定资产; 累计折旧对账科目:1602,累计折旧
补充参数	已发生资产减少卡片可删除时限:5 年; 自动连续增加卡片; 业务发生后立即制单; 月末结账前一定要完成制单登账业务; 固定资产默认入账科目:1601; 累计折旧默认入账科目:1602

(2) 资产类别。新世纪轧钢厂资产分类如表 6-2 所示。

表 6-2 新世纪轧钢厂资产分类

类别编码	类别名称	使用年限/年	净残值率	计量单位	计量属性	折旧方法	卡片样式
01	房屋	40	10%	栋	正常计提	平均年限法(一)	通用样式
02	动力设备	5	5%		正常计提	平均年限法(一)	通用样式
03	传导设备	7	7%		正常计提	平均年限法(一)	通用样式
04	机器	8	5%		正常计提	平均年限法(一)	通用样式
05	运输设备	6	5%		正常计提	平均年限法(一)	通用样式
06	管理工具	2	3%		正常计提	平均年限法(一)	通用样式
07	其他生产用固定资产	—	3%		正常计提	平均年限法(一)	通用样式

(3) 部门对应折旧科目。部门折旧分配如表 6-3 所示。

(4) 增减方式对应科目。资产增减方式入账科目如表 6-4 所示。

(5) 现有固定资产数据。新世纪轧钢厂现有固定资产如表 6-5 所示。

表6-3　部门折旧分配

部门	折旧分配
采购部	管理费用——折旧费
财务部	管理费用——折旧费
企业管理部	管理费用——折旧费
销售部	管理费用——折旧费
生产部	制造费用——折旧费

表6-4　资产增减方式入账科目

增减方式目录	对应入账科目
增加方式：	
直接购入	100201，工行
投资者投入	4001，实收资本
盘盈	6901，以前年度损益调整
在建工程转入	1604，在建工程
减少方式：	
出售	1606，固定资产清理
盘亏	190102，待处理固定资产损益
投资转出	151102，其他股权投资
报废	1606，固定资产清理

表6-5　新世纪轧钢厂现有固定资产

固定资产名称	方式	开始日期	原值/元	累计折旧/元	使用年限/年	已计提月份/月	类别	部门编码	分配比例
厂房	自建	2020-01-01	600 000	25 875	40	23	房屋	03	—
动力设备1	购买	2020-07-01	75 000	20 187.5	5	17	动力设备	03	—
动力设备2	购买	2020-01-01	60 000	21 850	5	23	动力设备	03	—
加热炉机器	购买	2020-07-01	40 000	6 729.17	8	17	机器	03	—
轧机机器1	购买	2020-07-01	80 000	13 458.33	8	17	机器	03	—
精整机器	购买	2020-07-01	25 000	4 205.73	8	17	机器	03	—
传导设备	购买	2020-10-01	20 000	3 100	7	14	传导设备	03	—
卡车1	购买	2016-07-01	80 000	68 611.11	6	65	运输设备	05	—
卡车2	购买	2020-07-01	80 000	17 944.44	6	17	运输设备	05	—
办公楼	自建	2020-04-01	750 000	28 125	40	20	房屋	01 02 04 05	平均分配

【操作指导】

（1）启动固定资产系统。

①以具有固定资产系统权限的身份登录系统。

②在图6-4所示界面中双击"财务会计"→"固定资产"，首次启动固定资产系统，系统弹出如图6-4中所示的对话框，单击"是"，系统弹出"固定资产初始化向导"设定对话框，进行初始控制参数设置。

（2）初始控制参数设置。

①按照"实验资料"中表6-1的要求设置初始控制参数。打开图6-5所示的固定资产"初始化账套向导-约定及说明"对话框，勾选"我同意"。

②单击"下一步"，打开图6-6所示的"账套启用月份"对话框，选择启用月份"2022.01"。

③单击"下一步"，打开图6-7所示的"折旧信息"对话框，选中"本账套计提折旧"复选框；选择主要折旧方法"平均年限法（一）"（默认）、折旧汇总分配周期"1个月"（默认）；选中"当（月初已计提月份=可使用月份-1）时将剩余折旧全部提足（工作量法除外）"。

④单击"下一步"，打开图6-8所示的"编码方式"对话框，确定资产类别编码长度

"2112"(默认);勾选"自动编码",选择固定资产编码方式"类别编号+序号",选择序号长度"4"。

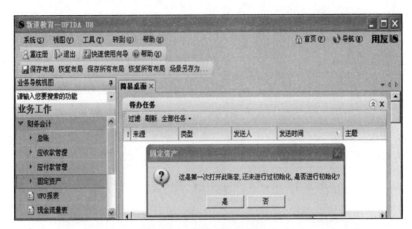

图 6-4　启动固定资产系统

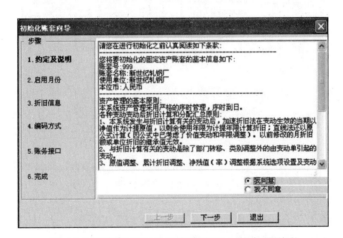

图 6-5　固定资产初始化账套向导 – 约定及说明

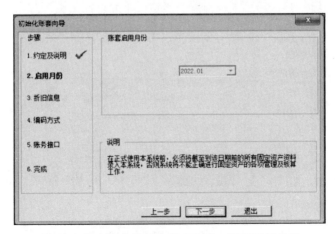

图 6-6　固定资产初始化账套向导 – 账套启用月份

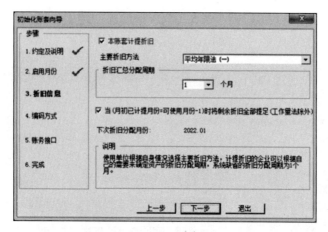

图 6-7 固定资产初始化账套向导 – 折旧信息

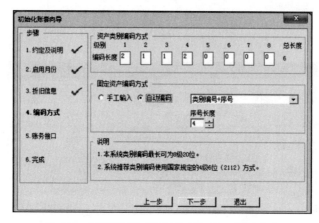

图 6-8 固定资产初始化账套向导 – 编码方式

⑤单击"下一步",打开图 6-9 所示的"账务接口"对话框,选中"与账务系统进行对账"复选框;在"固定资产对账科目"栏输入"1601,固定资产",在"累计折旧对账科目"栏输入"1602,累计折旧";勾选"在对账不平情况下允许固定资产月末结账"。

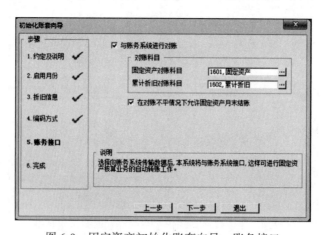

图 6-9 固定资产初始化账套向导 – 账务接口

⑥单击"下一步",进入图 6-10 所示界面,确认参数设置无误,单击"完成",系统弹出图 6-11a 所示的"是否确定所设置的信息完全正确并保存对新账套的所有设置?"确认对话框,确定无误后,单击"是",继续弹出图 6-11b 所示的"已成功初始化本固定资产账套!"确认对话框,单击"确定",最终完成参数设置工作。

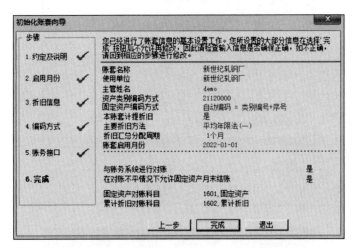

图 6-10　固定资产初始化账套向导 – 完成参数设置

图 6-11　完成初始设置确认提示

（3）后续参数设置。启动"固定资产系统"模块后,打开"固定资产 – 设置",可以进行后续的参数设置。

①"选项"设置为对初始参数的后续调整。单击"财务会计"→"固定资产"→"设置",双击"选项",弹出"选项"对话框。选择"与账务系统接口"选项,单击"编辑",打开图 6-12 所示的"与账务系统接口"。打开图 6-13 所示的"其他",参照表 6-1 的要求设置相关参数,设置完毕后,单击"确定"完成选项设置。

②部门对应折旧科目设置。在"设置"下双击打开图 6-14 所示的"部门对应折旧科目设置"窗口,选择部门名称后单击工具栏"修改"按钮,修改该部门对应的折旧科目,如图 6-15 所示。根据"实验资料"中表 6-3 所列示的部门,逐项修改新世纪轧钢厂的部门对应折旧科目,单击"保存"。设置完成后,关闭"部门对应折旧科目"窗口,返回主菜单。

③资产类别。双击打开"资产类别"窗口,单击工具栏"增加"按钮,录入固定资产类别,如图 6-16 所示。根据表 6-2 中所列示的部门,逐项录入新世纪轧钢厂的固定资产类别,单击"保存",结果如图 6-17 所示。设置完成后,关闭"资产类别"窗口,返回主菜单。

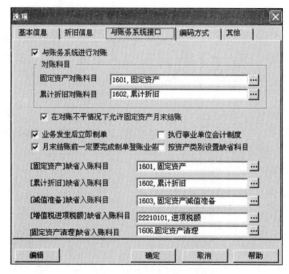

图 6-12 选项 – 与账务系统接口

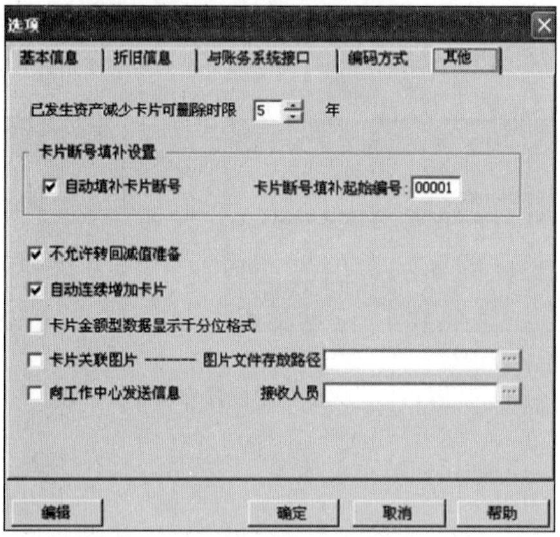

图 6-13 选项 – 其他

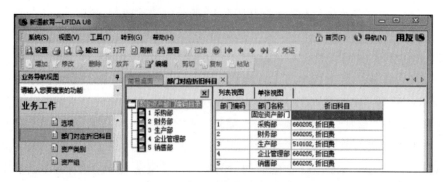

图 6-14 部门对应折旧科目设置

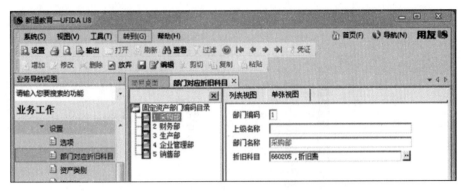

图 6-15　修改部门对应折旧科目

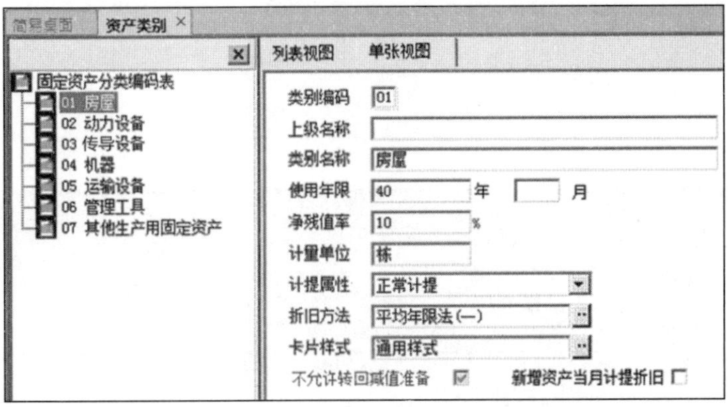

图 6-16　增加资产类别

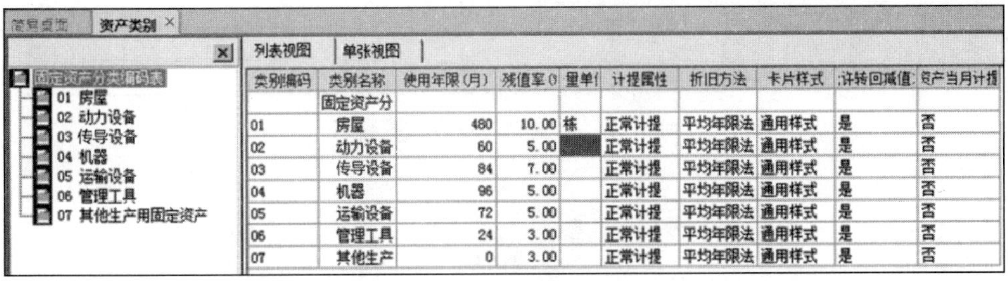

图 6-17　资产类别设置结果

④增减方式设置。双击打开图 6-18 所示的"增减方式"窗口，选择"直接购入"，单击"修改"，参照表 6-4 的内容，在如图 6-19 所示界面中进入单张视图界面，设置对应入账科目，单击"保存"。依次设置新世纪轧钢厂其他增减方式及对应入账科目，设置完成后，关闭"增减方式"窗口，返回主窗口。

⑤使用状况设置。双击打开图 6-20 所示的"使用状况"窗口，在左侧的"使用状况目录表"中选择某一类，单击"增加"，可根据企业情况设置使用状况名称及是否计提折旧。设置完成后，关闭"使用状况"窗口，返回主窗口。

图 6-18 增减方式设置

图 6-19 增减方式对应入账科目

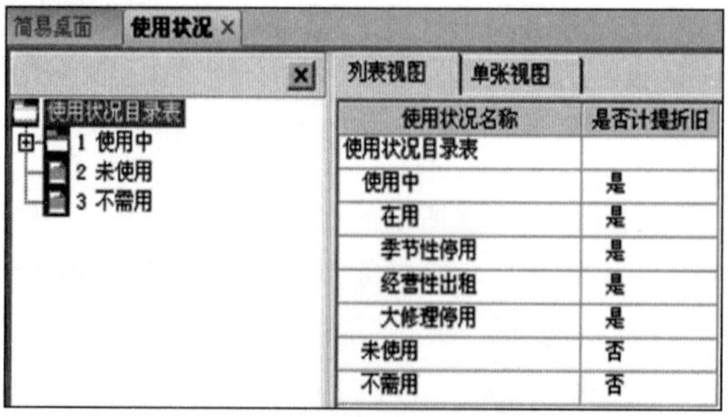

图 6-20 使用状况设置

⑥折旧方法设置。双击打开图 6-21 所示的"折旧方法"窗口,可见系统已经预置了一系列折旧方法,也可以单击工具栏进行折旧方法的新增。

图 6-21　折旧方法设置

（4）录入初始卡片。在系统正式启用之前，需要将企业在系统启用之前已经在用的固定资产相关数据通过"录入原始卡片"功能录入系统中。在卡片录入时，必须录入的信息包括"名称及类别""开始使用日期""增加方式""使用部门""使用状况""原值"和"累计折旧"。

以"厂房"原始卡片为例说明"录入原始卡片"的具体操作。

①单击"财务会计"→"固定资产"→"卡片"→"录入原始卡片"，打开图 6-22 所示的"固定资产类别档案"对话框。

图 6-22　固定资产类别档案

②选择"房屋"，单击"确定"，进入图 6-23 所示的"固定资产卡片"录入窗口。

③单击"使用部门"，进入图 6-24 所示的部门使用方式对话框。若为单部门使用，选择单部门使用，然后输入使用部门；若为多部门使用，则选择多部门使用后，需要输入使用部门及分配比例，单击"确定"，返回图 6-23 所示界面参照表 6-5 输入完整。

④上述信息确认无误后，单击系统菜单栏的"保存"，弹出"数据成功保存！"提示框，单击"确定"，保存完成。

按照表 6-5 的要求，完成剩余固定资产的初始卡片录入。

（5）初始化对账。在进行日常工作之前，为了确保初始固定资产卡片输入无误，需进行固定资产系统与总账系统的对账，单击"固定资产"→"处理"，双击"对账"，弹出图 6-25 所示窗口，对账结果平衡，可以开始日常工作了。

图 6-23　固定资产卡片录入

图 6-24　部门使用方式

图 6-25　与总账系统对账

6.3.3　固定资产系统日常业务处理

【实验内容】

（1）固定资产增减处理。

（2）固定资产变更处理。

（3）记账凭证生成处理。

【实验资料】

（1）新增固定资产。新世纪轧钢厂 2022 年 1 月新增固定资产如表 6-6 所示。

表 6-6　新世纪轧钢厂 2022 年 1 月新增固定资产

资产名称	类别	原值/元	使用年限/年	使用部门	增加方式
小轿车 1	运输设备	75 000	6	企业管理部	直接购入
小轿车 2	运输设备	75 000	6	企业管理部	直接购入

（续）

资产名称	类别	原值 / 元	使用年限 / 年	使用部门	增加方式
轧机机器 2	机器	90 000	8	生产部	直接购入
轧机机器 3	机器	90 000	8	生产部	直接购入
卡车 3	运输设备	75 000	6	销售部	直接购入
新元材料库	房屋	360 000	40	生产部	在建工程转入

（2）减少固定资产。新世纪轧钢厂 2022 年 1 月减少固定资产如表 6-7 所示。

表 6-7　新世纪轧钢厂 2022 年 1 月减少固定资产

资产名称	减少方式	原值 / 元	已提折旧 / 元	清理收入 / 元	清理费用 / 元	减少日期
卡车 1	报废	80 000	69 667.11	20 000	600	1 月 31 日
动力设备 2	报废	60 000	22 798	12 000	600	1 月 31 日
轧机机器 1	出售	80 000	14 250.33	70 000	750	1 月 31 日

【操作指导】

（1）资产增加。以“小轿车 2”为例说明资产增加的操作。

①依次单击“财务会计”→“固定资产”→“卡片”→“资产增加”，打开图 6-22 所示的“固定资产类别档案”对话框，选择“05- 运输设备”，单击“确认”。

②在弹出的“固定资产卡片”窗口，与录入“初始卡片”操作相同，录入“小轿车 2”的基本信息，如图 6-26 所示，录入完成后单击“保存”，系统弹出“数据保存成功”的提示框，单击“确定”。

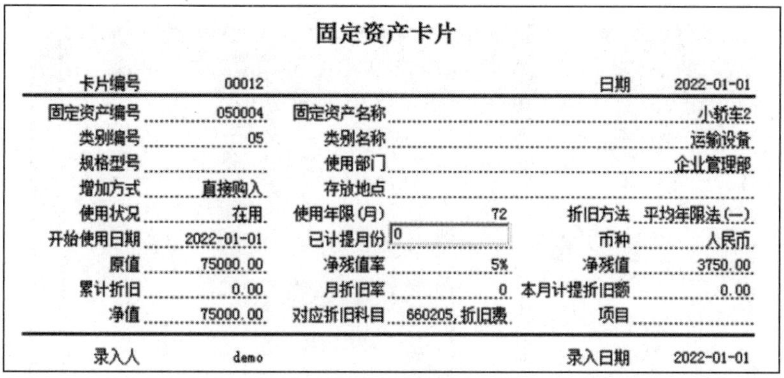
固定资产卡片

卡片编号	00012			日期	2022-01-01
固定资产编号	050004	固定资产名称			小轿车2
类别编号	05	类别名称			运输设备
规格型号		使用部门			企业管理部
增加方式	直接购入	存放地点			
使用状况	在用	使用年限(月)	72	折旧方法	平均年限法(一)
开始使用日期	2022-01-01	已计提月份	0	币种	人民币
原值	75000.00	净残值率	5%	净残值	3750.00
累计折旧	0.00	月折旧率	0	本月计提折旧额	0.00
净值	75000.00	对应折旧科目	660205,折旧费	项目	
录入人	demo			录入日期	2022-01-01

图 6-26　新增固定资产卡片

③若在系统“选项”设置中勾选了“业务发生后立即制单”，在录入新增资产信息后系统会自动进行制单处理，否则需要在“批量制单”中集中制单。

自动制单在新增固定资产保存后，弹出图 6-27 所示窗口，选择凭证类别“付”，并在工具栏单击“流量”指定现金流量，单击“保存”，凭证上显示“已生成”字样，完成制单。

根据表 6-6，把本期所有新增固定资产都录入系统，并生成凭证。

（2）计提折旧。由于系统设计了需要先计提折旧才能进行固定资产减少处理，因此此处先进行折旧的计提。

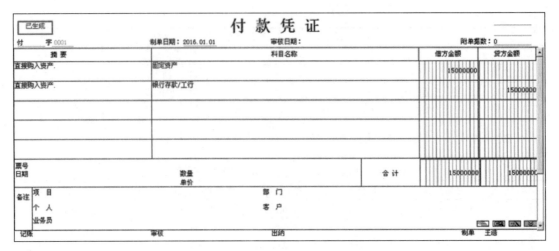

图 6-27　新增固定资产生成凭证

在折旧信息选项图 6-7 中，选择了折旧汇总分配周期为"1 个月"，折旧方法为"平均年限法（一）"，系统根据设置的计提折旧方法，进行本期各项固定资产的折旧费用计算，并将折旧费用根据使用部门分别计入有关费用科目，自动生成计提折旧的转账凭证之后，传送到账务处理系统。

操作步骤如下所述。

①单击"财务会计"→"固定资产"→"处理"，双击"计提本月折旧"，系统弹出图 6-28 所示的"是否要查看折旧清单？"信息提示框，单击"是"。

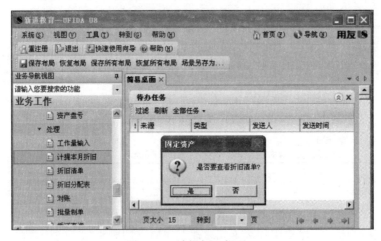

图 6-28　计提折旧提示 1

②系统弹出图 6-29 所示的信息提示框"本操作将计提本月折旧，并花费一定时间，是否要继续？"，单击"是"。

③计提折旧处理完毕，系统弹出图 6-30 所示的"折旧清单"窗口，单击"退出"，返回主窗口。

图 6-29　计提折旧提示 2

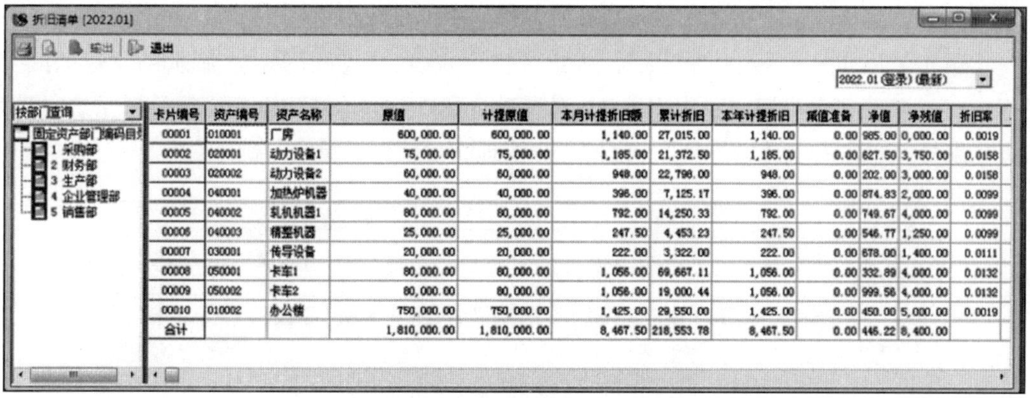

折旧清单 [2022.01]

2022.01 (登录) (最新)

卡片编号	资产编号	资产名称	原值	计提原值	本月计提折旧额	累计折旧	本年计提折旧	减值准备	净值	净残值	折旧率
00001	010001	厂房	600,000.00	600,000.00	1,140.00	27,015.00	1,140.00	0.00	985.00	0,000.00	0.0019
00002	020001	动力设备1	75,000.00	75,000.00	1,185.00	21,372.50	1,185.00	0.00	627.50	3,750.00	0.0158
00003	020002	动力设备2	60,000.00	60,000.00	948.00	22,798.00	948.00	0.00	202.00	3,000.00	0.0158
00004	040001	加热炉机器	40,000.00	40,000.00	398.00	7,125.17	398.00	0.00	874.83	2,000.00	0.0099
00005	040002	轧机机器1	80,000.00	80,000.00	792.00	14,250.33	792.00	0.00	749.67	4,000.00	0.0099
00006	040003	精整机器	25,000.00	25,000.00	247.50	4,453.23	247.50	0.00	546.77	1,250.00	0.0099
00007	030001	传导设备	20,000.00	20,000.00	222.00	3,322.00	222.00	0.00	678.00	1,400.00	0.0111
00008	050001	卡车1	80,000.00	80,000.00	1,056.00	69,667.11	1,056.00	0.00	332.89	4,000.00	0.0132
00009	050002	卡车2	80,000.00	80,000.00	1,056.00	19,000.44	1,056.00	0.00	999.56	4,000.00	0.0132
00010	010002	办公楼	750,000.00	750,000.00	1,425.00	29,550.00	1,425.00	0.00	450.00	5,000.00	0.0019
合计			1,810,000.00	1,810,000.00	8,467.50	218,553.78	8,467.50	0.00	446.22	8,400.00	

图 6-30　固定资产折旧清单

④在系统菜单中选择“处理”下的“折旧分配表”，打开图 6-31 所示的“折旧分配表”窗口，系统根据固定资产使用部门及预先设置的“部门对应折旧科目”，确定所计提的累计折旧分别应计入的账户名称及金额。

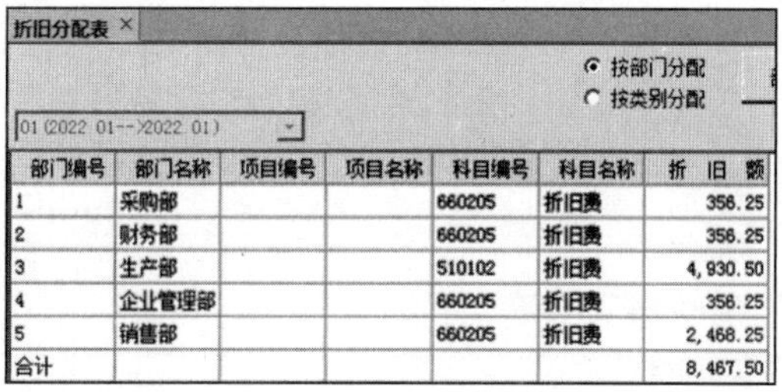

折旧分配表

按部门分配
按类别分配

01 (2022.01-->2022.01)

部门编号	部门名称	项目编号	项目名称	科目编号	科目名称	折旧额
1	采购部			660205	折旧费	356.25
2	财务部			660205	折旧费	356.25
3	生产部			510102	折旧费	4,930.50
4	企业管理部			660205	折旧费	356.25
5	销售部			660205	折旧费	2,468.25
合计						8,467.50

图 6-31　折旧分配表

⑤单击系统工具栏“凭证”制单，系统弹出图 6-32 所示窗口，单击“保存”，完成折旧分配账务处理并制单后退出。

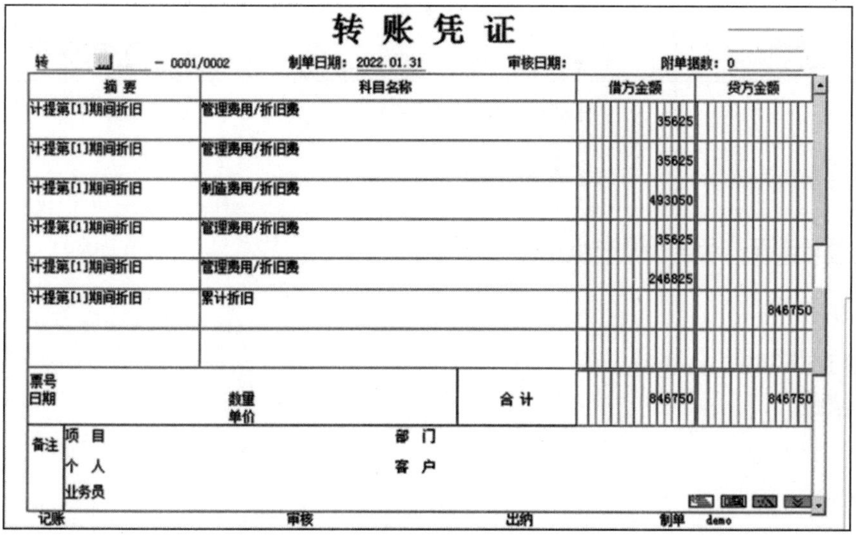

转账凭证

转 - 0001/0002　制单日期：2022.01.31　审核日期：　附单据数：0

摘要	科目名称	借方金额	贷方金额
计提第[1]期间折旧	管理费用/折旧费	35625	
计提第[1]期间折旧	管理费用/折旧费	35625	
计提第[1]期间折旧	制造费用/折旧费	493050	
计提第[1]期间折旧	管理费用/折旧费	35625	
计提第[1]期间折旧	管理费用/折旧费	246825	
计提第[1]期间折旧	累计折旧		846750
票号 日期　数量 单价	合计	846750	846750

备注　项目　部门　个人　客户　业务员

记账　审核　出纳　制单 demo

图 6-32　折旧费用分配凭证

（3）资产减少。以"卡车1"为例说明资产减少的操作。

①单击"固定资产"→"卡片",双击"资产减少",打开图6-33所示的"资产减少"操作窗口;参照"实验资料"中表6-7,选择减少资产"卡车1"的卡片编号,系统自动填入资产编号,单击右上角"增加",输入卡片清理相关信息,单击"确定"。

图6-33 资产减少窗口

②系统弹出图6-34所示的生成的记账凭证,对于凭证中间缺省的科目如"银行存款"进行手工输入,并指定现金流量,最后保存凭证并退出。

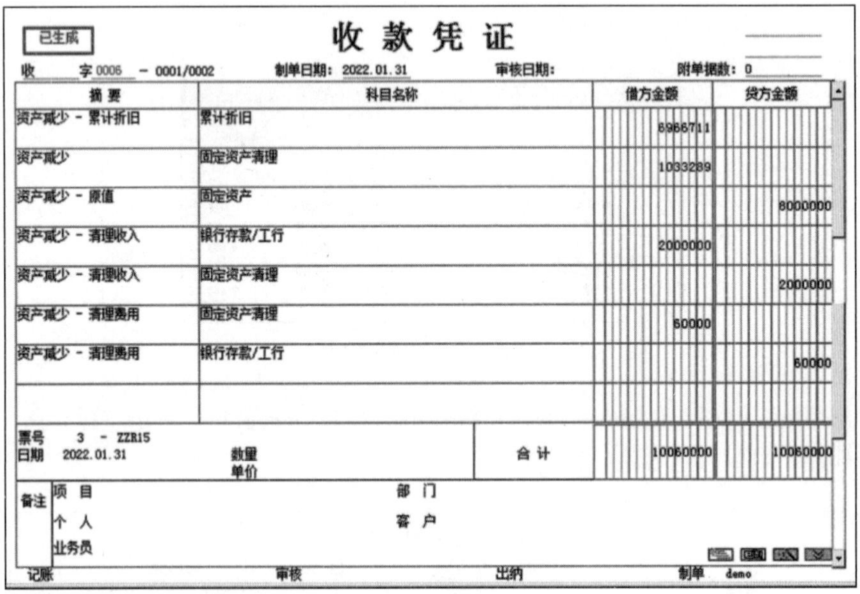

图6-34 资产清理生成记账凭证

参照表6-7完成所有资产减少业务的录入,并生成凭证。

6.3.4 固定资产系统期末业务处理

【实验内容】

（1）与总账对账。

（2）结账。

（3）账表处理。

【操作指导】

（1）对账。对账是指对总账系统固定资产余额和累计折旧余额与固定资产系统余额进行核对，在核对之前需要确保总账系统所有固定资产相关凭证已经审核并记账。

单击"财务会计"→"固定资产"→"处理"，双击"对账"，系统弹出图 6-35 所示的"与财务对账结果"提示框，对账结果平衡，单击"确定"返回主菜单，即可进行结账处理。

（2）结账。对账平衡后，方可结账，结账后当期的数据不能修改。

单击"财务会计"→"固定资产"→"处理"，双击"月末结账"，系统弹出图 6-36 所示的"月末结账……"窗口，确认后单击"开始结账"，结账完成后，系统弹出图 6-37 所示的"月末结账成功完成！"提示框。

图 6-35　与财务对账结果

图 6-36　月末结账

图 6-37　月末结账成功完成

（3）账表处理。

1）分析报表的应用。

①部门构成分析表。单击"财务会计"→"固定资产"→"账表"，双击"我的账表"，打开图 6-38 所示的报表分析窗口，单击"分析表"，显示所有分析表，双击"部门构成分析表"，弹出条件选择窗口，选择汇总类别和分析期间，单击"确定"，生成图 6-39 所示的部门构成分析表，本表可打印输出。

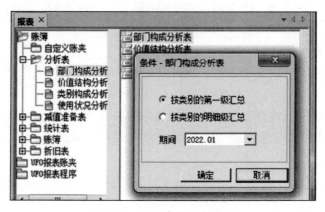

图 6-38　分析条件选择窗口

部门构成分析表

使用部门	资产类别	数量	计量单位	期末原值	占部门百分比%	占总值百分比%
采购部(1)		0.25		187,500.00	100.000	7.96
	房屋(01)	0.25	栋	187,500.00	100.000	7.96
财务部(2)		0.25		187,500.00	100.000	7.96
	房屋(01)	0.25	栋	187,500.00	100.000	7.96
生产部(3)		8.00		1,300,000.00	100.000	55.20
	房屋(01)	2.00	栋	960,000.00	73.846	40.76
	动力设备(02)	1.00		75,000.00	5.769	3.18
	传到设备(03)	1.00		20,000.00	1.538	0.85
	机器(04)	4.00		245,000.00	18.846	10.40
企业管理部(4)		2.25		337,500.00	100.000	14.33
	房屋(01)	0.25	栋	187,500.00	55.556	7.96
	运输设备(05)	2.00		150,000.00	44.444	6.37
销售部(5)		2.25		342,500.00	100.000	14.54
	房屋(01)	0.25	栋	187,500.00	54.745	7.96
	运输设备(05)	2.00		155,000.00	45.255	6.58
合计		13.00		2,355,000.00	100.000	100.00

图 6-39　固定资产部门构成分析表

部门构成分析表数据显示，生产部门的资产占总资产的 55.2%，说明企业资产投资重点在生产主线，相对其他管理部门而言，销售部门占的比重最大，凸显了销售部门的重要性。

②价值结构分析表。在图 6-38 所示的报表分析窗口，双击树形目录中"价值结构分析表"，期间选择"2022.01"，单击"确定"，生成图 6-40 所示的"价值结构分析表"。

价值结构分析表

资产类别	数量	计量单位	期末原值	期末累计折旧	期末减值准备	期末净值	累计折旧占原值百分比%	减值准备原值百分比%	净值率%
房屋(01)	3	栋	710,000.00	56,565.00		653,435.00	3.31		96.69
动力设备(02)	1		75,000.00	21,372.50		53,627.50	28.50		71.50
传到设备(03)	1		20,000.00	3,322.00		16,678.00	16.61		83.39
机器(04)	4		245,000.00	11,578.40		233,421.60	4.73		95.27
运输设备(05)	4		305,000.00	19,000.44		285,999.56	6.23		93.77
合计	13		1,355,000.00	111,838.34		1,243,161.66	4.75		95.25

图 6-40　固定资产价值结构分析表

由分析表中的净值率，不难发现，新世纪轧钢厂的固定资产的质量是很好的，即大都是新资产。

③使用状况分析表。在图 6-38 所示的报表分析窗口，双击树形目录中"使用状况分析表"，在"条件 – 使用状况分析表"窗口选择"2022.01"，单击"确定"，生成图 6-41 所示的"使用状况分析表"。

2）统计报表的应用。在图 6-38 所示的报表分析窗口，双击树形目录中"统计表"，展开右边下级目录，双击"（固定资产原值）一览表"，选择期间及汇总部门，单击"确定"，生成如图 6-42 所示的一览表。

图 6-41 固定资产使用状况分析表

图 6-42 (固定资产原值)一览表

3）固定资产统计表的应用。在图 6-38 所示的报表分析窗口，双击树形目录中"固定资产统计表"，弹出"统计条件"窗口，选择"按部门和类别进行统计"，单击"确定"，生成图 6-43 所示的统计表。双击表内任意一行，便可联查到对应部门的资产明细账，双击明细账任意资产，可显示该项资产的卡片。

图 6-43 固定资产统计表

（4）账簿管理。在图 6-38 所示的报表分析窗口，在树形目录中双击"账簿"，展开下级目录，双击"(部门、类别)明细账"，不选具体类别和部门，缺省值为所有部门的所有资产，期间为 2022.01，单击"确定"，显示如图 6-44 所示的固定资产（部门、类别）明细账，双击表内任意一资产，便可显示对应资产的卡片。

恢复缺省格式　保存格式　锁定格式　格式锁定状态:未锁定

（部门、类别）明细账

使用单位:新世纪轧钢厂　　期间:2022.01--2022.01

资产类别:　　使用部门:

日期	资产编号	业务单号	凭证号	摘要	资产名称	数量	原值			累计折旧			减值准备			余额	
							借方	贷方	余额	借方	贷方	余额	借方	贷方	余额	数量	净值
2022-01-01	010001	00001		录入原始卡片	厂房	1.00	600,000.00		600,000.00		25,875.00	25,875.00				1.00	574,125.00
2022-01-01	020001	00002		录入原始卡片	动力设备1	1.00	75,000.00		675,000.00		20,187.50	46,062.50				2.00	628,937.50
2022-01-01	020002	00003		录入原始卡片	动力设备2	1.00	60,000.00		735,000.00		21,850.00	67,912.50				3.00	667,087.50
2022-01-01	040001	00004		录入原始卡片	加热炉机器	1.00	40,000.00		775,000.00		6,729.17	74,641.67				4.00	700,358.33
2022-01-01	040002	00005		录入原始卡片	轧机机器1	1.00	80,000.00		855,000.00		13,458.33	88,100.00				5.00	766,900.00
2022-01-01	040003	00006		录入原始卡片	精整机器	1.00	25,000.00		880,000.00		4,205.73	92,305.73				6.00	787,694.27
2022-01-01	030001	00007		录入原始卡片	传导设备	1.00	20,000.00		900,000.00		3,100.00	95,405.73				7.00	804,594.27
2022-01-01	050001	00008		录入原始卡片	卡车1	1.00	80,000.00		980,000.00		68,611.11	164,016.84				8.00	815,983.16
2022-01-01	050002	00009		录入原始卡片	卡车2	1.00	80,000.00		1,060,000.00		17,944.44	181,961.28				9.00	878,038.72
2022-01-01	010002	00010		录入原始卡片	办公楼	1.00	750,000.00		1,810,000.00		28,125.00	210,086.28				10.00	1,599,913.72
2022-01-01	050003	00011	付--10	新增固定资产	小汽车1	1.00	75,000.00		1,885,000.00			210,086.28				11.00	1,674,913.72
2022-01-31	050005	00013	付--11	新增固定资产	小轿车2	1.00	75,000.00		1,960,000.00			210,086.28				12.00	1,749,913.72
2022-01-31	040004	00014	付--12	新增固定资产	轧机机器2	1.00	90,000.00		2,050,000.00			210,086.28				13.00	1,839,913.72
2022-01-31	040005	00015	付--13	新增固定资产	轧机机器3	1.00	90,000.00		2,140,000.00			210,086.28				14.00	1,929,913.72
2022-01-31	050006	00016	付--14	新增固定资产	卡车3	1.00	75,000.00		2,215,000.00			210,086.28				15.00	2,004,913.72
2022-01-31	010003	00017	转--21	新增固定资产	新元材料库	1.00	360,000.00		2,575,000.00			210,086.28				16.00	2,364,913.72
2022-01-31	050001	00008	收--6	资产减少	卡车1	-1.00		80,000.00	2,495,000.00	69,667.11		140,419.17				15.00	2,354,580.83
2022-01-31	020002	00003	收--7	资产减少	动力设备2	-1.00		60,000.00	2,435,000.00	22,798.00		117,621.17				14.00	2,317,378.83
2022-01-31	040002	00005	收--8	资产减少	轧机机器1	-1.00		80,000.00	2,355,000.00	14,250.33		103,370.84				13.00	2,251,629.16
2022-01-31		01	转--22	计提折旧					2,355,000.00		8,467.50	111,838.34				13.00	2,243,161.66
				本期合计		13.00	575,000.00	220,000.00	2,355,000.00	106,715.44	218,553.78	111,838.34				13.00	2,243,161.66

图 6-44 （部门、类别）明细账

▶ 本章小结

固定资产使用、管理、核算分离的特点，造成管理的困难，统计数据来源复杂且很难得到固定资产的完整资料，这使企业的清查核资成为一项繁重的任务，尤其是大企业很难统计出固定资产的精确数据。采用计算机进行管理核算工作，可使管理部门、具体使用部门和核算部门共享相同的资料，从根本上保证了数据的一致性，避免了多头管理的混乱局面。利用系统的权限设置，管理部门、使用部门、核算部门可以实现按管理流程明确分工，实现数据归口管理，使各类数据数出一门，避免重叠管理、数出多家的现象。具体流程描述如下：在固定资产进入企业时，由管理部门负责建立卡片，核准卡片资料的数据，保证基础数据的正确；在固定资产投入运行之后，各使用部门对资产的运行状态、维修情况进行及时登记，并将资料输入资产的维修信息表中；当固定资产减少的情况发生时，使用部门、管理部门、核算部门需共同确认，并将处理结果交由管理部门统一输入。要成功运行固定资产系统，必须将各类编码按规范设计好，并利用系统设置功能将编码输入；同时，还要编制固定资产目录，确定折旧方法；另外，要按资产类别设计卡片内容，定义各类不同资产的卡片，这是成功运行固定资产系统的基础。

▶ 练习题

一、不定项选择题（每题至少有一个选项正确）

1. 固定资产减少时，该固定资产记录（　　）。

   A. 仍保留在固定资产卡片文件中

   B. 不能删除

   C. 转入固定资产备查文件中然后删除

   D. 直接删除

2. 固定资产账套启用（　　）的所有固定资产在启用系统的当月都应由系统计提折旧。

   A. 前　　B. 后

   C. 两者都要　　D. 两者都不要

3. 固定资产变动包括（　　）。

   A. 部门转移　　B. 净残值调整

C. 工作量调整　　D. 三者都是

4. 固定资产核算的主要任务包括计算、汇总和分配固定资产的（　　）。
   A. 生产成本　　B. 工作时间
   C. 原值　　　　D. 折旧费用

5. 在固定资产系统中，信息查询输出功能可以输出固定资产（　　）。
   A. 卡片　　　　B. 明细账
   C. 折旧费　　　D. 以上全部

6. 在固定资产系统中，执行（　　）操作后，才能开始处理下一个月的业务。
   A. 生成凭证　　B. 账簿输出
   C. 结账　　　　D. 对账

7. 在固定资产系统"使用状况"设置中，以下说明正确的是（　　）。

A. 系统预置的使用状况不能修改、删除

B. 只能用使用中、未使用、不需用三种一级使用状况，不能增加、修改、删除

C. 可以在一级使用状况下增加二级使用状况

D. 不允许在一级使用状况下增加二级使用状况

8. 固定资产系统"新增一个资产类别"时，要求（　　）。

A. 只有处在最新会计期间时可以增加，月末结账后则不能增加

B. 资产类别编码不能重复，同级的类别名称不能相同

C. 类别编码、名称、计提属性、卡片样式不能为空

D. 其他各项内容的输入是为了输入卡片时方便要默认的内容，可以为空

二、判断题

1. 固定资产发生变动时，必须在计提折旧前先更新固定资产卡片。（　　）
2. 在固定资产核算系统中，新增固定资产都是通过"初始数据录入"功能录入系统。（　　）
3. 电算化后，当根据固定资产卡片中有关信息和规定选用折旧方法时，可自动计算折旧，而不需要人工计算和填列。（　　）
4. 当固定资产的使用部门改变时，需制作相应的记账凭证在账务处理系统中登记。（　　）
5. 在固定资产核算系统中，新录入系统的固定资产在录入当月都不提折旧。（　　）
6. 固定资产核算时，新增固定资产的累计折旧一定是零。（　　）
7. 当执行"资产减少"操作时，若当前账套设置了计提折旧，则需在计提折旧后执行资产减少操作。（　　）

三、操作题

1. 如果发现本月新增固定资产的原值输入错误，但是其已经制单，应该如何修改原值并进行制单？请执行相关操作。
2. 请设计电机的卡片样式。
3. 请增加一项固定资产并制单。

四、简答题

1. 固定资产卡片的初始设置包括哪些内容？其中哪些内容是必须设置的？
2. 月末处理主要做哪些工作？

第 7 章

薪酬管理系统

职工薪酬管理系统（简称薪酬系统）是会计信息系统的组成部分。企业职工薪酬的核算与管理不仅涉及企业的每一位职工，而且涉及企业的所有组织机构，其核算的准确性关系到企业每一位职工的切身利益。科学合理的薪酬设计有助于调动职工的工作积极性和提高企业绩效。

7.1 薪酬管理系统分析

7.1.1 职工薪酬核算业务分析

1. 职工的范围界定

我国《企业会计准则第 9 号——职工薪酬》规定，职工是与企业订立劳动合同的所有人员，含全职、兼职和临时职工，也包括虽未与企业订立劳动合同，但由企业正式任命的人员，如董事会成员、监事会成员等。在企业的计划和控制下，虽未与企业订立劳动合同或未由其正式任命，但为其提供与职工类似服务的人员，也属于职工薪酬准则所称的职工。

2. 职工薪酬的范围

企业会计准则规定，职工薪酬包括短期薪酬、离职后福利、辞退福利和其他长期职工福利。

短期薪酬是指企业在职工提供相关服务的年度报告期间结束以后 12 个月内需要全部予以支付的职工薪酬，因解除与职工的劳动关系给予的补偿除外。短期薪酬是职工薪酬的主要形式，包括的主要内容有：①职工工资、奖金、津贴和补贴；②职工福利费；③社会保险费；④住房公积金；⑤工会经费和职工教育经费；⑥非货币性福利；⑦短期带薪假期；⑧短期利润分享计划。根据企业会计准则规定，"社会保险费""住房公积金""工会经费""职工教育经费"等方面的核算都是根据工资总额的一定比例计提的，因此，职工薪酬的核算主要是指工资的核算。

工资一般包括标准工资、加班工资、工资性津贴、经常性奖金以及支付给职工的非工作时间工资等。

①标准工资是企业根据国家规定的工资标准、等级支付给职工的劳动报酬，一般包括计时工资和计件工资。

②加班工资是企业对于职工在规定工作时间以外所进行的超时劳动所给予的劳动报酬。

③工资性津贴是为了补偿职工额外或特殊的劳动消耗，在标准工资和奖金之外支付给职工的劳动报酬，如高温作业津贴等。

④经常性奖金是对职工超额劳动的一种鼓励，即对在生产、工作中有优良成绩的职工，在标准工资以外支付给他们的劳动报酬。

⑤非工作时间工资是按照国家有关政策规定支付给职工的病假工资、产假工资、探亲假工资、工伤休假期间的工资等。

7.1.2 工资核算的原始记录分析

工资核算的原始记录是进行工资核算和管理的重要依据，在实际工作中要力求完整、准确并妥善保管，主要包括以下几个方面。

（1）提供标准工资的资料。企业通常使用工资卡来记录职工的职务、工资级别等原始信息，以提供标准工资的资料。工资卡由人事部门在职工进厂时填制，在职工调离时做相应记载。财务部门根据人事部门的通知发放或停发工资。

（2）工作中的考勤记录。通常所见的考勤记录是考勤表。该表反映了职工出勤和缺勤的情况，一般由各生产班组（科、室）指定人员根据每个职工的出勤情况逐日登记，每月终了时将考勤表送交财务部门，据以计算出勤工资及病、伤、产假等工资，并最终确定职工的应发工资。

（3）产量工时记录。产量工时记录是登记工人或小组在出勤时间内完成多少件产品和每件产品耗用多少工时的原始记录。在成批生产类型的车间中，一般采用工作进程单和工作班组产量记录结合使用的方法，全面提供核算工作所需要的资料。

7.1.3 工资核算的基本工作程序分析

（1）编制职工工资单。工资单由财务人员根据各项工资原始记录按月编制，是记录职工工资中各项明细数据的基本文件。编制职工工资单是工资业务处理的第一步，也是整个工资核算的基础。

（2）计算职工个人所得税。按照每个职工的应税额，套用基础资料设置中的所得税计算公式，计算出每个职工的个人所得税。

（3）生成分部门的工资汇总表。由于我国大多数单位工资项目都较多，构成比较复杂，不同工作岗位、不同工作性质的人员工资汇总数据要在不同的科目中进行核算，因此，应首先将工资单中不同工资项目的数据分部门按职工工作岗位和工作性质等进行汇总，以便为编制工资核算记账凭证提供数据。

（4）编制工资结算汇总表。将分部门的工资汇总表中不同工资项目的数据按职工工作岗位和工作性质等进行二次汇总，生成工资核算的记账凭证，为账务处理系统结转工资费用提供依据。

（5）计提附加费。依据工资结算汇总表中不同部门及不同岗位职工的应发工资，按照规定的比例分别计算应计提的职工福利、住房公积金、工会经费和职工教育经费等。

（6）编制工资分配表。根据工资结算汇总表和产量记录编制工资分配表，为进行成本核算提供依据。

（7）编制结转工资费用的转账凭证，转入总账系统。

7.1.4 工资核算处理流程分析

工资数据按变动频率的不同，一般可以分为相对不变数据和变动数据两类。相对不变数据是指在较长的时期内保持不变的数据和在较长时间内很少变动的数据。职工参加工作的时间、职工代码、姓名等，在职工在职期间保持固定不变，而基本工资等在较长一段时间内保持不变，这两者合称相对不变数据。而奖金、季节性补贴等，每月都有可能发生变动，称为变动数据。

规模较大的企业可以针对上述两部分数据分别建立相对不变数据库文件和变动数据库文件。相对不变数据库文件供系统长期使用，只有在人员调入、调出以及内部调动或者调资时更新此文件中数据。每月核算都可以直接调用这些基本不变数据，不需要重复输入。变动数据库文件则需要在每月初始化后，输入或者修改原有数据形成当月数据。

在信息系统处理方式下，获取到全部相对不变数据和变动数据后，再运用设置的计算公式，自动完成个人所得税计算、工资单生成等工作。信息系统处理方式下的工资核算数据流程如图7-1所示。

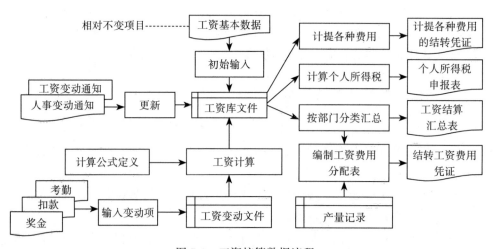

图7-1 工资核算数据流程

7.1.5 薪酬系统与其他子系统的关系

薪酬系统是一个相对独立的系统，它既可独立运行，也可与总账系统协同工作。若采用协同运行方式，其相互之间的关系如图 7-2 所示。

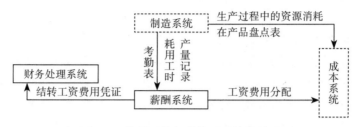

图 7-2 薪酬系统与其他子系统的关系

注：虚线框表示这两个系统没有启用，需要传递的数据由本系统录入。

7.2 薪酬管理系统的主要功能

尽管所有企业都遵从企业会计准则进行职工的薪酬核算，但由于企业所处的行业不同，经济效益不同，企业之间的工资项目不尽相同。因此，该系统的功能之一，就是为用户提供一个量身定做薪酬核算系统的平台。该系统的主要功能模块如图 7-3 所示，在实际操作中，各模块的业务会有重合。

初始设置	日常处理	统计分析	期末处理
工资类别设置 系统参数设置 人员档案设置 工资项目设置 计算公式设置 个人所得税计算公式设置 个人所得税设置	人员变动调整 工资数据编辑 工资计算 个人所得税计算 银行代发	工资分析 凭证查询	工资费用的计提与分摊 工资报表 期末结账

图 7-3 薪酬系统功能模块

7.2.1 初始设置

初始设置主要包括工资类别设置、工资项目设置、计算公式设置、人员档案设置、银行管理、个人所得税设置等工资核算的基础资料。在此，只对起主要作用的设置进行说明，这些设置是薪酬系统的核算依据。

（1）工资类别设置。工资类别设置的目的是为企业提供工资核算分类的功能。工资类别是工资核算系统中一个非常重要的概念，其分类的主要依据是工资核算过程、核算方法以及工资项目的构成和与之相对应的计算公式是否相同。如果不同，就需要设置不同的工资类别，每一种工资类别都有其不同的核算方法。如果相同，就没有必要分类，可以定义全企业为一个类别，统一进行工资计算。

（2）工资项目设置，工资项目是构成工资表的各栏目，由用户在初始设置时根据自身需要进行定义，不同的单位可以定义不同的栏目。

企业自行定义工资项目时，需要注意以下事项。

①项目名称与工资表一致，定义工资项目即定义工资数据库文件的库结构，也就是构成工资表的栏目。

②项目数据类型由存储数据决定，凡是参与计算的项目类型都设为数字型。

③工资项目的字段宽度应以能容纳该项目中可能出现的最大数据的宽度为准。

④工资项目的计算属性由项目本身决定。构成应发合计公式的项目，计算属性应设为"增项"；构成扣款合计公式的项目，计算属性应设为"减项"。若定义的项目为自定义公式使用，则此类项目的计算属性应设置为"其他"，这些项目可在自定义公式中使用，不会被自动计入任何系统自带公式。

工资项目定义在薪酬系统中起到基础性的作用。工资项目是薪酬系统核算的基础。在定义计算公式时，公式中的构成元素都必须取自工资项目；在录入工资时，可以从工资项目中选取需要录入的项目，使界面简单清晰；在输出工资表时，也可以从工资项目中选取需输出的项目，构成工资表的栏目。

（3）计算公式设置。计算公式设置是薪酬系统核算的核心，必须在详细分析并掌握单位工资核算的步骤和计算关系之后才能进行此项工作，如果计算公式设置有误，就会导致工资计算结果的错误。计算公式中采用的计算单元必须取自已设置的工资项目。有些计算公式由变动项目组成，会随着组成项目的增减而动态改变。

注意：工资项目名称必须与公式中的项目名称始终保持一致。

（4）个人所得税计算公式设置。此项应严格按照个人所得税法的要求确定，适用税率即个人所得税法所规定的超额累进税率，速算扣除数是采用简便算法时税法提供的个人所得税减项数字。各企业根据自己的选择，设置对应的计算公式。

（5）人员档案设置。人员档案设置包括三部分：基本信息、数据档案、附加信息。

①基本信息。其包括人员编号、人员姓名、所属部门编码、名称、人员类别、代发银行、银行账号。

②数据档案。数据档案是职工的工资数据。在此可录入职工的工资，本教材选择在"工资变动"栏目录入职工工资。

③附加信息。如果要录入附加信息，需要在此逐项定义要录入的项目，如性别、学历、技术职称、婚姻状况、出生年月等。附加信息对工资核算无影响。

（6）银行管理。此处的银行指代发工资的银行，而非总账中所有的开户银行。如在总账中可能有多个开户的银行，有基本存款账户、专项贷款账户等，而在薪酬系统中就只有发放工资的银行，只需设置银行名称、账号长度。

（7）个人所得税设置。个人所得税设置即对个人所得税计算进行初始项目设置，如税率类别、税率项目、所得计算、基本扣除、所得期间、币别等。该项设置应与个人所得税计算公式定义一致。

7.2.2 工资业务的日常处理

工资的日常核算业务主要是对职工工资数据进行计算和调整，按照计算数据发放工资，进行凭证填制等账务处理。重点是及时根据职工人员变动对人员档案进行调整，根据工资分配政策的变化及时进行工资数据的调整计算，在此基础上利用系统的报表功能对工资分配进行报表分析，为企业制定和调整分配政策提供参考。

（1）人员变动调整。在日常经营中，时常会出现人员调出调进或由于某些原因停发工资的情况，在日常核算业务处理中，首先要对发生变动的人员及时进行调整。

（2）工资数据编辑。如前所述，工资数据可分为相对不变数据和变动数据两类。相对不变数据在日常工作中保持相对不变，可以从上期数据复制过来，无须每月重复输入；但当某些期间其发生变化时，需要进行调整。一般而言，基本工资、岗位工资属于相对不变数据。而变动数据则需在每月计算工资之前根据实际发生的数据进行录入，以替换上次数据，如奖金、病假工资等。

（3）个人所得税计算。计算个人所得税时，需要在公式中定义计税基数，计算出每位职工的应税金额，系统会根据职工的个人收入来源构成自动计算出每位职工的个人所得税并生成个人所得税申报表。

（4）工资发放。在实际工作中，工资的发放有现金发放和银行代发两种方式。

采用现金发放方式的企业，可在系统设置时选择"工资分钱清单"功能，帮助用户筹划现金提取的票面组合。

采用银行代发方式的企业，可在系统设置时选择"银行代发"功能，同时需要制作符合银行要求的工资发放文件。银行代发工资业务处理的主要内容是向银行提供规定格式的工资数据文件。

银行代发文件格式设置具体包括：根据银行的要求，设置提供数据中所包含的项目，以及项目的数据类型、长度和取值范围等，以保证企业工资计算结果与银行文件格式一致。系统默认设置有单位编号、人员编号、账号、金额和录入时间等栏目。

7.2.3 统计分析

统计分析功能主要提供工资账表数据的打印和分析及工资系统生成凭证的查询，用于工资系统数据与总账系统数据的查询核对。

7.2.4 期末处理

工资核算业务期末处理的主要内容是进行工资费用的计提和分摊，内容包括：汇总计算出本月的工资总额；按人员类别将工资费用分摊入各类成本和期间费用；按工资总额计提医疗保险费、养老保险费、失业保险费、工伤保险费、生育保险费（部分省市并入医疗保险费）、住房公积金、工会经费、职工教育经费，以及其他需要按工资总额计提的费用。完成费用计提和分摊核算后，进行结账。

1. 工资费用的计提与分摊

（1）费用计提。在计算出企业应付工资总额之后，根据各地的地方政策要求，按核定应付工资总额的一定比例计提"五险一金"和工会经费、职工教育经费等。

（2）费用分摊。将职工工资按职工类别（或者部门）进行汇总：生产工人的工资计入"生产成本——基本生产成本——人工成本"；生产管理人员的工资计入"制造费用——工资"；管理人员的工资计入"管理费用——工资"；计提的各种费用同样按类别计入相应的科目。分摊结果就是结转费用的转账凭证，这些工作都要在结账之前完成。

2. 结账工作

月末结账是将当月数据经过处理后结转至下月。每月的工资数据处理完毕后就要进行月末结转。结转之后，根据需要保留相对不变数据项，可选择变动项目进行清零处理，即为下个月的数据输入做好准备。进行期末结账处理后，当月数据将不再允许变动。

7.3 薪酬管理系统实验指南

7.3.1 薪酬系统操作流程

薪酬系统操作流程如图 7-4 所示。

7.3.2 系统初始化

薪酬系统的初始化就是账套主管按照单位的实际需要设置薪酬系统的工作模式，主要包括选项设置，部门及人员类别、工资类别、工资项目及工资计算公式等的设置。

【实验内容】

（1）建立工资账套。

（2）完成工资账套的基础设置。

（3）设置工资账套人员档案。

（4）设置工资项目。

（5）设置工资计算公式。

【实验资料】

（1）工资账套参数。

①工资类别：单个。

②核算币种：人民币 RMB。

③要求代扣个人所得税。

④不进行扣零处理。

⑤人员编码长度：3 位。

⑥启用日期：2022 年 1 月。

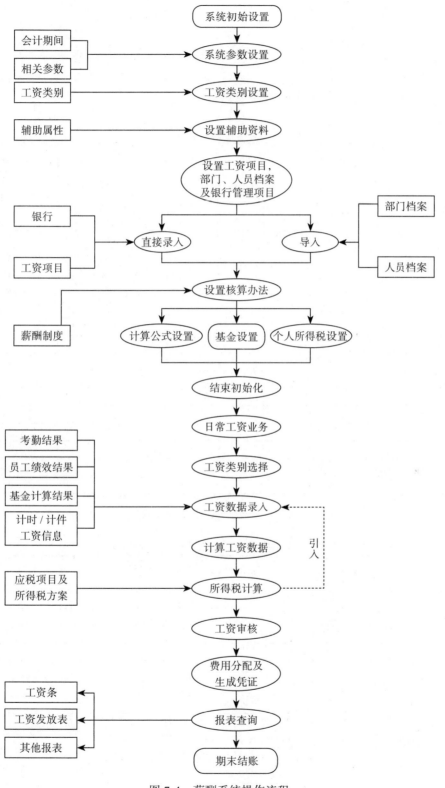

图 7-4 薪酬系统操作流程

（2）人员类别（见第 2 章）。

①管理人员。

②生产管理人员。

③生产人员。

（3）工资项目。新世纪轧钢厂工资项目如表 7-1 所示。

表 7-1　新世纪轧钢厂工资项目

工资项目名称	类型	长度	小数	增减项
基本工资	数字	8 位	2 位	增项
奖金	数字	8 位	2 位	增项
防暑补贴	数字	8 位	2 位	增项
加班费	数字	8 位	2 位	增项
应发合计	数字	8 位	2 位	其他
本年累计收入	数字	8 位	2 位	其他
医疗保险	数字	8 位	2 位	减项
养老保险	数字	8 位	2 位	减项
失业保险	数字	8 位	2 位	减项
住房公积金	数字	8 位	2 位	减项
工会经费	数字	8 位	2 位	减项
职工教育经费	数字	8 位	2 位	其他
累计专项扣除	数字	8 位	2 位	其他
专项附加扣除	数字	8 位	2 位	其他
累计专项附加扣除	数字	8 位	2 位	其他
本年减免累计	数字	8 位	2 位	其他
累计应纳税所得	数字	8 位	2 位	其他
累计已缴税额	数字	8 位	2 位	其他
本月所得税额	数字	8 位	2 位	其他

（4）计算公式设置。新世纪轧钢厂工资项目计算公式设置如表 7-2 所示。

表 7-2　新世纪轧钢厂工资项目计算公式设置

工资项目	计算公式设置
医疗保险	应发合计 ×10%
养老保险	应发合计 ×15%
失业保险	应发合计 ×2%
住房公积金	应发合计 ×12%
工会经费	应发合计 ×2%
职工教育经费	应发合计 ×1.5%
本年累计收入	本年累计收入（上月）+ 应发合计
累计基本扣除	累计基本扣除（上月）+5 000
累计专项扣除	累计专项扣除（上月）+ 医疗保险 + 养老保险 + 失业保险 + 住房公积金
累计专项附加扣除	累计专项附加扣除（上月）+ 专项附加扣除
本年减免累计	累计专项扣除 + 累计专项附加扣除 + 累计基本扣除
累计应纳税所得	本年累计收入 − 本年减免累计
累计已缴税额	累计已缴税额（上月）+ 工资代扣税
工资代扣税	累计应纳税所得 × 适用税率 − 速算扣除

说明：用友 U8V10.1 系统推出时间较早，其系统默认所得税设置和计算公式设置和当前个人所得税相关法规的实际要求不一致，本文参考了当前个人所得税的计算及预扣预缴方法来设置计算公式，由于累计基本扣除已经计入在本年减免累计，所以设置所得税率时，基本扣除金额设置为 0。

（5）人员档案。见第 2 章表 2-2，所有职工都计税，所有职工都不计件。

【操作指导】

（1）建立工资账套。

①以"demo"身份登录 U8 企业应用平台，单击"业务工作"→"人力资源"，进入如图 7-5 所示的"薪资管理"界面。

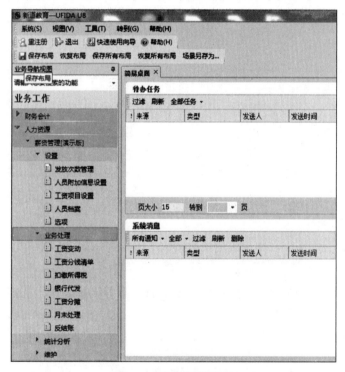

图 7-5　薪资管理界面

②首次启动"薪资管理"模块时，应建立工资账套。双击"薪资管理"，系统自动弹出如图 7-6a 所示的"建立工资套"对话框，进行基础设置。"参数设置"项下，选择工资类别个数为"单个"，币别名称为"人民币"（如图 7-6b 所示）；单击"下一步"，进入"扣税设置"页面，勾选"是否从工资中代扣个人所得税"，单击"下一步"，进入"扣零设置"页面，不勾选"扣零"选项框（如图 7-6c 所示）；单击"下一步"，进入"人员编码"页面，人员编码与系统设置中的人员编码保持一致；单击"完成"，返回图 7-5 薪资管理界面。工资账套建立完成。

（2）完成工资账套的基础设置。

①设置人员附加信息。在图 7-5 薪资管理界面双击"人员附加信息设置"，进入图 7-7

所示的"人员附加信息设置"对话框;单击"增加",打开"栏目参照"下拉框,选择相应项目,增加"性别""职务""年龄"等作为人员附加信息。输入完成后,单击"确定"并返回。

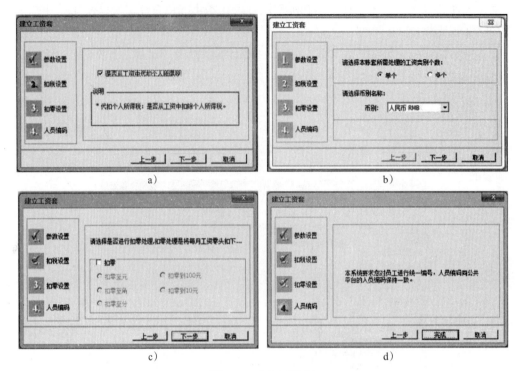

图 7-6　建立工资套

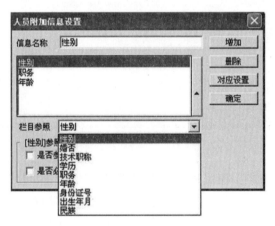

图 7-7　人员附加信息设置

②设置工资项目。在图 7-5 薪资管理界面双击"工资项目设置",进入图 7-8 所示的"工资项目设置"对话框;在左下角单击"增加",在窗口右上方的"名称参照"下拉框中单击,依次选择"基本工资""奖金""防暑补贴"等项目,其中"工资项目"的类型、长度、小数、增减项、停用等可在其相应下拉框中选择修改,并按照"实验资料"中表 7-1 的要求进行相应的修改。此外,"名称参照"中没有的工资项目也可以在工资项目中直接输入。输入完成

后，单击"确定"并返回。

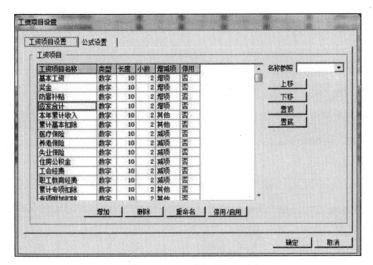

图 7-8 工资项目设置

③设置工资计算公式。在图 7-8 所示界面选择"公式设置"页签，进入图 7-9 所示的"公式设置"界面。"应发合计""扣款合计""实发合计"三个项目是系统设置的项目，计算逻辑分别是：应发合计等于所有增项之和，扣款合计等于所有减项之和，实发合计等于应发合计减去扣款合计。参照"实验资料"中表 7-2 中的计算公式，在窗口右上方的公式定义处输入，单击"公式确认"进行保存，然后依次输入其他计算公式。

注意：公式中的项目必须从窗口下方的"工资项目"列表中选择。

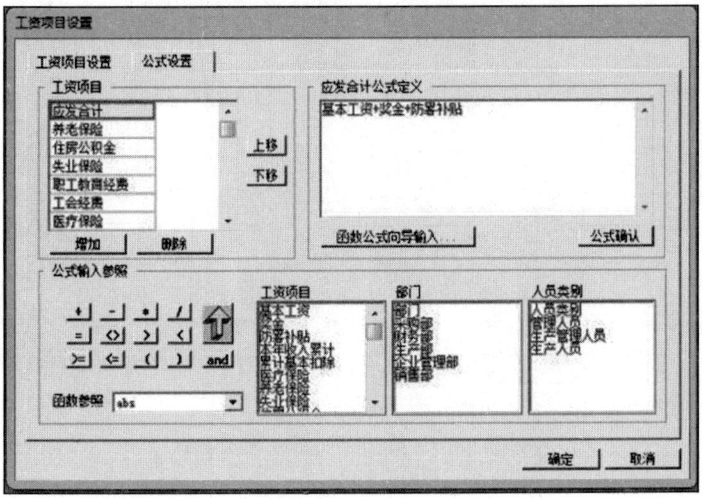

图 7-9 公式设置

④人员档案设置。人员档案可直接引入基础档案中已存在的职工及其所在部门信息，此外还要增加职工的"银行账号"等信息。

在图 7-5 所示界面单击"设置"→"人员档案"，进入图 7-10 所示的"人员档案"窗口

（此时没有人员记录），单击左上角的"增加"，系统弹出如图 7-11 所示的"人员档案明细"窗口，单击"人员姓名"参照按钮，弹出"人员选入"对话框，选择"001"，单击"确定"，自动导入人员相关信息，保存信息，然后参照"实验资料"依次输入全部人员档案。全部输入完成后，退出"人员档案明细"，返回图 7-10 所示人员档案界面。

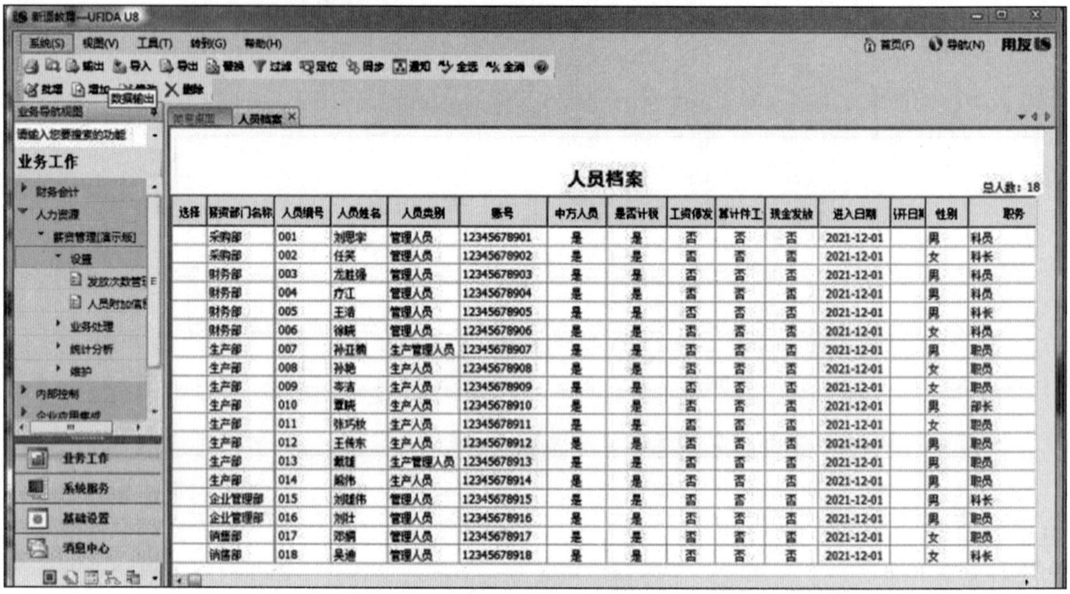

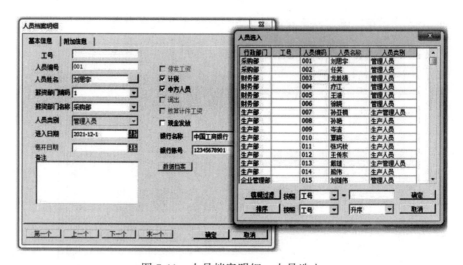

图 7-10　人员档案

图 7-11　人员档案明细 – 人员选入

⑤选项设置。双击图 7-5 所示界面中的"选项"，弹出如图 7-12a 所示页面，选项设置目录下包括扣零设置、扣税设置、参数设置、调整汇率、分段计薪五个页签。扣零部分在建立工资账套时已经做了选择，此处可以修改原来的选择。扣税设置选择如图 7-12b 所示，个人所得税申报表中的个人收入额计算项对应本案例的"累计应税所得"项目，月度工资和年终奖都选择"代扣税"方式，单击"税率设置"，进入图 7-12c 所示界面，基数输入为

"0",税率按当前个人所得税率进行设置。后面三个页签按默认值进行设置。

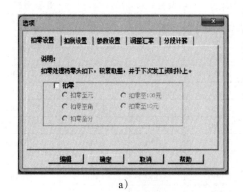
a)
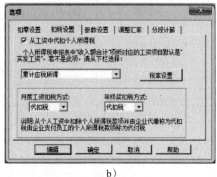
b)

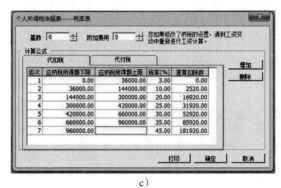
c)

图 7-12 选项设置

7.3.3 薪酬管理系统日常业务处理

【实验内容】

（1）工资数据的输入和计算。

（2）代扣个人所得税。

（3）工资代发与分摊。

（4）生成转账凭证。

（5）进行工资数据的查询。

【实验资料】

（1）工资数据如表 7-3 所示，各种计提的比例如表 7-4 所示。

（2）代扣个人所得税。个人所得税起征点：5 000 元 / 月。

（3）工资费用分摊，生成记账凭证。

表 7-3 新世纪轧钢厂职工薪酬基本数据

人员编号	姓名	部门	人员类别	基本工资 / 元	奖金 / 元	防暑补贴 / 元	专项附加扣除 / 元
001	刘思宇	采购部	管理人员	7 000	2 000	500	2 000
002	任 笑	采购部	管理人员	7 000	2 000	500	3 000
003	龙胜强	财务部	管理人员	7 000	1 000	500	2 000

(续)

人员编号	姓名	部门	人员类别	基本工资/元	奖金/元	防暑补贴/元	专项附加扣除/元
004	疗 江	财务部	管理人员	7 000	1 000	500	1 000
005	王 浩	财务部	管理人员	7 000	1 000	500	2 000
006	徐 晓	财务部	管理人员	7 000	1 000	500	2 000
007	孙亚楠	加热炉车间	生产管理人员	8 000	3 000	1 000	2 000
008	孙 艳	加热炉车间	生产人员	8 000	3 000	1 000	2 000
009	岑 洁	加热炉车间	生产人员	8 000	3 000	1 000	1 000
010	覃 晓	加热炉车间	生产人员	8 000	3 000	1 000	2 000
011	张巧枚	加热炉车间	生产人员	8 000	3 000	1 000	2 000
012	王传东	加热炉车间	生产人员	8 000	3 000	1 000	2 000
013	戴 雄	轧机车间	生产管理人员	8 000	3 000	1 000	3 000
014	熊 伟	轧机车间	生产人员	8 000	3 000	1 000	3 000
015	刘雄伟	企业管理部	管理人员	7 000	1 000	500	2 000
016	刘 壮	企业管理部	管理人员	7 000	1 000	500	3 000
017	邓 娟	销售部	管理人员	7 000	3 000	500	3 000
018	吴 迪	销售部	管理人员	7 000	3 000	500	2 000

表 7-4 计提类型及比例

计提类型	医疗保险费	养老保险费	失业保险费	住房公积金	职工教育费	工会经费
计提比例	10%	15%	2%	12%	1.5%	2%

【操作指导】

（1）录入并计算工资数据。用友系统为用户提供了多种薪酬数据录入方式，此处介绍如下四种：第一，相对不变数据一般较为稳定，数值很少变动，常见的有基本工资、各种保险费等，可以在"人员档案明细"（如图 7-11 所示）中通过修改数据档案录入；第二，变动数据则需每期发放工资时根据实际情况进行调整，当大多数职工的某个工资项目金额相同时，可以用"替换"功能快速录入；第三，对于可按照公式计算的工资项目数据，系统根据预先定义的公式自动计算；第四，还有一些无规则可循的工资项目则需手动逐项输入。本案例主要数据都选择"替换"功能快速录入。

①工资数据的录入。在图 7-5 薪资管理界面双击"工资变动"，进入图 7-13a 所示的"工资变动"界面，在工具栏单击"全选"选择全部员工，单击"替换"，打开"工资项数据替换"窗口（见图 7-13b）。将工资项目"基本工资"替换成"7 000"，替换条件设置为"人员类别 = 管理人员"。单击"确定"，系统提示"数据替换后不可恢复，是否继续？"单击"是"，然后弹出"记录被替换，是否重新计算？"选择"否"，参照表 7-3 完成基本工资、奖金和防暑补贴的输入。

②计算工资。在图 7-13 所示界面的工具栏，单击"计算"，系统将调取计算公式，计算出剩余工资项目，工资计算结果如图 7-14 所示。

（2）所得税申报。在图 7-5 薪资管理界面双击"扣缴所得税"，打开图 7-15 所示的"所得税申报"窗口，选中"个人所得税年度申报表"，单击"打开"，进入"所得税申报"对话框，过滤方式勾选"按部门"并选择"生产部"复选框，单击"确定"，弹出图 7-16 所示的"扣缴个人所得税申报表"窗口。

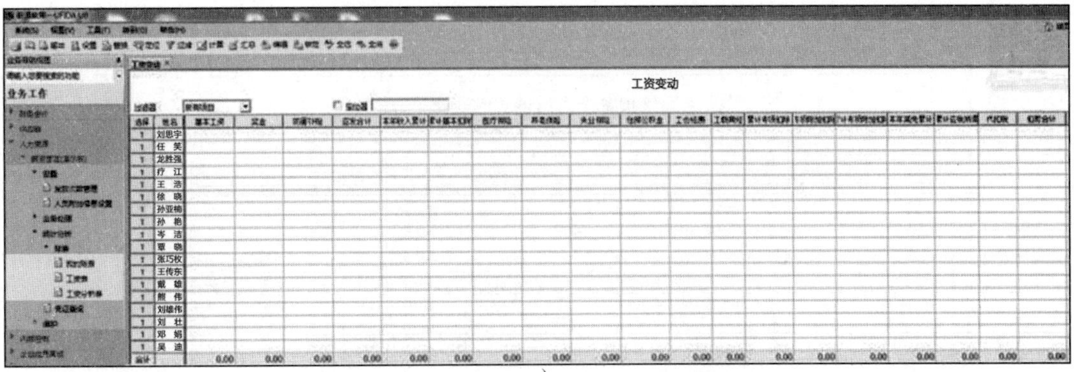

a）

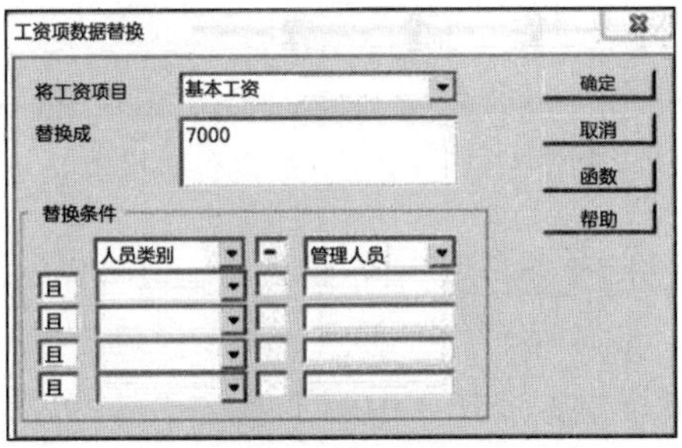

b）

图 7-13　工资变动页面工资输入

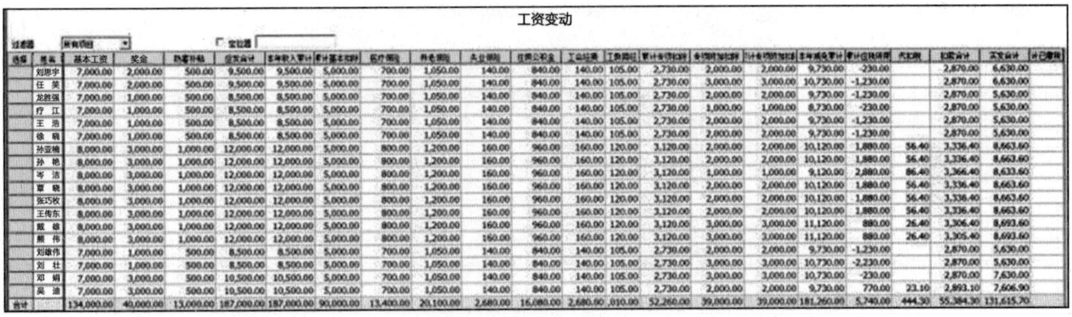

图 7-14　工资计算结果

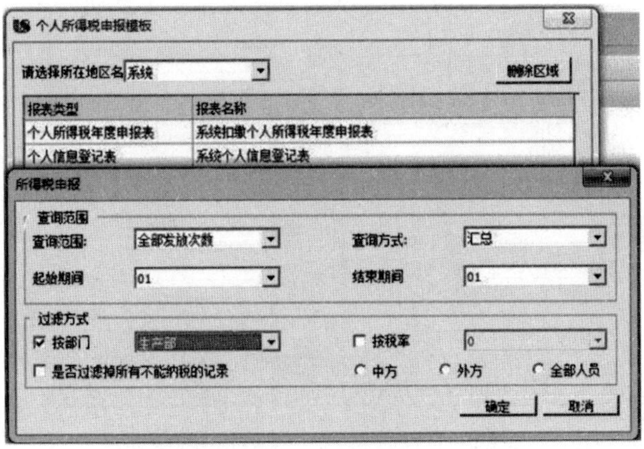

图 7-15　所得税申报

图 7-16 扣缴个人所得税申报表

（3）银行代发工资。在图 7-5 薪资管理界面双击"银行代发"，系统弹出图 7-17 所示的"请选择部门范围"对话框，选择所有代发部门，单击"确定"；进入图 7-18 所示的"银行文件格式设置"对话框，银行模板选择"中国工商银行"，单击"确定"，系统弹出"确认设置的银行文件格式？"询问框，单击"是"，进入图 7-19 所示的"银行代发一览表"，确定数据无误后，关闭并返回。

图 7-17 选择部门范围

图 7-18 银行文件格式设置

银行代发一览表

名称：中国工商银行　　　　人数：18

单位编号	人员编号	账号	金额
1234934325	001	12345678901	6630.00
1234934325	002	12345678902	6630.00
1234934325	003	12345678903	5630.00
1234934325	004	12345678904	5630.00
1234934325	005	12345678905	5630.00
1234934325	006	12345678906	5630.00
1234934325	007	12345678907	8663.60
1234934325	008	12345678908	8663.60
1234934325	009	12345678909	8633.60
1234934325	010	12345678910	8663.60
1234934325	011	12345678911	8663.60
1234934325	012	12345678912	8663.60
1234934325	013	12345678913	8693.60
1234934325	014	12345678914	8693.60
1234934325	015	12345678915	5630.00
1234934325	016	12345678916	5630.00
1234934325	017	12345678917	7630.00
1234934325	018	12345678918	7606.90
合计			131,615.70

图 7-19　银行代发一览表

（4）进行工资费用分摊。企业的“应发合计”、五险一金以及企业负担的工会经费和职工教育经费，都应该进行费用的分摊，从而确认为企业的生产成本、制造费用或者管理费用，进入企业的成本及损益核算。下面以“应发合计”为例来说明工资费用的分摊。

在图 7-5 薪资管理界面单击“工资分摊”，进入如图 7-20a 所示的“工资分摊”对话框，单击右下角的“工资分摊设置”，进入“分摊类型设置”对话框（见图 7-20b），单击“增加”，进入“分摊计提比例设置”对话框（见图 7-20c），在“计提类型名称”处输入“应发合计”，在“分摊计提比例”处输入“100%”，单击“下一步”，进入图 7-21 所示的“分摊构成设置”对话框。按照“实验资料”的要求，分别按部门及人员类别设置分摊构成，设置完成，单击“完成”返回。按照“实验资料”中表 7-4 的要求完成“医疗保险费”“养老保险费”“失业保险费”“住房公积金”“职工教育费”“工会经费”的分摊设置。

（5）生成记账凭证。生成记账凭证即制单处理，具体包括计提费用、应付工资的制单以及人工成本在各产品间分摊的制单。对于人工成本的分摊，企业采用的是标准产量法，因此首先将其他产品折合为标准产品，将成本计入标准产品，然后按照其他产品折合标准产品的系数还原，将成本分摊转入各产品。新世纪轧钢厂的标准产品为“齿轮钢”。

在图 7-20a“工资分摊”对话框中依次选择计提会计月份“2022-1”，计提分配方式为“分配到部门”，勾选“明细到工资项目”，单击“确定”，进入“工资分摊明细”窗口，单击工具栏“制单”，进入“填制凭证”窗口，在“生产成本”科目的“辅助项”中选择“齿轮钢”，如图 7-22 所示，保存后生成凭证，如图 7-23 所示。参照“实验资料”，依次生成“应付工资”“医疗保险”“养老保险”“失业保险”“住房公积金”“职工教育经费”“工会经费”的转账凭证。

a）

b）

c）

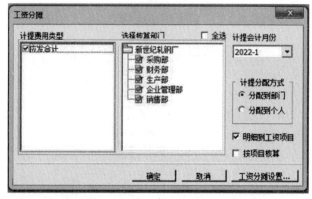

图 7-20　工资分摊设置

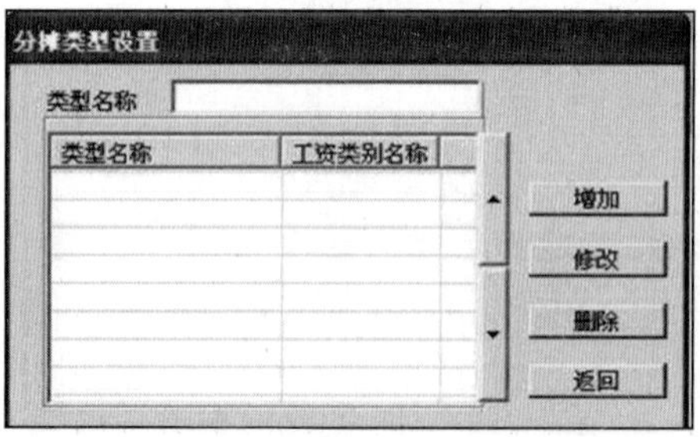

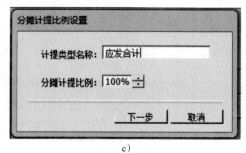

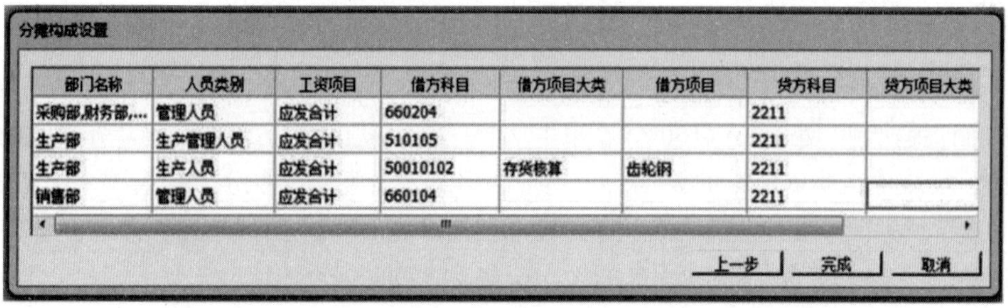

图 7-21　分摊构成设置

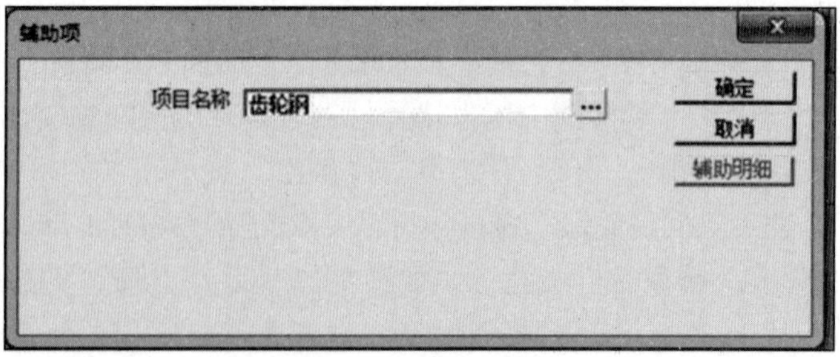

图 7-22　辅助项选择

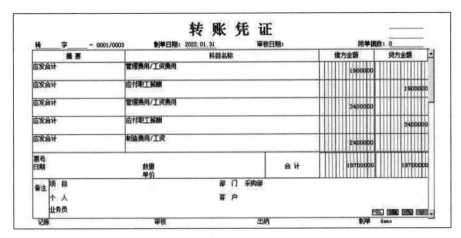

图 7-23　生成凭证

7.3.4　薪酬管理系统期末处理

【实验内容】

（1）月末结账。

（2）工资账表的备份。

（3）查询凭证。

【操作指导】

（1）月末结账。月末结账是指通过清零处理将基本工资、各项保险费及住房公积金之外的工资项目清零，为下期的工作做好准备。

在图 7-5 薪资管理界面选择"业务处理"→"月末处理"，打开图 7-24a 所示的"月末处理"对话框，单击"确定"，进入图 7-24b 所示的"薪资管理"对话框，单击"是"，完成月末结账并弹出图 7-24c 所示的"是否选择清零项？"的提示框，单击"是"，进入图 7-25 所示的"选择清零项目"对话框。选择需要清零的工资项目，单击"确定"完成清零工作，系统弹出"月末处理完毕"的提示框。

注意：清零之后，被清除的项目数据无法恢复和查询。因此，在清零之前，应利用统计分析功能提供的"工资表"，将数据输出备份。

（2）备份工资账表。备份工资账表的操作如下所述。

在图 7-5 薪资管理界面选择"统计分析"→"账表"→"工资表"，打开如图 7-26a 所示的"工资表"对话框，从中选择"工资发放签名表"，单击"查看"，选择所有部门，如图 7-26b 所示，确定后即打开如图 7-27 所示的"工资发放签名表"。单击工具栏的"输出"，弹出保存文件窗口（见图 7-28a），选择保存文件类型、路径及文件名，输入工资文件名"GZ2022"，单击"保存"，弹出表/工作单名输入窗口，输入表/工作单名称（见图 7-28b），单击"确认"即保存成功。

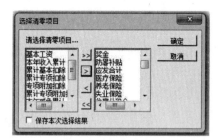

图 7-24 月末处理 图 7-25 选择清零项目

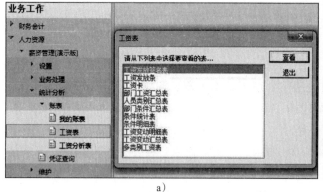
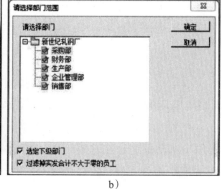

图 7-26 工资表

图 7-27 工资发放签名表

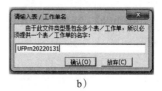

a)   b)

图 7-28 工资文件保存

注意：因为选择的文件类型为 .xls，一个名字为"GZ2022"的文件可以包含有多个（12个）表/单，每个表/单保存一个月的数据，所以每个表/单名要加月份。

（3）查询凭证。用于查询结转工资及计提相关费用的凭证，可实现计提费用表和对应凭证的联查功能，保证与总账数据的一致性、转账凭证数据的准确性。

在图 7-5 薪资管理界面选择"统计分析"→"凭证查询"，弹出图 7-29"凭证查询"窗口，选择查询期间为 1 月，系统列出 1 月份结转各种计提费用的业务及凭证标号。选中其中任意一行，如"业务类型"为"医疗保险"，单击窗口工具栏的"凭证"，便可查询到结转"医疗保险"的转账凭证。

图 7-29 凭证查询

▶ 本章小结

薪酬系统的主要特点是为各种不同需求的用户设计了一个共同的应用平台，在此平台上，用户各自设计自己的工资项目和计算公式。想要很好地使用系统，一定要抓住以下几个关键环节：第一，要明确工资项目的定义。第二，要熟练掌握已定义的工资项目在什么环节起作用。比如：在工资输入时，必须在已定义的项目中选择输入项；在公式定义时，也是从已定义的项目中选择；工资表的输出同样是在已定义的项目中选择。所以，工资项目定义是贯穿整个系统的处理对象，它是系统的输入、计算、输出的基础。第三，要精通工资的核算方法，才能正确地定义计算公式。因为计算公式的定义是决定工资能否正确计算的关键，所以必须认真定义每个计算公式，一旦算法有变动，必须首先修改计算公式。

练习题

一、不定项选择题（每题至少有一个选项正确）

1. ( ) 属于变动工资项目。
   A. 基本工资　　　B. 岗位工资
   C. 防暑补贴　　　D. 奖金

2. 工资项目定义的基本信息包括（　　）。
   A. 项目名称　　　B. 项目性质
   C. 项目类型　　　D. 项目宽度

3. 薪酬管理系统与账务处理系统不能共享的信息是（　　）。
   A. 部门代码　　　B. 科目类型
   C. 会计科目　　　D. 计算公式

4. 下列各项工作中，属于薪酬管理系统的初始化操作的项目是（　　）。
   A. 工资项目设置与工资计算公式的编辑
   B. 计算职工工资
   C. 工资项目录入与编辑工资数据
   D. 输出工资报表

5. 以下哪项工作不属于薪酬管理系统初始设置的范畴？（　　）。
   A. 计件工资统计　　B. 工资项目设置
   C. 工资账套参数设置　D. 人员档案设置

6. 薪酬管理系统正常使用之前必须做好以下哪些设置？（　　）
   A. 项目大类设置　　B. 人员类别设置
   C. 部门设置　　　　D. 收发类别设置

7. 在工资分摊构成设置中，需要设置以下哪些内容？（　　）
   A. 人员类别　　　B. 部门
   C. 科目　　　　　D. 工资项目

8. 进行工资分摊时，需要选择的内容包括（　　）。
   A. 计提会计月份　B. 选择核算部门
   C. 计提分配方式　D. 计提费用类型

二、判断题

1. 用友 U8V10.1 薪酬管理系统只提供计时工资核算，不提供计件工资核算。（　　）
2. 薪酬管理系统建账完成后，所有建账参数均不能修改。（　　）
3. 每位员工是否从工资中代扣个人所得税是由用户自由选择的。（　　）
4. 工资分摊的结果可以自动生成凭证传递到总账系统。（　　）
5. 薪酬管理系统中提供对"个人所得税申报表"中栏目的设置功能。（　　）
6. "计算工资"功能每月只能操作一次，否则该月机制凭证中的数据将成倍增大。（　　）
7. 用户单位可根据实际情况通过系统初始化模块自行设定工资核算的内容与方法。（　　）
8. 设置职工类型的直接目的之一是在工资费用分配时选择正确的应付职工薪酬的分配结转科目。（　　）
9. 工资计算是形成工资发放表和输出各类工资报表以及向账务处理系统传递工资费用分配凭证的基础。（　　）
10. 在输入工资结转凭证的会计科目时，允许输入在账务处理系统中不存在的科目。（　　）

三、思考题

1. 薪酬管理系统的主要功能有哪些？
2. 如果在初始化时将工资类别设置为"单个"，那么在薪酬管理系统使用之后还能否修改为"多个"？

第 8 章

会计报表系统

8.1 编制会计报表的工作步骤

编制会计报表(简称报表)的步骤及各步骤的主要工作如图 8-1 所示。正确编制会计报表,首先要求报表编制者明白报表数据的来源,进行正确的数据分析,其次能够熟练运用取数函数,正确定义计算公式,二者结合才能完成报表的公式定义,为报表的数据处理奠定基础。因此,编制任何一张会计报表,都必须首先对编制对象进行分析,正确定义计算公式。

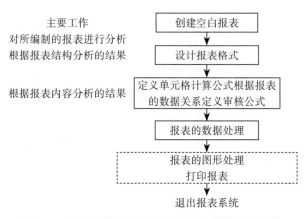

图 8-1 编制会计报表的步骤及各步骤的主要工作

注：┈┈——非必要步骤

8.2 会计报表的编制分析与公式

8.2.1 会计报表的编制分析

编制任何一张会计报表,都必须首先对编制对象进行分析,其目的是正确定义计算公式,编制出结构及内容符合要求的报表。

1. 报表的结构分析

(1)标题部分:内容包括报表名称、编制日期、编制单位、使用的货币单位等。

(2)表头:表头用来表示报表的栏目。

(3)表体:报表的主体。这是组成报表的主体部分,即所编制报表的主要内容,它包括报表的所有项目和要求填列的内容。资产负债表的结构如表8-1所示。

表8-1 资产负债表

单位名称:新世纪轧钢厂　　　　2022年01月31日　　　　　　　会企01表　单位:元

资产	期末余额	年初余额	负债和所有者权益(或股东权益)	期末余额	年初余额
流动资产:			**流动负债:**		
货币资金			短期借款		
交易性金融资产			交易性金融负债		
应收票据			应付票据		
应收账款			应付账款		
预付账款			预收账款		
应收利息			应付职工薪酬		
应收股利			应交税费		
其他应收款			应付利息		
存货			应付股利		
一年内到期的非流动资产			其他应付款		
其他流动资产			一年内到期的非流动负债		
流动资产合计			其他流动负债		
非流动资产:			**流动负债合计**		
可供出售金融资产			**非流动负债:**		
持有至到期投资			长期借款		
长期应收款			应付债券		
长期股权投资			长期应付款		
投资性房地产			专项应付款		
固定资产			预计负债		
在建工程			递延所得税负债		
工程物资			其他非流动负债		
固定资产清理			**非流动负债合计**		
生产性生物资产			**负债合计**		
油气资产			**所有者权益(或股东权益):**		
无形资产			实收资本(或股本)		
开发支出			资本公积		
商誉			减:库存股		
长期待摊费用			盈余公积		
递延所得税资产			未分配利润		
其他非流动资产			其他综合收益		
非流动资产合计			**所有者权益(或股东权益)合计**		
资产总计			**负债和所有者权益(或股东权益)总计**		

2. 报表的数据分析

（1）报表的数据来源分析。对所要编制的报表，按其要求填列项目的内容，逐一分析其构成及其数据来源。首先明确所填数据是取自总分类账，还是取自明细分类账，抑或是从其他已编制的报表中取得。该分析可以决定数据源所在地，从而确定取数时所采用的函数，如资产负债表的数据来源于总账文件，而利润分配表中的净利润数取自利润表。

（2）报表的填列方法分析。对于任何一张会计报表，其填列方法无外乎以下几种。

①根据单一科目的期初余额或期末余额填列，如资产负债表中的短期投资、应收票据、应收股利、应收利息、应收账款、其他应收款等。

②根据单一科目的发生额填列，如利润表中的销售费用、管理费用等。

③根据多个科目的期初余额或期末余额计算填列，如资产负债表中的货币资金的期末余额，应根据库存现金、银行存款、其他货币资金三个科目的期末余额合计填列。此类项目还有存货等。

④根据其他报表的数据填列，如所有者权益变动表中的数据，均取自其他报表。

⑤根据表中不同行次数据计算填列，如资产负债表中的流动资产合计、非流动资产合计、资产总计、流动负债合计、非流动负债合计、负债合计、所有者权益合计、负债和所有者权益总计等项目。利润表中的营业利润、利润总额、净利润都属于此类运算。

以资产负债表中的部分填列内容为例，其数据分析结果如表8-2所示。

表8-2 数据分析结果

资产	数据分析的内容：数据来源，均来自总账文件；填制方法，就是明确根据什么科目填制
流动资产：	
货币资金	多个科目计算填列：1001+1002+1012
交易性金融资产	单个科目填列：1101
应收票据	单个科目填列：1121
……	……
……	……
流动资产合计	表中不同行次相加计算填列：流动资产合计
……	……

8.2.2 报表编制的公式

报表编制的公式就是报表数据单元计算依据的规则，主要包括单元公式、审核公式和舍位平衡公式。

1. 单元公式

单元公式主要用于定义报表数据来源以及运算关系，也是编制报表使用最多的公式。单元公式一般由目标单元、取数单元、函数和运算符系列组成，用于从账簿、凭证、本表或其他报表中调用、运算所需的数据，将结果填入对应的报表单元中。

常用的报表数据一般来源于总账系统和报表系统本身，报表取数可以分为从本表取数和从他表的表页取数两种取数方式。由报表数据来源分析可将单元公式归纳为以下4种。

（1）账务取数公式。账务取数公式沟通了报表和总账系统的数据传递，实现了报表系统从账簿、凭证中采集会计数据生成报表及账表一体化。

①账务取数函数的基本格式：函数名（"科目编码"，会计期间,["方向"],[账套号],[会计年度],[编码1],[编码2]）

参数取值说明：

科目编码也可以用科目名称，但必须加双引号。

会计期间可以用年、季、月等，也可以用具体的数字表示。

只有前两个参数是必填项，方括号中的参数是可选项，应根据实际情况选填，大部分情况下是不需要填写的。

②主要账务取数函数。账务取数函数的格式是相同的，不同的是函数名，函数名决定取数的类型，如"期初""期末""发生额"等。主要账务取数函数如表8-3所示。

表 8-3　主要账务取数函数

函数名	金额式	数量式	外币式
期初余额函数	QC( )	SQC( )	WQC( )
期末余额函数	QM( )	SQM( )	WQM( )
发生额函数	FS( )	SFS( )	WFS( )
累计发生额函数	LFS( )	SLFS( )	WLFS( )
条件发生额函数	TFS( )	STFS( )	WTFS( )
对方科目发生额函数	DFS( )	SDFS( )	WDFS( )
净额函数	JE( )	SJE( )	WJE( )
汇率函数	HL( )	—	—

（2）表页内统计公式。主要用于在本表页的指定区域内求和、求平均值、计数、求最大值或最小值、求统计方差等运算，实现表页中相关数据的计算和统计。报表系统中提供了如表8-4所示的表页内统计函数。

表 8-4　表页内统计函数

函数名	固定区	可变区
求和	PTOTAL( )	GTOTAL( )
平均值	PAVG( )	GAVG( )
计数	PCOUNT( )	GCOUNT( )
最大值	PMAX( )	GMAX( )
最小值	PMIN( )	GMIN( )
方差	PVAR( )	GVAR( )
偏方差	PSTD( )	GSTD( )

（3）本表他页取数公式。取确定表号表页数据的格式：<目标区域>=<数据源区域>@<页号>

该公式的作用就是将<页号><数据源区域>的数据填入<目标区域>。如将当前报表的第2页C6单元格的数据填入报表的当前页B8，则表示为：B8=C6@2。

（4）报表之间取数公式。报表之间取数公式的格式：<目标区域>="<报表名[.rep]>"

—><数据源区域>[@<页号>]

该公式主要用于从另一报表采集数据,在报表之间采集数据时要指定表名、表页、单元格,如资产负债表 B9 单元格需要使用利润表中 C7 单元格的数据(前提是利润表已编好),则表示为:B9="LRB"—>C7。

2. 审核公式

(1)审核公式的作用。会计报表的数据相互之间一般都存在某种钩稽关系,根据这种钩稽关系定义审核公式,可以检查报表编制结果的正确性。审核公式可验证表页中的数据关系,也可验证同表中不同表页之间或不同表之间的数据钩稽关系,可以把报表中某一单元或某一区域与另一单元或另一区域或其他字符之间用逻辑运算符连接起来。例如资产负债表中:资产=负债+所有者权益。

(2)审核公式的格式。审核公式的格式:<表达式><逻辑运算符><表达式>[MESS"说明信息"]

逻辑运算符可使用 =、>、<、>=、<=、<>。

3. 舍位平衡公式

(1)舍位平衡公式的作用。舍位平衡公式主要用于解决已编制的正确报表由于货币计量单位的转换而导致的不平衡问题。编制会计报表时,编制单位一般以元作为计量单位,而在进行集团公司汇总或行业汇总报表时,将计量单位转换为"千元"或"万元",这种操作可能会因小数位的四舍五入而破坏报表的平衡关系。因此,还需要对计量单位转换之后的报表的数据平衡关系进行调整,使舍位之后的数据符合制定的平衡公式。

(2)舍位平衡公式的书写格式。

REPORT"<舍位表文件名>"

RANGE<区域>[,<区域>] *

WEI<位数>

[FORMULA<平衡公式>[,<平衡公式>] * [FOR<页面筛选条件>]]

(3)舍位平衡公式的参数说明。必须指明舍位表文件名、舍位区域、舍位位数和平衡公式。若舍位位数为 1,则区域中的数据除以 10;若舍位位数为 2,则区域中的数据除以 100;依次类推。

(4)书写平衡公式时要遵循的原则。

①倒序写,首先写最终运算结果,然后一步一步向前推。②每个公式占一行,各公式之间用逗号","隔开,最后一个公式之后不用写逗号。③公式中只能使用"+""-"符号,不能使用其他运算符及函数。④等号左边只能为一个单元(不带页号和表名)。⑤一个单元只允许在等号右边出现一次。

8.3 报表数据汇总

会计报表之间存在一定的对比或汇总关系,内部管理使用的报表数据,大多是从利润表或费用表抽取出来的，编制这些报表，一般需要不同表页之间的汇总或比较。系统提供了"透视"和"汇总"两种功能，进行汇总报表处理。

8.3.1 透视功能

透视功能是指将多张表页中的多个区域数据采集到一张报表中，用于对不同表页中的同类数据进行对比分析。透视功能只能对当前表页之后的数据进行透视，不能透视某个区段的表页。

透视功能可用于对比"LRB"（利润表）文件中连续几个月的营业收入、营业成本、销售费用、管理费用、财务费用。生成一张新表，表头的项目名称分别为营业收入、营业成本、销售费用、管理费用、财务费用，每个月的数据显示为一行。

8.3.2 汇总功能

报表数据汇总功能就是将报表数据按要求进行叠加，可按同一报表的不同表页进行汇总，形成一张新的汇总报表。

8.4 会计报表编制实验指南

8.4.1 自定义报表的编制的要求

（1）对如表 8-5 所示的存货披露表进行格式定义。

表 8-5 存货披露表

存货种类	年初账面余额	本期增加额	本期减少额	期末账面余额
1.材料采购				
2.原材料				
3.库存商品				
4.发出商品				
5.周转材料				
6.生产成本				
合计				

（2）单元格如图 8-2 所示，填入单元格所对应的公式（公式中所有符号都必须是西文符号）。

B4=QC("1401",全年,,,,"",,,,,)　　　　　C4= FS("1401",全年,"借",,,"",,)
D4= FS("1401",全年,"贷",,,"",,)　　　　E4= QM("1401",全年,,,,"",,,,,)
B5=QC("1403",全年,,,,"",,,,,)　　　　　C5= FS("1403",全年,"借",,,"",,)
D5= FS("1403",全年,"贷",,,"",,)　　　　E5= QM("1403",全年,,,,"",,,,,)
B6=QC("1405",全年,,,,"",,,,,)　　　　　C6= FS("1405",全年,"借",,,"",,)
D6= FS("1405",全年,"贷",,,"",,)　　　　E6= QM("1405",全年,,,,"",,,,,)
B7= QC("1406",全年,,,,"",,,,,)　　　　　C7= FS("1406",全年,"借",,,,)

D7= FS(“1406”, 全年 ,” 贷 ”,,,,,,,,)　　E7= QM(“1406”, 全年 ,,,,””,,,,,)

B8= QC(“1411”, 全年 ,,,,,,,,,)　　C8= FS(“1411”, 全年 ,” 借 ”,,,””,,)

D8= FS(“1411”, 全年 ,” 贷 ”,,,””,,)　　E8= QM(“1411”, 全年 ,,,,,,,,,)

B9= QC(“1404”, 全年 ,,,,””,,,,,)　　C9= FS(“1404”, 全年 ,” 借 ”,,,,,)

D9= FS(“1404”, 全年 ,” 贷 ”,,,,,)　　E9=QM(“1404”, 全年 ,,,,””,,,,,)

（3）填入合计单元公式。

B10= PTOTAL(B4:B9)　　C10= PTOTAL(C4:C9)

D10= PTOTAL(D4:D9)　　E10= PTOTAL(E4:E9)

8.4.2 自定义报表编制的操作指导

1. 创建新会计报表

本章所用为 UFO 报表系统[⊖]。用户进入 UFO 报表系统，创建一张空白的报表。

2. 设置表格格式

（1）在“格式”状态下设置“表尺寸”，设置“行列数”。

（2）在设计的空白表格中，选中组合单元（第一行），输入“存货披露表”，然后在第三行依次输入存货种类、年初账面余额、本期增加额、本期减少额、期末账面余额，完成表头输入。A4 ：A9 输入报表的项目列。完成此操作后，即创建了与表 8-5 相同的待填报表，如图 8-2 所示。

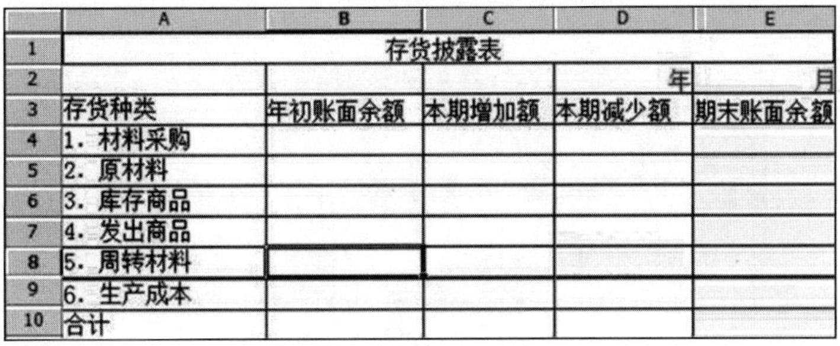

	A	B	C	D	E
1	存货披露表				
2				年	月
3	存货种类	年初账面余额	本期增加额	本期减少额	期末账面余额
4	1. 材料采购				
5	2. 原材料				
6	3. 库存商品				
7	4. 发出商品				
8	5. 周转材料				
9	6. 生产成本				
10	合计				

图 8-2 创建的自定义报表

（3）令报表处于格式状态下，用鼠标选中 D2 单元格，在“数据”菜单下选择“关键字 – 设置”，弹出图 8-3 设置关键字界面，选择“年”，单击“确定”，返回报表页面。选中 E2 单元格，重复上述操作，选择“月”，单击“确定”，返回报表页面，设置结果见图 8-2。若对设置结果不满意，还可通过定义关键字偏移调整关键字位置。

3. 报表公式设置

（1）录入单元格所对应的公式。在 UFO 报表系统中选定需要定义公式的单元格，如图 8-2

⊖ UFO 报表系统是一个面向财经领域的通用三维报表系统，集许多功能于一体，主要包括格式设计、数据处理、二次开发等功能。

中的 B4，在"数据"菜单下，选择"编辑公式"→"单元公式"，出现如图 8-4 所示的"定义公式"对话框，可在定义公式处输入公式，单击"确认"，将公式填入 B4 单元格。

图 8-3 设置关键字

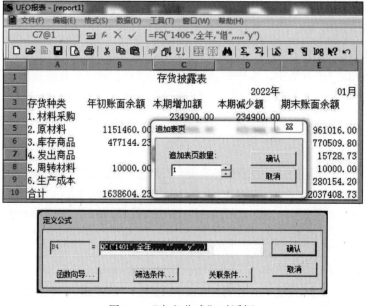

图 8-4 "定义公式"对话框

（2）利用函数向导设置公式。在图 8-4 所示界面选择"函数向导"，弹出图 8-5"函数向导"对话框。在左边函数分类列选中"用友账务函数"，在右边函数名列选中"期初（QC）"，单击"下一步"，进入如图 8-6 所示的函数录入界面，单击"参照"，进入如图 8-7 所示的参数选择界面，在其中依次选择账套号、会计年度、科目、期间等的参数值。默认为本账套、本年度，选择"1401"材料采购科目，单击"确定"，期间选择"全年"，返回图 8-6 所示界面，将公式填入函数录入区，单击"确定"，将完整的公式填入如图 8-4 所示的"定义公式"对话框，单击"确认"，完成 B4 单元格公式的录入。

（3）录入合计单元公式。在图 8-2 所示界面中选中 B10 单元格，直接输入 PTOTAL（B4：B9），确认后将公式填入 B10。填完公式后若公式有错，则不显示公式单元，而是仅显示所填公式。

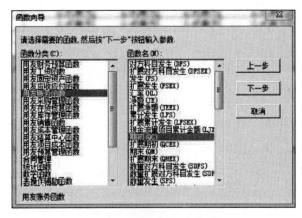

图 8-5 "函数向导"对话框

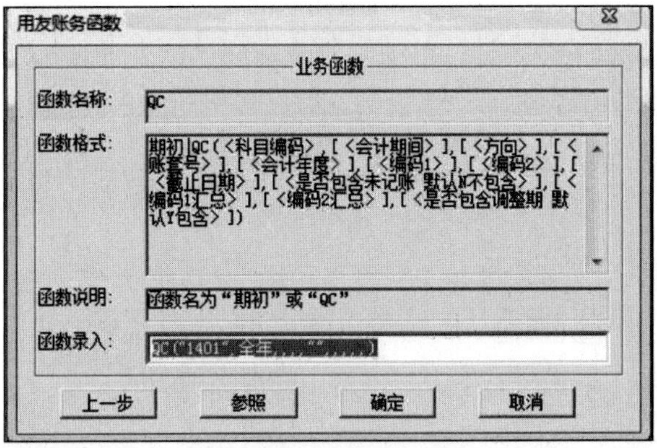

图 8-6 函数录入

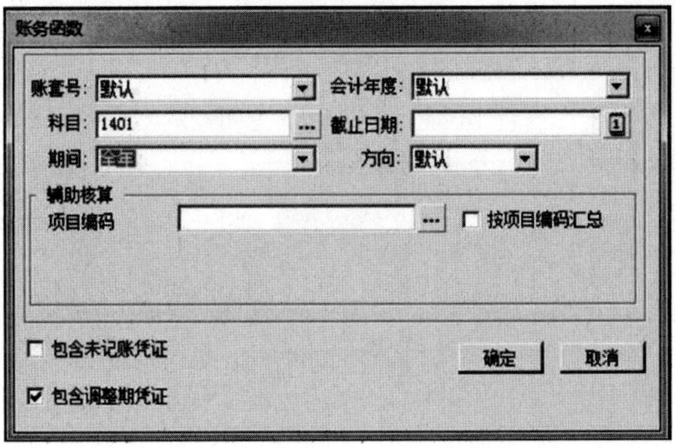

图 8-7 参数选择

4. 报表的计算

在 UFO 报表系统的"编辑"菜单下,选择"格式/数据状态",在格式状态下定义的单元公式,当进入数据状态之后,当前表页的单元公式将自动运算并显示结果;当单元公式中引用单元的数据发生变化时,公式也随之自动运算并显示结果。数据计算结果如图 8-8 所示。

存货披露表数据

存货种类	年初账面余额	本期增加额	本期减少额	期末账面余额
1.材料采购		234900.00	234900.00	
2.原材料	1151460.00	431500.00	621944.00	961016.00
3.库存商品	477144.23	488120.30	194754.73	770509.80
4.发出商品		93470.24	77741.51	15728.73
5.周转材料	10000.00			10000.00
6.生产成本		849274.50	569120.30	280154.20
合计	1638604.23	2097265.04	1698460.54	2037408.73

图 8-8 存货披露表数据

5. 报表重新计算

令报表处于数据状态下，选择"数据"菜单下的"整表重算"，弹出"确定整表重算"对话框，单击"是"进行整表重算。"表页重算"操作相同，只是选择"数据"菜单下的"表页重算"。

6. 增加表页

在 UFO 报表系统的"编辑"菜单下，选择"格式 / 数据状态"，使报表处于数据状态下，在"编辑"菜单下选择"追加表页"，出现如图 8-9 所示的追加表页界面，一次可追加多个表页，本案例选择增加 1 页表页，单击"确认"完成增加新表页。

图 8-9 追加表页

7. 删除表页

在"编辑"菜单下，选择"删除"表页，弹出"删除表页"对话框，可输入需删除的表页号，按"确认"完成表页删除任务。如按条件删除，则单击"条件"，进入条件设置界面，输入条件，则可删除相应报表。

8. 整理表页

在"数据"菜单下，选择"排序"表页，弹出如图 8-10 所示的"表页排序"对话框，此时可选择排序依据。例如选择"月"，递增排序，单击"确认"，便可实现以关键字"月"

值为依据的递增排序。

在"编辑"菜单下,选择"交换"表页,弹出如图 8-11 所示的"交换表页"对话框,输入交换的页号,单击"确认"即可完成表页交换。

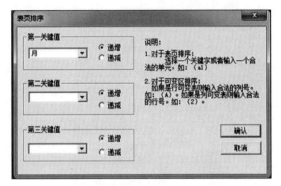

图 8-10 "表页排序"对话框

图 8-11 "交换表页"对话框

8.4.3 报表模版应用的实验指南

1. 资产负债表的编制

(1)新建资产负债表。以工业企业为例,在 UFO 报表系统的"文件"菜单下,选择"新建",系统自动生成一张空白表。然后在"格式"菜单下,选择"报表模板",弹出如图 8-12 所示的报表模板选择界面,选择"工业企业""资产负债表",单击"确认",弹出如图 8-13 所示的报表模板确认界面,单击"确定",将显示工业企业资产负债表的模板,如图 8-14 所示(由于表格太大,只截取了上半部分)。

(2)资产负债表的项目调整。

①图 8-14 所示的报表模板与目前编制的报表(表 8-1)比较,有些项目需要调整,表 8-1 中无须单列坏账准备、应收账款净额、累计折旧、固定资产净值等项目,可将这些项目的内容进行单元相应处理。

②由于资产负债表的特殊性,一行涉及两个项目,如果做删除操作就会整行删除,报表系统没有单元删除命令。因此,建议进行单元清除处理,这样清除之后,单元内容为空,不影响其他处理。

(3)资产负债表的公式填列。由于资产负债表在格式处理上的特殊性,一旦删除行或插入行会影响左右两边的项目,因此项目的变化,会引起较大的调整工作量,尤其是合计单元公式都要重新填写,同时也会涉及与之相关的审核公式和舍位平衡公式。调整后的资产负债表如图 8-15 所示。

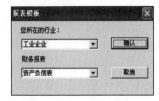

图 8-12 报表模板选择界面

图 8-13 报表模板确认界面

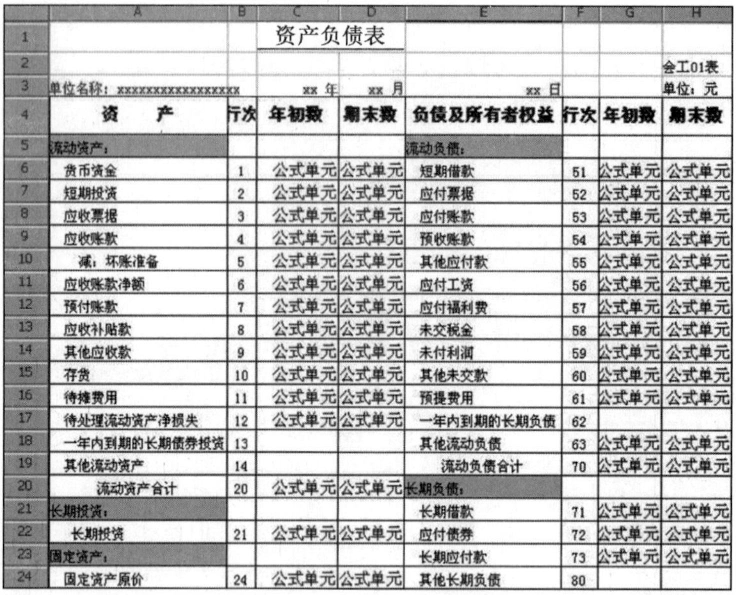

图 8-14 资产负债表模版

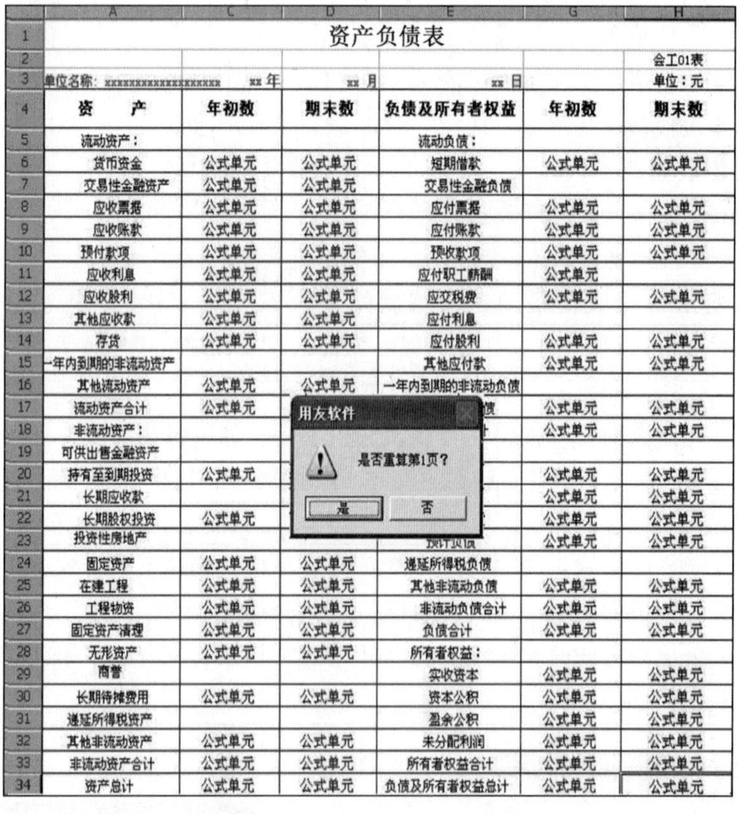

图 8-15 调整后的资产负债表

（4）资产负债表的计算。当报表的项目调整和公式填列完毕后，在图 8-15 所示界面中单击表左下角的"格式"，弹出重计算对话框，单击"是"进行报表计算，计算结果如

图 8-16 所示。图中的计算结果也是教材中提供的所有业务处理的最终结果。

资产负债表

单位名称：新世纪轧钢厂　　2022年　　1月　　31日　　　　　　　　　　　　　会工01表

资产	行次	年初数	期末数	负债及所有者权益	行次	年初数	期末数
流动资产：				流动负债：			
货币资金	1	2,919,768.80	2,689,069.30	短期借款	23	150,000.00	150,000.00
交易性金融资产	2			应付票据	24		61,811.00
应收票据	3			应付账款	25	128,700.00	157,515.00
应收账款	4	34,369.20	207,359.92	预收账款	26	14,000.00	
预付账款	5	20,000.00	5,762.00	应付暂估款	27		196,600.00
其他应收款	6	1,700.00	3,400.00	其他应付款	28		
存货	7	1,638,604.23	2,037,408.73	应付职工薪酬	29		243,950.00
一年内到期的非流动资产	8			应交税费	30		15,223.00
其他流动资产	9			一年内到期的长期负债	31		
流动资产合计	10	4,614,442.23	4,942,999.95	其他流动负债	32		
				流动负债合计	33	292,700.00	825,099.00
非流动资产：				非流动负债：			
长期股权投资	11	5,000.00	5,000.00	长期借款	34	700,000.00	695,000.00
持有至到期投资	12			应付债券	35		
长期应收款	13			长期应付款	36		
固定资产	14	1,599,913.72	2,243,161.66	非流动负债合计	37	700,000.00	695,000.00
在建工程	15	360,000.00	13,000.00	负债合计	38	992,700.00	1,520,099.00
工程物资	16	10,000.00	15,000.00	所有者权益：			
固定资产清理	17			实收资本	39	5,596,655.95	5,696,655.95
无形资产	18		30,000.00	资本公积	40		
商誉	19			盈余公积	41		
递延所得税资产	20			未分配利润	42		32,406.66
非流动资产合计	21	1,974,913.72	2,306,161.66	所有者权益合计	43	5,596,655.95	5,729,062.61
资产总计	22	6,589,355.95	7,249,161.61	负债及所有者权益总计	44	6,589,355.95	7,249,161.61

图 8-16　计算之后的资产负债表

2. 利润表的编制

（1）新建利润表。在 UFO 报表系统的"文件"菜单下，选择"新建"，系统自动生成一张空白表。然后在"格式"菜单下，选择"报表模板"，弹出如图 8-12 所示的报表模板选择界面，选择"工业企业""利润表"，单击"确认"，弹出如图 8-13 所示的界面，单击"确定"，将显示工业企业利润表的模板，如图 8-17 所示。

（2）利润表的结构调整。图 8-18 所示的报表模板与目前编制的报表比较，有些项目需要调整，例如当前利润表第一项为"营业收入"，其金额等于企业的主营业务收入和其他业务收入相加，减项第一项为"营业成本"，其金额为主营业务成本和其他业务成本相加。调整完成后的利润表如图 8-19 所示。

（3）利润表取数公式设置。在公式单元内，单击工具栏中的"fx"，或者依次单击"数据"→"编辑公式"→"单元公式"，进入定义公式窗口，可以手工输入取数公式，也可以单击"函数向导"，按照前面所说的过程设置取数公式。

（4）利润表的计算。当报表的项目调整和公式填列完毕后，在如图 8-18 所示界面中单击表左下角的"格式"，弹出重计算对话框，单击"是"进行报表计算，计算结果如图 8-19 所示。图中的计算结果也是教材中提供的所有业务处理的最终结果。

图 8-17 利润表模板

项目	行次	本月数	本年累计
一、产品销售收入	1	公式单元	公式单元
减：产品销售成本	2	公式单元	公式单元
产品销售费用	3	公式单元	公式单元
产品销售税金及附加	4	公式单元	公式单元
二、产品销售利润	5	公式单元	公式单元
加：其他业务利润	6	公式单元	公式单元
减：管理费用	7	公式单元	公式单元
财务费用	8	公式单元	公式单元
三、营业利润	9	公式单元	公式单元
加：投资收益	10	公式单元	公式单元
补贴收入	11	公式单元	公式单元
营业外收入	12	公式单元	公式单元
减：营业外支出	13	公式单元	公式单元
加：以前年度损益调整	14	公式单元	公式单元
四、利润总额	15	公式单元	公式单元
减：所得税	16	公式单元	公式单元
五、净利润	17	公式单元	公式单元

图 8-17　利润表模板

图 8-18 结构调整后的利润表

项目	行次	本月数	本年累计
一、营业收入	1	公式单元	公式单元
减：营业成本	2	公式单元	公式单元
税金及附加	3	公式单元	公式单元
销售费用	4	公式单元	公式单元
管理费用	5	公式单元	公式单元
财务费用	6	公式单元	公式单元
资产减值损失	7	公式单元	公式单元
加：公允价值变动收益	8	公式单元	公式单元
投资收益	9	公式单元	公式单元
二、营业利润	10	公式单元	公式单元
加：营业外收入	11	公式单元	公式单元
减：营业外支出	12	公式单元	公式单元
加：以前年度损益调整	13	公式单元	公式单元
三、利润总额	14	公式单元	公式单元
减：所得税	15	公式单元	公式单元
四、净利润	16	公式单元	公式单元

图 8-18　结构调整后的利润表

图 8-19 利润表计算结果

单位名称：新世纪轧钢厂　　2022 年　　1 月

项目	行次	本月数	本年累计
一、营业收入	1	352,000.00	352,000.00
减：营业成本	2	179,026.00	179,026.00
税金及附加	3		
销售费用	4	26,950.00	26,950.00
管理费用	5	98,915.00	98,915.00
财务费用	6		
资产减值损失	7	1,467.78	1,467.78
加：公允价值变动收益	8		
投资收益	9		
二、营业利润	10	45,641.22	45,641.22
加：营业外收入	11	12,567.44	12,567.44
减：营业外支出	12	25,802.00	25,802.00
加：以前年度损益调整	13		
三、利润总额	14	32,406.66	32,406.66
减：所得税	15		
四、净利润	16	32,406.66	32,406.66

图 8-19　利润表计算结果

本章小结

编制会计报表是财会工作的重要内容。会计报表是会计核算工作的最终结果，是反映企业财务状况和经营成果的报告，也是财会部门提供财务信息资料的重要手段。会计报表时常随会计制度的更新而变更，会计报表系统则给财会人员提供了一种编制报表的方法和实现方法的工具。财会人员可根据实际工作的需要，编制各种不同类型的会计报表。财会人员应首先根据编制会计报表的要求定义报表格式，然后从会计业务的角度对会计报表进行数据分析。数据分析是编制会计报表的关键，只有做好了会计报表的数据分析工作，才能确定报表中每个单元格所填的内容，根据单元格的内容决定采用的单元公式。只有单元公式定义正确，才可以保证会计报表编制的准确性。所以编制会计报表的关键就是正确的数据分析和熟练的公式运用。

练习题

一、不定项选择题（每题至少有一个选项正确）

1. UFO 报表系统是一个面向财经领域的通用三维报表系统，集许多功能于一体，主要包括（　　）等功能。
   A. 格式设计　　B. 图表功能
   C. 二次开发　　D. 数据处理

2. UFO 报表系统计算公式的账务取数函数公式中，不可缺省的项目有（　　）。
   A. 会计科目　　B. 账套号
   C. 会计年度　　D. 会计期间

3. UFO 报表系统默认的扩展名是（　　）。
   A. XLS　　B. REP
   C. ERP　　D. DOC

4. UFO 报表系统中，可用（　　）唯一标志一个表页。
   A. 特殊公式　　B. 表元
   C. 固定区　　D. 关键字

5. UFO 报表系统的计算公式中，取数函数包括（　　）。
   A. 本表表页取数函数
   B. 账务取数函数
   C. 其他报表取数函数
   D. 本表其他表页取数函数

6. 下列哪些工作是在报表的数据状态下进行的？（　　）
   A. 录入关键字值　　B. 定义报表公式
   C. 舍位平衡计算　　D. 设定表单元属性

7. 在 UFO 报表系统中，要想对各个表页的数据进行比较，可以利用（　　）功能把多个表页的数据显示在一个平面上。
   A. 数据透视　　B. 数据汇总
   C. 数据采集　　D. 表页排序

8. 表表之间的相互取数是通过（　　）实现的。
   A. 报表汇总　　B. 表间取数公式
   C. 块写文件　　D. 数据修改

9. UFO 报表系统具有以下哪些功能？（　　）
   A. 设计报表格式　　B. 从总账中取数
   C. 文档编辑　　D. 制作动画

10. 在 UFO 报表系统中，舍位平衡公式需要确定下列哪些条件？（　　）
    A. 舍位单元　　B. 舍位表名
    C. 舍位位数　　D. 舍位区域

二、填空题

1. UFO 报表系统将报表的操作分为_____和_____两种状态。
2. 报表公式包括_____、_____和_____。
3. 报表初始设置的内容包括和_____、_____和_____等。
4. 报表格式主要有_____、_____、_____和_____等内容。
5. 设计报表格式的方法有_____和_____两种。

6. 表体是报表的重要内容，它由_____和_____两部分组成。
7. 会计报表的数据来源有_____、_____和_____等。
8. "主营务收入"本月数的账务取数公式是_____。

三、判断题
1. 定义的报表格式作为表样，可以反复调用，但不能进行修改。（   ）
2. 定义报表计算公式时，必须使用本系统规定的函数格式，否则系统会认为是非法的计算公式。（   ）
3. 报表审核公式与计算公式中的"＝"含义相同。（   ）
4. 数据报表中的编制日期是系统自动根据定义的日期函数生成的。（   ）
5. 在报表管理系统中，报表数据的舍位平衡就是四舍五入。（   ）
6. 会计报表只能从主体账簿中采集取数，而不能从辅助账簿中采集数据。（   ）
7. 定义一个表项目的取数公式只能选用一种取数函数。（   ）
8. 任何一个表项目的取数公式必须是唯一的，否则将会错误编报。（   ）

四、编制会计报表
1. 新建报表，引用股份制公司的利润表模板报表格式。
2. 修改模板报表的单元取数公式，使会计科目编码与总账系统一致。
3. 计算并检查结果，通过"明细联查功能"检查报表与总账的钩稽关系。

第 9 章

采购管理系统

采购管理系统(简称采购系统)是企业内部供应链的起点,用户需要从销售、存货等系统获取市场信息及库存信息,结合物料需求部门的需求计划,确定购货需求信息,与供应商和供货机构签订订单,采购货物,并将采购信息传递到存货管理系统和总账系统。

9.1 采购管理系统分析

9.1.1 采购管理概述

采购管理是物流管理的重点内容之一,它在企业内部原材料和半成品生产合作交流方面架起一座桥梁,沟通生产需求和物资供应的关系。它对保证信息的正常流动、交货期、降低成本有着非常重要的作用。对于制造企业而言,物料成本占整个产品成本的比重较大,采购部门应尽量降低物料材料的采购成本,同时还要科学地进行物料的库存控制,避免造成大量的库存积压与浪费。

9.1.2 采购管理业务分析

企业的采购系统的主要功能是进行企业生产所需要的原材料、辅助材料、备件、燃料等的采购。

采购管理的主要业务流程如下所述。

1. 接受采购申请,编制采购计划书

采购申请单是采购部门根据物料需求部门的需求计划,统一编制的采购计划书。物料需求部门根据主生产计划、物料需求计划、库存管理需要、销售订货或零星需求等实际情况,向主管部门提出购货申请。采购部门进行综合分析,将各需求部门的采购申请进行归类、合并处理，编制采购申请单，并依此向主管领导报批，经批准审核后方可执行。

2. 订购业务处理过程

（1）采购经办人员接到经审核的采购申请单后，应以"采购订单"向厂商订购，并通过交流确定交货（到货）日期，同时要求供应商于"送货单"上注明"请购单编号"及"包装方式"。

（2）若属分批交货者，采购经办人员应于"请购单"上加盖"分批交货"章以资识别。

（3）采购经办人员使用暂借款采购时，应于"请购单"上加盖"暂借款采购"章，以资识别。

采购订单是购销双方共同签署的、以确认采购活动的标志，在采购管理系统中处于核心地位。采购订单所反映的业务资料是企业正式确认的、具有经济合法地位的文件，通过它可以直接向供应商订货并且企业可查询采购订单的执行、收料情况，这是订货业务工作中非常重要的环节，也是物资在采购业务中流动的起点。无论是采购订单自身的确认，还是其业务顺序流动、被下游单据精确执行，都能反映在采购订单上，通过采购订单的跟踪管理，采购业务的处理过程一目了然。

3. 物料到达企业后，填写到货单

到货单是采购部门在物料到达企业后，登记由谁验收、由哪个仓库入库等情况的详细单据。填写到货单有助于对物料进行跟踪与查询。到货单是采购订单的重要执行单据，它不仅要处理与采购订单直接关联的执行情况，还要处理采购入库单与采购订单间接关联的执行情况，起到承上启下的业务管理作用。到货单也是采购质量管理中的送检通知单。在收货质量检验过程中，收到的物料不能直接入库，需要先将其送检，检验合格的物料才能入库。

4. 收料检验，实现采购入库的检验功能

收料检验通过采购管理的检验流程实现，即由到货单（送检通知单）直接生成检验单，检验员执行质检后处理检验数据，并将合格数反写回收料通知单，根据合格数量生成采购入库单。出现质量问题导致不能入库时将物料退回供应商。

5. 整理付款，获取采购发票

物料管理部门应按照已办妥收料的"到货单"连同"材料检验报告表"（若免填"材料检验报告表"，应在收料单上加盖"免填材料检验报告表"章）送采购部门，经与发票核对无误，由主管核章后送会计部门，会计部门应按计划办妥付款手续。如为分批收料，"请购单（内购）"的会计联须于第一批收料后送会计部门。

综合分析采购管理的主要工作是提供采购申请、采购订货、进料检验、仓库收料、采购退货、价格管理、质检管理、库存信息及订单执行跟踪情况等业务资料查询和处理功能，并根据企业业务及职能管理需要的不同，分别提供业务管理报表和业务分析资料；还提供丰富灵活的业务单据和业务资料修改、作废、审核（包括多级审核）、关闭、查询（包括业务查询和关联查询)、打印输出、引入、传递共享等功能。

采购管理的业务流程如图 9-1 所示。

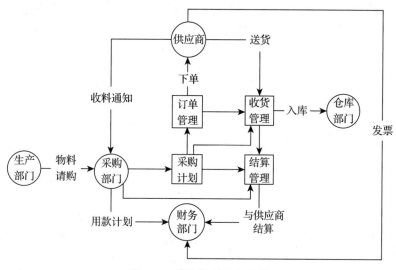

图 9-1 采购管理业务流程

9.1.3 采购核算分析

采购核算可采用计划成本计价和实际成本计价两种核算方法,两种核算方法在账户设置和账务处理上稍有差异。

采购核算的实际工作都在与其相关的系统内进行,但核算工作的源头在采购系统内部。如果运杂费需要计入材料成本,则费用发票的金额需要在已钩稽的外购入库中进行分配,即外购入库核算,核算工作在存货核算系统内进行。采购增值税发票、采购过程发生的运杂费等费用发票、对应的外购入库单三者之间的钩稽工作在采购管理系统内完成。

9.1.4 采购系统与其他系统的关系

采购系统与其他系统的关系如图 9-2 所示。

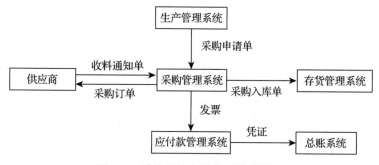

图 9-2 采购系统与其他系统的关系

由生产管理系统根据产品生产计划、物料清单文件和库存状态文件等进行 MRP II 的运算，以采购申请单的形式生成采购需求信息，采购系统根据供应商信息选择供应商，根据采购申请单向供应商发出采购订单，供应商根据订单来发货。同时供应商向采购部门发出收料通知单，向财务部门提供发票。货到后，经收料检验合格后入库，根据合格数量生成采购入库单。采购发票作为付款的依据进入应付款系统，物料的采购成本计算由存货管理系统核算完成。

9.2 采购管理系统的主要功能

采购系统的设计必须能够满足管理和核算的要求以及与其他系统进行数据传递的要求，以保证整个系统的有机融合。

9.2.1 功能模块结构

采购系统的主要功能模块如图 9-3 所示，在实际操作中，各模块业务会有重合。

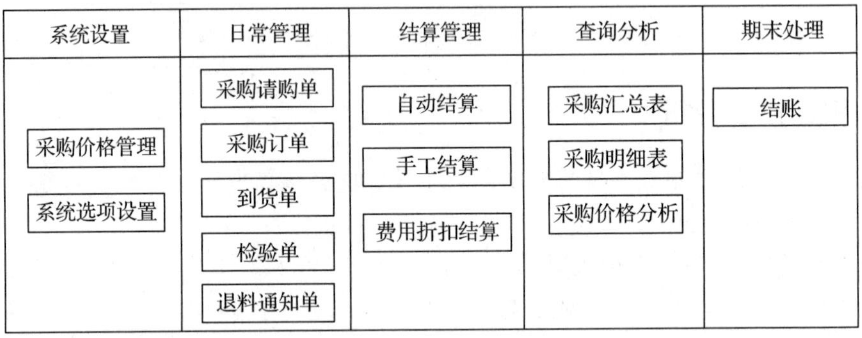

系统设置	日常管理	结算管理	查询分析	期末处理
采购价格管理 系统选项设置	采购请购单 采购订单 到货单 检验单 退料通知单	自动结算 手工结算 费用折扣结算	采购汇总表 采购明细表 采购价格分析	结账

图 9-3 采购系统功能模块

9.2.2 功能说明

（1）系统设置。系统设置的主要功能是采购价格管理和系统选项设置，包括设置采购最高限价预警、设置采购订单单价、设置采购订单保存时是否自动更新供应商供货信息、设置现购发票是否传递到应付款系统、设置与入库单相钩稽的采购发票审核时是否自动核销等。

（2）日常管理。

①采购请购单管理。采购请购单的录入（或通过 MPS 或 MRP 计算自动生成）、修改、查询。

②采购订单管理。采购订单的录入（或通过关联采购申请单生成）、修改、查询，采购订单执行情况明细表查询。

③到货单管理。到货单的录入（或通过关联采购订单生成，也可通过关联采购发票生成）、修改、查询，收料通知单序时账查询。

④检验单管理。检验单的录入（或通过关联收料通知单生成）、修改、查询，检验单序

时账查询。

⑤退料通知单管理。退料通知单的录入（或通过关联收料通知单生成，或在检验单审核时，根据检验结果自动生成），退料通知单序时账查询。

（3）结算管理。采购结算也称采购报账，是指采购核算人员根据采购发票、采购入库单核算采购入库成本。采购结算形成采购结算单，记录采购入库单与采购发票对应的结算关系对照表。采购结算可分为自动结算、手工结算两种方式，另外运费发票可以单独进行费用折扣结算。

自动结算/手工结算时，可以同时选择发票和运费与入库单进行结算，将运费发票的费用按数量或按金额分摊到入库单中。此时将发票和运费分摊的费用写入采购入库单的成本。

如果运费发票开具时，对应的入库单已经与发票结算，此时运费发票分摊的费用不再记入入库单，需要到存货核算系统中进行结算成本的暂估处理，系统会将运费金额分摊到成本中。

（4）查询分析。

①采购汇总表。采购汇总表综合反映一段时间内各种物料的汇总购进情况，是采购发票和外购入库情况的结合查询，它反映采购基本业务——入库情况和购进成本的对应情况及差异。采购汇总表可根据用户选择的关键字组合条件生成。这些关键字为日期、物料代码、供应商代码等。每个关键字均可选择一个期间，即由起始值和截止值构成。

②采购明细表。采购明细表详细反映一定时期内每种物料的购进情况，是对采购发票和外购入库情况的结合查询，它反映采购基本业务——入库情况和购进成本的对应情况及差异。

采购明细表同样具有采购汇总表的功能，它还可查询每种物料的每张发票的数量、金额，及所对应的每张入库单的数量、成本，并分析其中的差异，可以反映业务钩稽和业务处理的明细情况。

③采购价格分析。采购价格分析针对某个时段内每种物料的发票数量和采购金额进行汇总，从而计算出单一物料的平均采购价格，以比较供应商之间的供货价格差异以及物料采购的价格变化情况。它的记录内容包括起始日期、物料代码、物料名称、供应商名称、订货数量、订货金额、最高价格、平均价格、最低价格、最新价格等。

（5）期末处理。期末处理主要进行期末结账工作。结账是指逐月将每月的单据数据封存，并将当月的采购数据记入有关账表。但结账之前需要对本期的工作进行检查，检查无误才能结账。

9.3 采购管理系统实验指南

采购系统通过对请购单、采购订单、到货单、采购入库单、采购发票的处理，根据采购发票确认采购入库成本，并掌握采购业务的付款情况；采购系统与其他相关系统联合使用可以实现供应链管理。它与"存货核算"系统一起使用可以提供采购入库成本核算信息，便于财务部门及时掌握存货采购成本。它与"库存管理"系统联合使用可以随时掌握存货的现存量信息,从而减少盲目采购,避免库存积压。同时采购系统还提供有关报表,如采购明细表、采购统计表、结算明细表、结算统计表、采购订货统计表等,帮助企业进行采购业务相关方面的控制和管理。

9.3.1 采购系统操作流程

采购系统操作流程如图 9-4 所示。

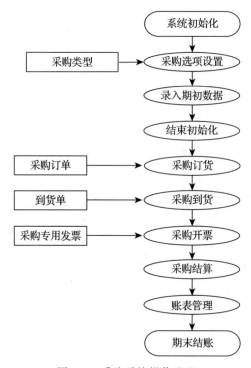

图 9-4 采购系统操作流程

9.3.2 采购系统初始设置

【实验内容】

(1) 启用采购系统。

(2) 设置采购类型。

(3) 录入期初数据和执行期初记账。

【实验资料】

采购类型设置如表 9-1 所示。

表 9-1 采购类型设置

采购类型编码	采购类型名称	入库类别	是否默认值
1	普通采购	采购入库	否
2	采购退回	采购退货	否

【操作指导】

(1)启用采购系统。以账套主管"demo"的身份注册登录企业应用平台,启用采购管理系统,启用日期为"2022-01-01",如图 9-5 所示。

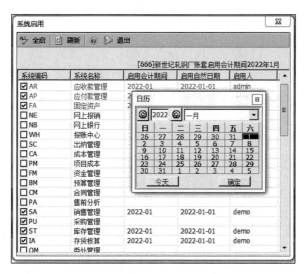

图 9-5　系统启用

(2)设置采购类型。在"基础设置–基础档案–业务"中,双击"采购类型",单击"增加",编辑资料信息,如图 9-6 所示。

图 9-6　采购类型设置

本案例无期初未完成业务,因此期初余额录入及期初记账操作均不执行。

9.3.3　采购系统日常业务处理

【实验内容】

(1)普通采购业务。

(2)采购现结业务。

(3)暂估入库报销处理业务。

(4)采购退货业务。

(5)请购比价业务。

【实验资料】

（1）普通采购业务。

业务 1　2022-01-01，以赊购方式向新元炼钢厂采购轻轨钢坯 10 吨，单价为 5 100 元/吨。该业务于 1 月 1 日发出订购单，于 1 月 3 日收到货物，并于当天验收入库。（采购专用发票）

业务 2　2022-01-06，以赊购方式向新元炼钢厂采购轻轨钢坯 5 吨，单价为 5 100 元/吨。（采购专用发票）

业务 3　2022-01-08，以赊购方式向中华炼钢厂采购 45# 锭 12 吨，单价为 4 200 元/吨，20 管锭 8 吨，单价为 4 900 元/吨。（采购专用发票）

业务 4　2022-01-15 以赊购方式向启德炼钢厂采购 T8 锭 6 吨，单价为 4 050 元/吨，Q235 坯 8 吨，单价为 3 800 元/吨。（采购专用发票）

业务 5　2022-01-25 以赊购方式向中华炼钢厂采购 45# 锭 3 吨，单价为 4 200 元/吨。（采购专用发票）

（2）采购现结业务。2022-01-05，向巨象炼钢厂采购 25MV 坯 5 吨，单价为 4 500 元/吨，立即以建行转账支票支付货款。确定采购成本，进行付款处理。

（3）采购退货。2022-01-13，前期从中华炼钢厂采购的 45# 锭有质量问题，从原材料仓库退回 5 吨给供货商，单价为 4 200 元/吨，同时收到红字专用发票一张。

（4）请购比价业务。2022-01-20，需要采购轻轨钢坯 5 吨，经审核同意分别向新元炼钢厂和中华炼钢厂提出询价，供应商的报价分别为 5 100 元/吨和 5 200 元/吨。通过比价，决定向新元炼钢厂采购，并于 2 月 2 日到货。

【操作指导】

（1）普通采购业务。以普通采购业务的业务 1 为例进行操作指导。

1）填制并审核请购单。

①在采购系统中，执行"请购 – 请购单"，进入"采购请购单"窗口，单击"增加"，按照业务资料输入信息，如图 9-7 所示。

图 9-7　采购请购单

②单击"保存"按钮，然后单击"审核"按钮，最后单击"退出"按钮。

2）填制并审核采购订单。

①由于 1）中已经填制了请购单，因此采购订单的信息可以通过关联方式转入。具体

操作如下：单击"供应链"→"采购管理"→"采购订货"→"采购订单"，弹出"采购订单"窗口，单击左上角的"增加"，选择工具栏的"生单–请购单"，进入设置查询条件界面，如9-8图所示，以"请购日期"作为过滤条件，单击"确定"完成设置。

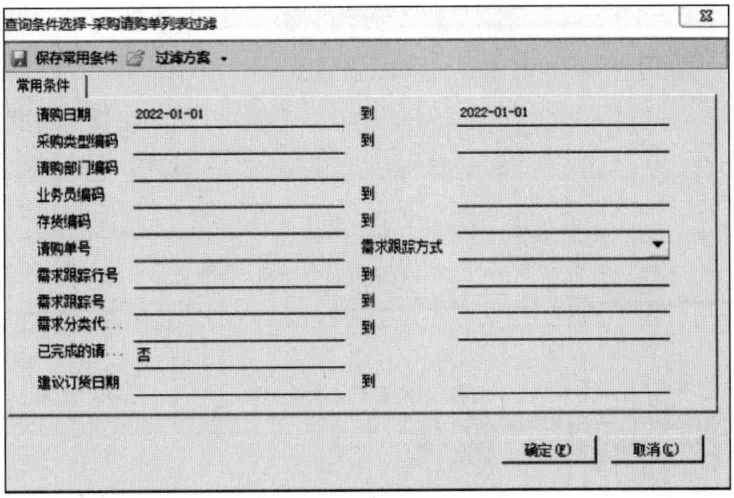

图 9-8　设置查询条件

②在"订单拷贝请购单表头列表"的表头中双击"选择"，所选信息会在"订单拷贝请购单表体列表"中显示，订单拷贝请购单列表如图 9-9 所示。

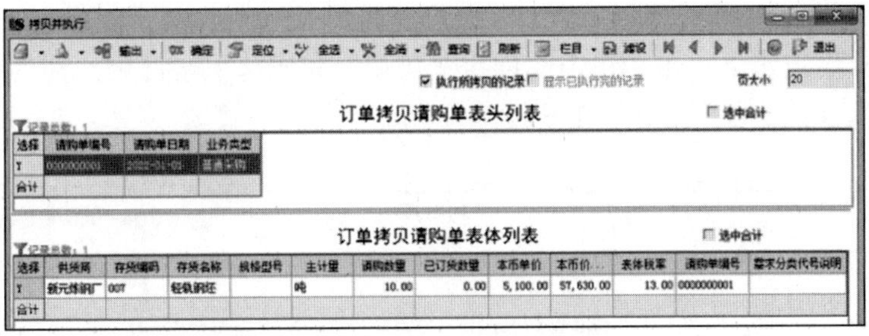

图 9-9　订单拷贝请购单列表

③单击"确定"按钮返回采购订单窗口，补充相关信息，或者修改相关数据，生成采购订单，如图 9-10 所示。

④单击"保存"按钮，然后单击"审核"按钮。

若没有录入采购请购单，直接手工录入采购订单，具体操作如下：依照以上步骤进入"采购订单"界面，单击"增加"按钮，在输入状态下输入相关信息，单击"保存"即完成采购订单的生成，然后单击"审核"按钮完成审核操作。

3）填制并审核到货单。

①执行"采购到货–到货单"，进入"到货单"窗口，单击"增加"按钮，选择"生单–采购订单"。本例以"供应商编码"为过滤条件，进入采购订单选择状态，到货单拷贝订单列表如图 9-11 所示。

图 9-10　由请购单生成采购订单

图 9-11　到货单拷贝订单列表

②在"选择"按钮下双击,单击"确定"按钮,完成从采购订单到到货单的数据拷贝,增加或者修改信息,生成到货单,如图 9-12 所示。

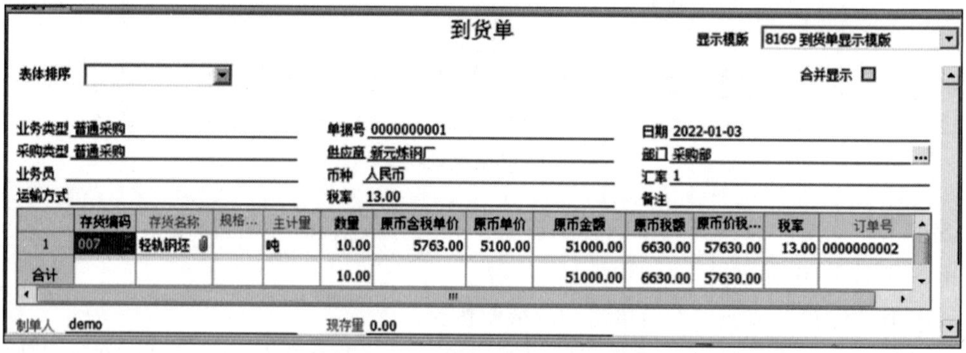

图 9-12　由采购订单生成到货单

③单击"保存"按钮,然后再单击"审核"按钮完成审核。

到货单是采购部门根据采购订单及供应商或者物流提供的到货信息而填制的。填制到货单是采购订货和采购入库的中间环节,通过到货单告知库存管理部门进行货物验收,并由库存管理部门生成"采购入库单"。这一操作在"库存管理-入库业务"中完成,库存管理是第 10 章的业务内容,这里要先做第 10 章的入库业务,再来完成后面的业务。

4）填制并审核采购发票。

①在"采购发票"下双击"专用采购发票",进入"专用发票"编辑窗口,单击"增加"按钮。单击"生单–入库单",以"供应商编码"为过滤条件,进入入库单选择状态。双击"选择"按钮,选择所需拷贝的信息,发票拷贝入库单列表如图9-13所示。

图9-13　发票拷贝入库单列表

②单击"确定"按钮返回发票窗口,补充发票所需的其他信息,生成采购专用发票,如图9-14所示。

图9-14　由入库单生成采购专用发票

③单击"保存"按钮。

注意:这一笔业务也可以采用直接录入的方式按照资料所给信息录入信息,生成专用采购发票;如果根据采购入库单生成采购发票,需要先填制采购入库单。

5）执行采购结算。

①执行"采购结算–手工结算",进入"手工结算"界面,单击"选单",进入结算选单窗口。

②单击"查询"按钮,进入"查询条件选择–采购手工结算",以"供应名称"为条件筛选要手工结算的发票和入库单,单击"确定"按钮,系统进行选单,显示在结算选单中。

③在"结算选发票列表"双击"选择"按钮,在"结算选入库单列表"双击"选择"按钮,对两者分别进行选择。也可以通过匹配功能进行选择,先选择一个,然后选择"匹配"功能进行自动匹配,如图9-15所示。

图 9-15 结算选单列表

④单击"确定"按钮,返回"手工结算"窗口,该窗口会显示已结算的单据,如图 9-16 所示。

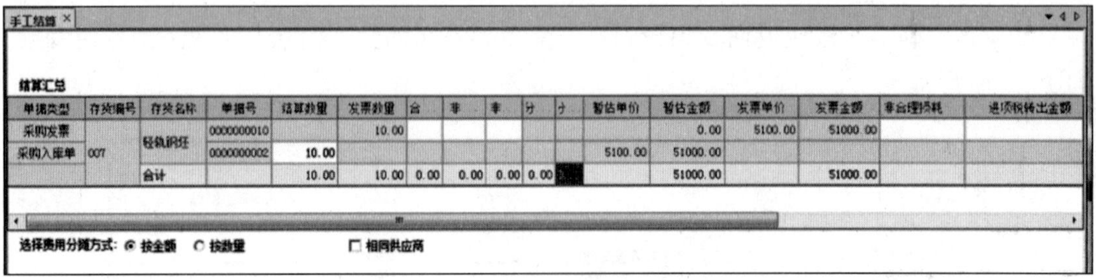

图 9-16 手工结算

单击"结算"按钮,系统显示"结算完成",然后退出结算工作。

⑤如需查看结算结果,在"采购结算–结算单列表"中查询,如图 9-17 所示。

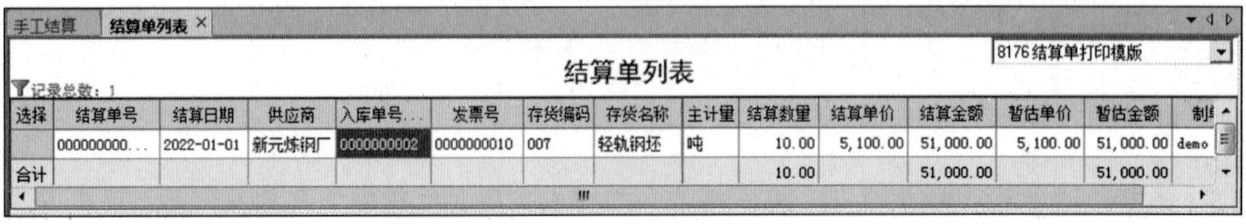

图 9-17 结算单列表

注意:执行采购结算是将入库单和采购发票进行结算,在结算前必须录入入库单和采购发票。

(2)采购现结业务。录入采购专用发票并进行现结处理和采购结算。

①在采购系统中,执行"采购发票"→"专用采购发票",单击"增加"按钮。单击"生单–入库单",以供应商编码为过滤条件,进入入库单选择状态,发票拷贝入库单列表如图 9-18 所示。

②双击"选择"按钮,选择所需拷贝的信息,然后单击"确定"按钮返回专用发票窗

口，已结算现购业务如图9-19所示。

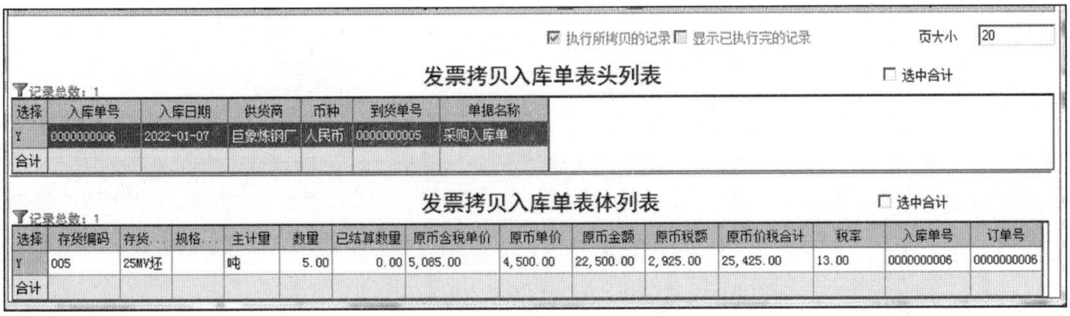

图9-18 发票拷贝入库单列表

③单击工具栏中的"现付"按钮，输入付款金额，单击"确定"按钮，执行现付，发票左上角显示"已现付"红印章。

④单击"结算"按钮，系统自动实现结算，即票据的自动配对购销，发票左上角显示"已结算"红印章。

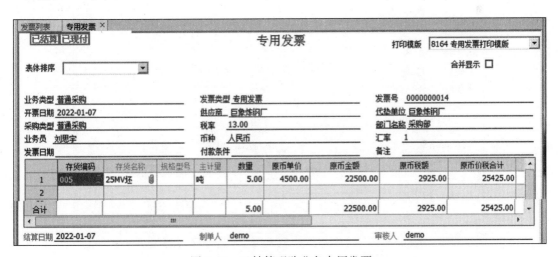

图9-19 已结算现购业务专用发票

注：在系统实际操作界面，"已结算"和"已现付"印章将以红色显示。

（3）采购退货。

1）填制红字"采购入库单"。选择"库存管理"→"入库业务"→"采购入库单"，单击"增加"，选择右上角的"红字"，并填写相关内容。

2）填制红字采购专用发票并执行采购结算。

①在采购系统中，选择"采购发票"→"红字专用采购发票"，单击"增加"按钮。单击"生单－入库单"，以供应商编码为过滤条件，进入入库单选择状态。

②双击"选择"按钮，选择所需拷贝的信息，然后单击"确定"按钮返回发票窗口，红字专用发票如图9-20所示。

③单击"保存"按钮，然后单击"结算"按钮完成自动结算。

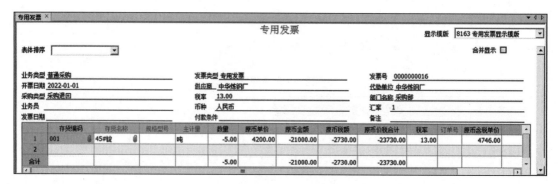

图 9-20　红字专用发票

（4）请购比价业务。

1）定义供应商存货对照表。

①在"基础设置""基础档案"下，执行"对照表－供应商存货对照表"，进入后单击"增加"按钮，在"增加"窗口中，选择"001""新元炼钢厂"，存货编码为"007"存货名称为"轻轨钢坯"，如图 9-21 所示。

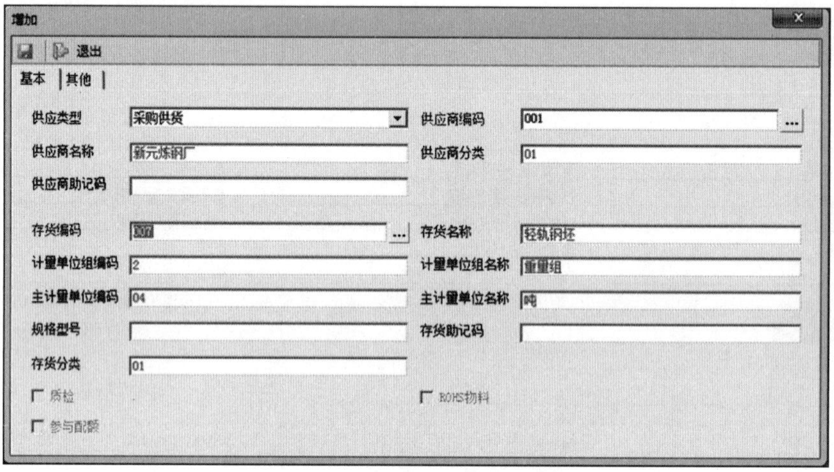

图 9-21　供应商单位及商品信息

②单击"其他"选项卡，输入最高进价 5 100 元，然后保存。采用同样的方法输入中华炼钢厂的比价资料，最高进价设为 5 200 元。返回"供应商存货对照表"，如图 9-22 所示。

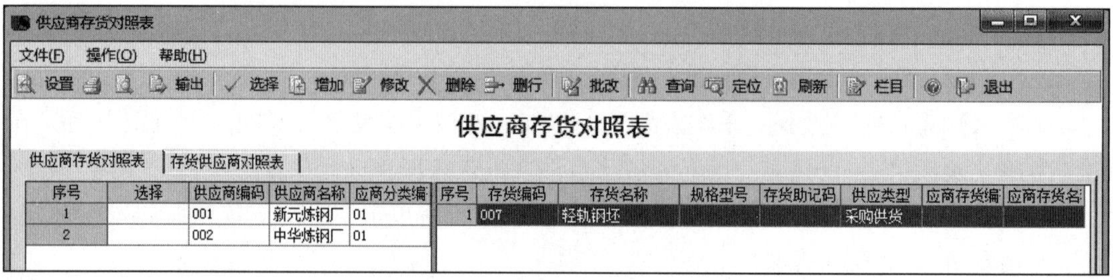

图 9-22　供应商存货对照表

在该表中，如果选择"存货供应商对照表"，则转为存货与供应商的对照表。

2）录入供应商存货调价单。

①在采购管理中，选择"供应商管理"，执行"供应商供货信息–供应商存货调价单"，单击"增加"按钮，按资料录入信息，如图9-23所示。

图9-23　供应商存货调价单

②单击"保存"按钮，然后单击"审核"按钮。

在供应商存货价格表中，可以查看上述操作录入的价格资料。

3）填制并审核请购单。

①选择"请购–请购单"，进入"采购请购单"窗口，单击"增加"，按照资料信息输入，采购请购单如图9-24所示。

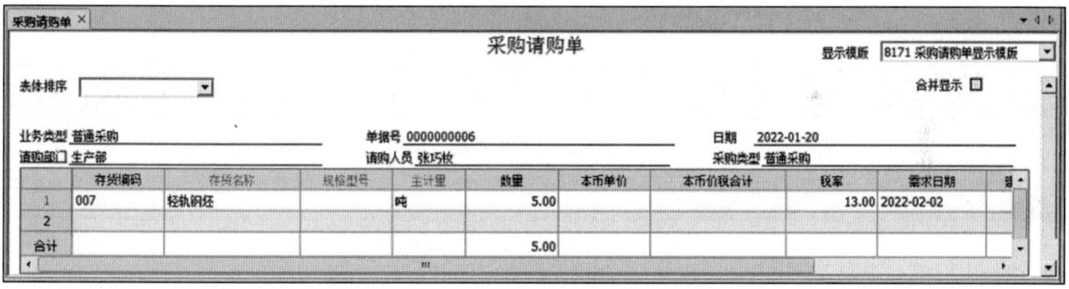

图9-24　采购请购单

②单击"保存"按钮，然后单击"审核"按钮。

注意：在采购请购单中不用填写单价、供应商等信息。

4）请购比价生成采购订单。

①依次选择"基础设置"→"业务参数"→"供应链"→"采购管理"进行最高进价控制口令设置，根据需要在"业务及权限控制"中进行设置或更改，密码自行设置，如图9-25所示。

②在采购管理中，执行"采购订货–请购比价生单"，进入"查询条件选择–比价生单列表过滤"，单击"确定"按钮，进入"请购比价生单列表"。

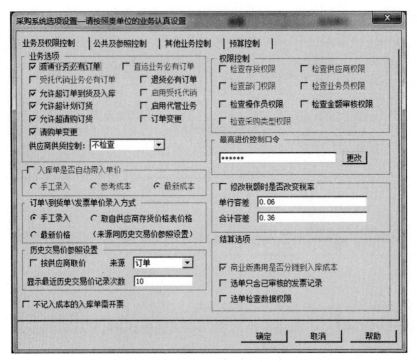

图 9-25　最高进价控制口令设置

③选择要选择的单据,单击"比价"按钮,系统将供应商存货对照表中该存货价格最低的供应商挑选到当前单据中,请购比价生单列表如图 9-26 所示。

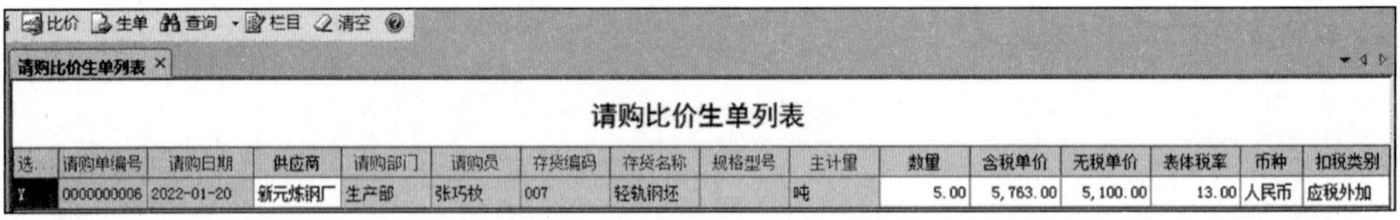

图 9-26　请购比价生单列表

④单击"生单"按钮,系统提示输入最高进价口令,如图 9-27 所示。输入所设的密码后系统自动生成采购订单。

图 9-27　输入最高进价口令

⑤在"采购订货""采购订单列表"中,选择刚生成的采购订单,单击"审核"按钮,完成后退出。

5)供应商催货及查询。选择"采购管理–供应商管理"下的"供应商催货函",进入查询条件,输入相关信息,进入"供应商催货函",如图 9-28 所示。

供应商催货函

供应… 001 日期： 2022-02-02

订单号	供应商简称	存货编码	存货名称	规格型号	主计量	辅计量	换算率	未到货数量	未到货件数	未入库数量	未入库件数	延迟天数	计划到货日期
0000000007	新元炼钢厂	007	轻轨钢坯		吨	千克		5.00	5,000.00	5.00	5,000.00		2022-02-02
总计								5.00	5,000.00	5.00	5,000.00		

图 9-28 供应商催货函

9.3.4 采购系统期末处理

1. 账表管理

（1）采购明细表。依次单击“采购管理”→“报表”→“统计表”→“采购明细表”，进入查询条件界面，以这个月的日期为查询条件，单击“确定”按钮，生成的采购明细表如图 9-29 所示。

采购明细表 ×

采购明细表

日期： 2022-0… 至 2022-01-31 供应商： 到

业务员： 到 部门： 到

发票日期	发票号	供应商简	部门名称	业务员	存货名称	规	主计量	辅计量	换算率	数量	本币单价	本币金额	本币税额	本币价税合	进项税	件数	
2022-01-01	0000000…	新元炼…	采购部		轻轨钢坯		吨	千克		10.00	5,100.00	51,000.00	6,630.00	57,630.00		10,000.00	人
2022-01-01	0000000…	中华炼…	采购部		45#锭		吨	千克		-5.00	4,200.00	-21,000…	-2,730.00	-23,730.00		-5,000.00	人
2022-01-06	0000000…	新元炼…	采购部		轻轨钢坯		吨	千克		5.00	5,100.00	25,500.00	3,315.00	28,815.00		5,000.00	人
2022-01-07	0000000…	巨象炼…	采购部	刘…	25MV坯		吨	千克		5.00	4,500.00	22,500.00	2,925.00	25,425.00		5,000.00	人
2022-01-10	0000000…	中华炼…	采购部	刘…	45#锭		吨	千克		12.00	4,200.00	50,400.00	6,552.00	56,952.00		12,000.00	人
2022-01-10	0000000…	中华炼…	采购部	刘…	20管锭		吨	千克		8.00	4,900.00	39,200.00	5,096.00	44,296.00		8,000.00	人
2022-01-17	0000000…	启德炼…	采购部	刘…	T8锭		吨	千克		6.00	4,050.00	24,300.00	3,159.00	27,459.00		6,000.00	人
2022-01-17	0000000…	启德炼…	采购部	刘…	Q235坯		吨	千克		8.00	3,800.00	30,400.00	3,952.00	34,352.00		8,000.00	人
2022-01-27	0000000…	中华炼…	采购部	刘…	45#锭		吨	千克		3.00	4,200.00	12,600.00	1,638.00	14,238.00		3,000.00	人
总计										52.00		234,900…	30,537.00	265,437.00		52,000.00	

图 9-29 采购明细表

（2）采购发票列表。单击“采购发票”→“采购发票列表”，以时间为查询条件，进入查询界面，查询结果如图 9-30 所示。

发票列表 ×

8164 专用发票打印模版

采购发票列表

记录总数：9

选择	业务类型	发票类型	发票号	开票日期	供应商	币种	存货…	存货名称	主计量	数量	原币无…	原币金额	原币税额	原币价税合计	订单号
	普通采购	专用发票	0000000010	2022-01-03	新元炼钢厂	人民币	007	轻轨钢坯	吨	10.00	5,100.00	51,000.00	6,630.00	57,630.00	0000000002
	普通采购	专用发票	0000000015	2022-01-06	新元炼钢厂	人民币	007	轻轨钢坯	吨	5.00	5,100.00	25,500.00	3,315.00	28,815.00	
	普通采购	专用发票	0000000014	2022-01-07	巨象炼钢厂	人民币	005	25MV坯	吨	5.00	4,500.00	22,500.00	2,925.00	25,425.00	0000000006
	普通采购	专用发票	0000000011	2022-01-10	中华炼钢厂	人民币	001	45#锭	吨	12.00	4,200.00	50,400.00	6,552.00	56,952.00	0000000003
	普通采购	专用发票	0000000011	2022-01-10	中华炼钢厂	人民币	002	20管锭	吨	8.00	4,900.00	39,200.00	5,096.00	44,296.00	0000000003
	普通采购	专用发票	0000000016	2022-01-13	中华炼钢厂	人民币	001	45#锭	吨	-5.00	4,200.00	-21,000.00	-2,730.00	-23,730.00	
	普通采购	专用发票	0000000012	2022-01-17	启德炼钢厂	人民币	003	T8锭	吨	6.00	4,050.00	24,300.00	3,159.00	27,459.00	0000000004
	普通采购	专用发票	0000000012	2022-01-17	启德炼钢厂	人民币	006	Q235坯	吨	8.00	3,800.00	30,400.00	3,952.00	34,352.00	0000000004
	普通采购	专用发票	0000000013	2022-01-27	中华炼钢厂	人民币	001	45#锭	吨	3.00	4,200.00	12,600.00	1,638.00	14,238.00	0000000005
合计										52.00		234,900.00	30,537.00	265,437.00	

图 9-30 采购发票列表

（3）结算明细表。单击“结算明细表”，还是以时间为条件进行查询，设置好后单击“确定”按钮，生成的结算明细表如图 9-31 所示。

结算明细表

日期： 2022-0… 至 2022-0… 供应商： 到 存货： 到
部门： 到 业务员： 到

结算日期	结算单号	供应商简称	存货名称	规格型号	主计量	结算数量	结算单价	结算金额	费用	发票号	入库单号	入库日期	结算暂估单价	结算暂估金额	仓库名称
2022-01-10	0000000…	中华炼…	45#锭		吨	12.00	4,200.00	50,400.00		0000000…	0000000003	2022-01-10	4,200.00	50,400.00	原材料库
2022-01-27	0000000…	中华炼…	45#锭		吨	3.00	4,200.00	12,600.00		0000000…	0000000005	2022-01-27	4,200.00	12,600.00	原材料库
2022-01-13	0000000…	中华炼…	45#锭		吨	-5.00	4,200.00	-21,000…		0000000…	0000000007	2022-01-13	4,200.00	-21,000.00	原材料库
2022-01-10	0000000…	中华炼…	20管锭		吨	8.00	4,900.00	39,200.00		0000000…	0000000003	2022-01-10	4,900.00	39,200.00	原材料库
2022-01-07	0000000…	启德炼…	T8锭		吨	6.00	4,050.00	24,300.00		0000000…	0000000004	2022-01-17	4,050.00	24,300.00	原材料库
2022-01-07	0000000…	巨象炼…	25MV坯		吨	5.00	4,500.00	22,500.00		0000000…	0000000006	2022-01-07	4,500.00	22,500.00	原材料库
2022-01-07	0000000…	启德炼…	Q235坯		吨	8.00	3,800.00	30,400.00		0000000…	0000000004	2022-01-17	3,800.00	30,400.00	原材料库
2022-01-03	0000000…	新元炼…	轻轨钢坯		吨	10.00	5,100.00	51,000.00		0000000…	0000000002	2022-01-03	5,100.00	51,000.00	原材料库
2022-01-06	0000000…	新元炼…	轻轨钢坯		吨	5.00	5,100.00	25,500.00		0000000…	0000000001	2021-12-31	5,000.00	25,000.00	原材料库
总计						52.00		234,900…						234,400.00	

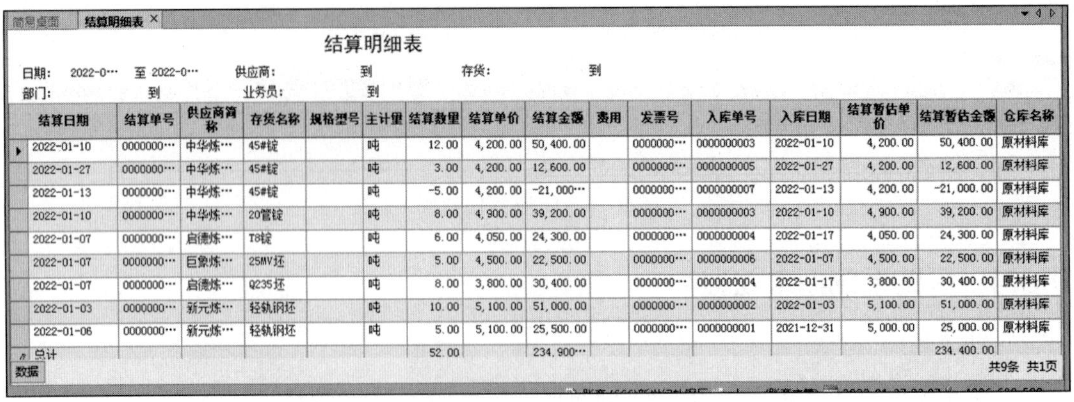

图 9-31 结算明细表

2. 结账处理及记账取消

月末处理一般在本月报表编制完成后，确认当期业务完成，才进行相关的月末结账，属于采购月结业务。

（1）月末结账。选择“采购管理”下的“月末结账”，进入“月末结账”窗口，单击要结账的会计月份，如图 9-32 所示，单击“结账”按钮，系统提示结账完成。

会计月份	起始日期	结束日期	是否结账
1	2022-01-01	2022-01-31	否
2	2022-02-01	2022-02-28	否
3	2022-03-01	2022-03-31	否
4	2022-04-01	2022-04-30	否
5	2022-05-01	2022-05-31	否
6	2022-06-01	2022-06-30	否
7	2022-07-01	2022-07-31	否
8	2022-08-01	2022-08-31	否
9	2022-09-01	2022-09-30	否
10	2022-10-01	2022-10-31	否
11	2022-11-01	2022-11-30	否
12	2022-12-01	2022-12-31	否

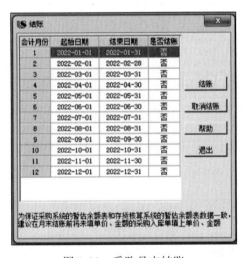

图 9-32 采购月末结账

（2）取消结账。只有取消库存系统、存货系统的月末结账，才能取消采购系统的月末结账，在图 9-32 所示的界面单击“取消结账”，即可执行本操作。

▶ 本章小结

采购管理是物料在企业内流动的起点，也是资金支出循环的开始。采购过程是从销售、存货等系统和本系统的采购申请单获得购货需求信息，与供应商和供货机构签订订单，采购货物，并将采购信息传递到存货管理系统和总账系统的活动。本系统的管理活动起始于采购申请单，终止于外购入库单,每一项管理活动的结果都具体反映在相关业务单据中,通过业务单据的联查功能,可清楚地了解每项业务的执行情况。而采购活动的资金支出将采购发票传递到应付款系统,由应付款系统完成资金的支出循环。

▶ 练习题

一、不定项选择题(每题至少有一个选项正确)

1. 月末,若某笔采购业务已经收到货物,尚未收到采购发票,则会计账务上应当如何处理?( )
   A. 暂估入库处理
   B. 本月不做任何处理,待下个月收到采购发票再处理
   C. 按正常采购业务处理
   D. 由财务人员自行决定

2. 执行采购结算是将入库单与( )进行结算。
   A. 采购订单
   B. 采购请购单
   C. 结算单
   D. 采购发票

3. 在请购比较业务的价格设置中,设置的是向各公司采购的( )。
   A. 最高进价
   B. 最低进价
   C. 采购中间价格
   D. 平均进货价格

4. 月末结账一般在何时进行?( )
   A. 本月账务处理完成之后
   B. 总账系统结账之后
   C. 本月报表编制完成之后
   D. 可以不进行月末结账

5. 采购管理系统与下列哪些系统有关联?( )
   A. 应付款管理系统
   B. 应收款管理系统
   C. 存货管理系统
   D. 总账系统

6. 下列哪些选项属于采购管理系统的功能模块?( )
   A. 设置
   B. 供应商管理
   C. 采购结算
   D. 库存管理

二、判断题

1. 应该在完成记账之前进行期初数据的录入。( )
2. 执行采购结算以后,不能进行取消结算。( )
3. 若采购管理系统中已经录入了请购单,则采购订单可以以关联生单的方式录入。( )
4. 在采购入库并且已经收到发票之后,若发生采购退货业务,应当填制红字采购专用发票。( )
5. 采购发票审核之前可以进行采购结算。( )
6. 现购发票会传递到应付款系统。( )
7. 只有取消库存管理系统、存货管理系统的月末结账,才能取消采购管理系统的月末结账。( )

三、简答题

1. 录入采购管理系统的期初余额时应注意的问题有哪些?
2. 请阐述采购管理系统如何与其他系统关联。

第 10 章

存货管理系统

10.1 存货管理系统分析

10.1.1 存货管理概述

存货是指企业在日常活动中为销售或耗用而持有的各种资产,包括商品、产成品、半成品、在产品以及各种材料、备件、燃料、包装物、低值易耗品等。存货管理是采购管理和生产管理、销售管理之间的一个中间环节。采购的完成使存货增加,销售的完成使存货减少,但同时采购要考虑存货的库存量以及生产的需要,生产的需求由销售量决定。所以说,存货管理与企业的采购、生产和销售紧密相连,存货管理的结果直接影响到采购、制造和销售系统。

10.1.2 存货管理业务分析

存货日常管理业务主要包括各种类型的入库业务管理、出库业务管理、盘点业务管理等。

1. 入库业务管理

(1)采购入库业务管理。采购的材料入库时,根据采购系统中的采购订单生成的收料通知单进行验收,办理入库手续,登记外购材料的采购入库单。

(2)产成品入库业务管理。生产车间根据生产计划组织产品生产,完工产品经检验合格后,即可根据生产车间交货的数量和质检部门的合格证书组织产成品入库,登记产成品入库单,调整产成品记录。

(3)委外加工入库业务管理。委外加工存货是指企业已经委托外单位加工,但尚未加工完成的各种存货。企业是以所有权的归属而不是以物品的存放地点为依据来确定企业存货范围的,即委外加工存货即使不存放在该企业仓库,但其所有权以及相应的风险和报酬仍属于该企业。因此，委外加工存货入库只需根据受托单位来货与委外加工出库单的要求核对即可组织入库，登记委外加工入库单，调整存货的明细记录。

（4）其他入库业务管理。其他入库业务是指除以上入库业务外的入库业务，包括生产领料的退回、销售退回入库、投资者投入存货入库以及接受捐赠的存货入库等。

以销售退回为例，仓库部门根据销售系统中的退货通知单的产品名称、数量、规格等与退回产品核对，进行相应的登记，调整产品存货记录。

（5）仓库的内部调拨业务管理。这类业务属于企业内部各仓库之间的物料调拨，可以不经过检验，由调出仓库填写仓库调拨单，调拨单上填写调出仓库和调入仓库名称，以此单为依据调整双方仓库的存货记录。这类业务一般发生在大中型企业，各生产单位没有自主采购权，所有的物资采购供应由物资部统一负责，包括采购、验收等工作，然后拨入各生产单位的仓库。

2. 出库业务管理

（1）生产领用出库业务管理。对于生产计划用料，由主管生产的负责人根据生产的需要填写领料单。领料单上应填写领料单位、用途、物料名称、规格、数量，并由主管生产的负责人签字，以此单作为领料的凭证。存货管理人员按照领料单进行发货处理，在领料单上填写实发数量，并在发料人处签名，该单便成为发料凭证，该单一式三联，分别由领料单位、仓库、财务部门保管。

（2）委外加工出库业务管理。企业生产部门按需要将外购或自制的某些存货通过支付加工费的方式委托外单位进行加工生产，签订委外加工合同。仓库部门则按委外加工合同发货，填写委外加工出库单。由于委外加工存货仍属于该企业存货，因此仅需调整存货的明细记录。

（3）销售产品出库业务管理。销售部门按销售订单或合同生成发货通知单，并流转到仓库部门，仓库部门按发货通知单的具体要求发货，填写销售出库单，并以此单为依据调整存货记录。

（4）其他出库业务管理。其他出库业务指非生产领料，如企业管理部门日常领料、采购物料退货业务、企业向外捐赠等。非生产领料有多种形式，但处理流程基本相同，即领料部门出具相关领料单据，仓库部门据单发货，填写其他出库单，并以此单为依据调整存货记录。

（5）出库调整业务管理。与入库调整业务相对应，各相关仓库按需进行物料调拨，组织出库，填写仓库调拨单，调整存货记录。

3. 盘点业务管理

企业的存货品种多，收发频繁，在日常存货收发、保管过程中，由于各种原因，可能造成账实不符。为了确保企业资产的安全完整，企业必须对存货进行定期或不定期的、局部或全面的盘点，即对库存物品进行数量清点以及质量检查，确定各种存货的实际库存量，并与账面记录相核对，查明存货盘盈、盘亏的数量以及成因，并据此编制存货盘点报告表，按规定程序报有关部门审批。经批准后,应进行相应的账务处理,填写库存调整单,调整存货账的实存数,使存货的账面记录与库存实物核对相符。

4. 存货管理的业务流程分析

综合分析存货管理过程及与其他部门的关系,存货管理业务流程可用图 10-1 表示。

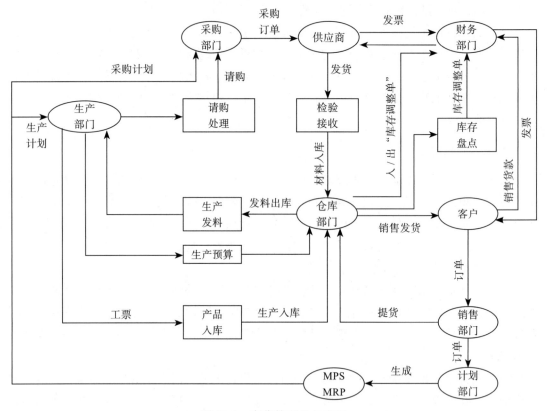

图 10-1 存货管理业务流程

10.1.3 存货核算业务分析

存货的核算是指从资金流的方面对存货增加、减少和库存进行反映与监督。存货核算业务与存货管理业务相对应,具体包括如下核算业务:存货增加的核算,即入库成本的核算,对应入库业务管理;存货减少的核算,即出库成本的核算,对应出库业务管理;期末库存存货的核算。存货核算可动态反映与监督存货的收发、领退和保管情况;存货核算可反映和监督存货资金的占用情况,动态反映存货资金的增减变动情况,提供存货资金周转和占用的分析;在保证生产经营的前提下,存货核算有助于降低库存量,减少资金积压,加速资金周转。存货核算处理流程可用图 10-2 表示。

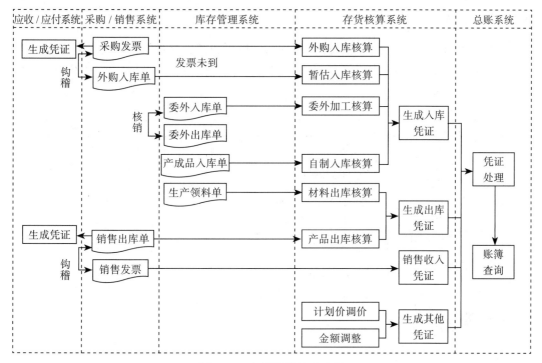

图 10-2 存货核算处理流程

10.1.4 存货系统与其他系统的关系

存货管理系统即库存管理与存货核算系统（简称存货系统），它与其他系统的关系如图 10-3 所示。

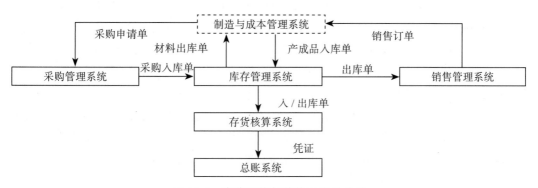

图 10-3 存货系统与其他系统的关系

注：虚线框表示该系统没有启用，采购申请由采购系统输入，材料出库单及产成品入库单由存货系统录入。

10.2 存货管理系统的主要功能

存货管理系统是企业会计系统中一个关键而且比较复杂的系统，存货出入库管理几乎涉及企业营运的所有部门，如采购、销售、生产等，实现企业财务信息与业务信息的一体化管理是存货系统的运行目标。

10.2.1 主要功能模块

库存管理与存货核算系统包括库存管理系统模块和存货核算系统模块。主要功能有初始设置、库存管理、存货核算、期末处理。其主要功能模块如图10-4所示,在实际操作中,各模块业务会有重合。

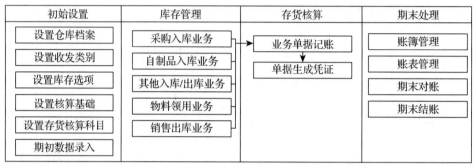

图 10-4 存货管理系统主要功能模块

10.2.2 初始设置

初始设置包括库存选项基础设置、核算基础设置及期初数据录入等。

1. 库存选项基础设置

库存选项包括通用设置、专用设置、可用量控制、可用量检验。

其中通用设置分为业务设置选项、修改库存时点选项、浮动换算率的计算规则、出库自动分配货位规则、业务校验选项。在此主要介绍根据企业实际业务进行选择业务设置。

有无组装拆卸业务。选择该项则系统增加组装拆卸菜单,可以使用组装单、拆卸单。

有无形态转换业务。选择该项则系统增加形态转换菜单,可以使用形态转换单。

有无委托代销业务。选择该项则销售出库单的业务类型增加"委托代销"。

有无受托代销业务。选择该项则可在"存货档案"中设置受托代销存货,采购入库单的业务类型增加受托代销。

有无成套件管理。选择该项则可在"存货档案"中设置需要成套件管理的存货为成套件。

有无批次管理。选择该项则可在"存货档案"中设置批次管理存货,建立批次档案。

有无保质期管理。选择该项则可在"存货档案"中设置保质期管理存货。

2. 核算基础设置

核算基础设置功能包括核算方式选项、科目设置。

(1) 核算方式选项。此功能用于设定各类出入库的核算规则,如可以选择按仓库核算、按部门核算或按存货核算。若选择按仓库核算,则按在仓库档案中设置的计价方式,并且每个仓库单独核算出库成本;若选择按部门核算,则在仓库档案中按部门设计价方式,并且相同所属部门的各仓库统一核算出库成本;若选择按存货核算,则按在存货档案中设置的计价方式进行核算。

(2) 科目设置。此功能用于设置存货核算系统中生成凭证所需要的各种存货科目、差异科目、分期收款发出商品科目、委托代销科目、运费科目、税金科目、结算科目、对方科目等，因此在制单之前应先在本系统中将存货科目设置正确、完整，否则无法正确、完整地生成凭证。存货科目主要用于以下出入库单据的制单，有些科目在应收、应付系统中已经设置，具体见表10-1。

表 10-1 单据生成凭证对应科目设置

单据名称	借方科目	贷方科目
采购入库单	存货科目	对方科目中收发类别对应的科目
产成品入库单	存货科目	对方科目中收发类别对应的科目
销售出库单	对方科目中收发类别对应的科目	存货科目
发出商品发货单	发出商品对应的科目	存货对应的科目
材料出库单	对方科目中收发类别对应的科目	存货科目
调拨业务制单	存货科目	存货科目
盘盈业务制单	存货科目	对方科目
盘亏业务制单	对方科目	存货科目
入库调整单	存货科目	对方科目
出库调整单	对方科目	存货科目
直运采购发票	存货科目设置中设置的直运科目	—
直运销售发票	—	存货科目设置中设置的直运科目

3. 期初数据录入

（1）数据录入。期初数据可分类进行录入，这种类别与业务设置相关，分业务输入初始数据，如分期付款发出商品、委托代销发出商品等。

（2）库存与存货期初对账。该功能用于库存管理与存货核算进行期初对账。

（3）期初记账。期初数据录入后，若库存与存货期初对账无误后，即可执行期初记账功能。该功能的作用是把期初差异分配到期初单据上，并把期初单据的数据记入存货总账、存货明细账、差异账、委托代销/分期收款发出商品明细账。执行期初记账后，才能进行日常业务处理。

10.2.3 库存管理业务

（1）入库业务处理。

①采购入库业务。该功能可以对采购入库单进行手工录入及审核、弃审等，也可以参照采购订单、采购到货单生成采购入库单，而不需要手工录入。

②产成品入库业务。该功能可以对产成品入库单进行修改、删除、审核、弃审，也可以参照生产订单生成。

③其他入库单业务。其他入库单主要包括销售退回入库、调拨入库、盘盈入库、组装拆卸入库、形态转换入库等业务形成的入库单。其他入库单一般由系统根据其他业务单据自动生成，也可手工填制。

（2）出库业务处理。

①销售出库业务。该功能可以对销售出库单进行手工录入及审核、弃审等，也可以参照发货单生成，或参照销售发票生成。

②材料出库业务。该功能可以对材料出库单进行录入、修改、删除、审核、弃审，也可以参照申请领料单生成。

③其他出库单业务。其他出库单主要包括采购退货、调拨出库、盘亏出库、组装拆卸出库、形态转换出库、不合格品记录等业务形成的出库单。其他出库单一般由系统根据其他业务单据自动生成，也可手工填制。

10.2.4 存货核算

（1）业务核算。

①业务核算的第一步就是记账，记账工作需要按照核算方式填制出入库单据上的成本。根据实际业务中遇到的情况不同，可分不同情况进行处理。无论以下哪种情况，只要在核算方式选项中选择了"手工输入"，单据上没有成本（单价），就不能执行记账工作。

②当以实际价核算的入库单没有成本时，系统将根据用户在选项中入库单成本的设置方式进行处理，如上次入库成本，将参照上次入库成本进行记账。当以计划价方式核算时，如果计划单价、计划金额为空或为零，将不能记账。

③如果记账前采购入库单已部分结算，采购入库单将分为结算和暂估两部分记入明细账。

④当以先进先出法核算的红字出库单没有成本时，系统将根据用户在选项中红字出库单成本的设置方式进行处理。

⑤对于出库单的单价和金额中都输入了零的情况，系统将认为是零成本出库，如配送件等，不再计算此存货的出库成本。

（2）财务核算。财务核算就是将已记账的出入库单据生成凭证，各类出入库单据按照设置的会计科目生成相应的凭证，传递到总账系统。

10.2.5 期末处理

（1）存货核算系统期末与总账对账。本功能用于存货核算系统与总账系统核对存货科目（原材料、库存商品）和差异科目在各会计期间借方与贷方发生金额、数量以及期末结存的金额、数量信息。对账平衡则可进行期末处理。

（2）业务核算模块的期末处理。对已完成日常业务的仓库/部门/存货做期末处理标志。该功能可直接对整个仓库/部门/存货进行一次处理，已做期末处理标志的业务不能进行其他处理，除非使用恢复期末处理功能。如果总账系统已经结账，则不可恢复期末处理。

（3）期末结账。结账之前要进行合法性检验，检验通过就可以进行结账，结账标志着本会计期间的工作全部结束，系统进入下一个会计期间。

10.3 存货管理系统实验指南

10.3.1 存货系统操作流程

存货系统操作流程如图 10-5 所示。

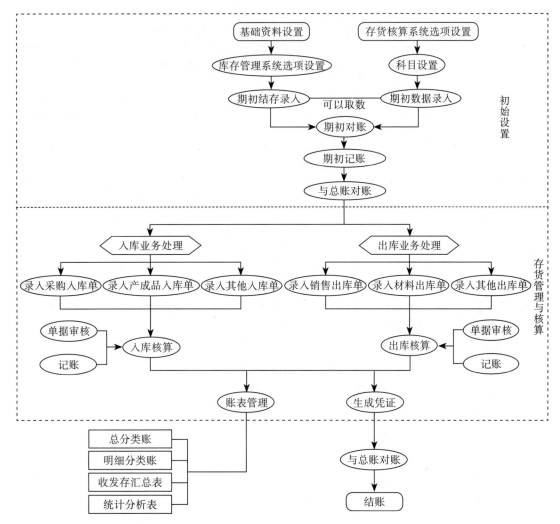

图 10-5 存货系统操作流程

10.3.2 存货系统初始设置

【实验内容】

（1）启用库存管理系统和存货核算系统。

（2）设置仓库档案。

（3）设置收发类别。

（4）设置库存管理系统选项。

（5）设置存货核算系统选项。

（6）设置存货核算科目。

（7）录入期初数据。

【实验资料】

（1）仓库档案。仓库档案如表 10-2 所示。

表 10-2　仓库档案

编码	名称	成本计价方式	属性
01	原材料库	先进先出法	普通仓
02	辅助材料库	先进先出法	普通仓
03	产成品库	先进先出法	普通仓
04	其他	先进先出法	普通仓

（2）收发类别。收发类别如表 10-3 所示。

表 10-3　收发类别

收发类别	名称	收发标志
1	采购入库	收
2	生产入库	
3	采购退货	
4	生产领用	发
5	销售出库	
6	销售退货	

（3）库存管理系统选项。

①通用设置：勾选"有无委托代销业务"。

②预计可用量控制：勾选"允许超预计可用量出库"。

除对上述选项进行勾选外，其他选项默认为系统设置。

（4）存货核算系统选项。

①核算方式：按仓库核算。

②暂估方式：单到回冲。

③销售成本核算方式：按销售出库单。

④委托代销成本核算方式：按发出商品核算。

除对上述选项进行勾选外，其他选项默认为系统设置。

（5）存货核算科目。

①存货科目资料如表 10-4 所示。

表 10-4　存货科目

仓库编码	仓库名称	存货分类编码	存货分类名称	存货科目编码	存货科目名称
01	原材料库	01	原材料	1403	原材料
03	产成品库	03	产成品	1405	库存商品

在存货科目设置时，须将分期收款发出商品科目和委托代销发出商品科目设置为"发出商品"。

②对方科目资料如表 10-5 所示。

表 10-5　对方科目

收发类别	名称	对方科目名称
1	采购入库	材料采购
2	生产入库	生产成本——材料成本

（续）

收发类别	名称	对方科目名称
3	采购退货	材料采购
4	生产领用	生产成本——材料成本
5	销售出库	主营业务成本
6	销售退货	主营业务成本

此处还须设置采购暂估科目"应付暂估款"。

（6）存货期初结存资料见第 3 章"实验资料"部分。

【操作指导】

（1）启用库存管理系统和存货核算系统。以账套主管"demo"的身份登录企业应用平台，启用库存管理和存货核算，启用日期为"2022-01-01"，如图 9-5 所示。

（2）设置仓库档案。依次选择"基础设置"→"基础档案"→"业务"→"仓库档案"，单击"增加"，录入资料，如图 10-6 所示。

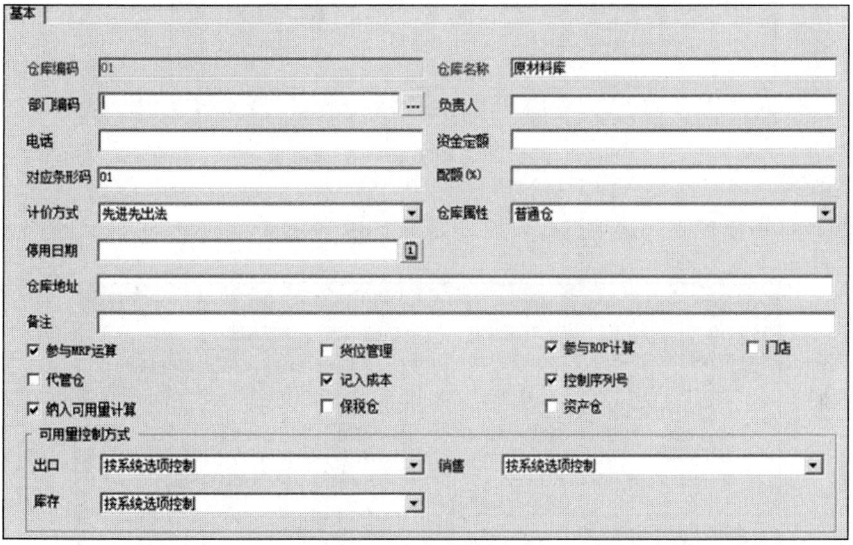

图 10-6　设置仓库档案

（3）设置收发类别。选择"业务"→"收发类别"，单击"增加"，录入资料，如图 10-7 所示。

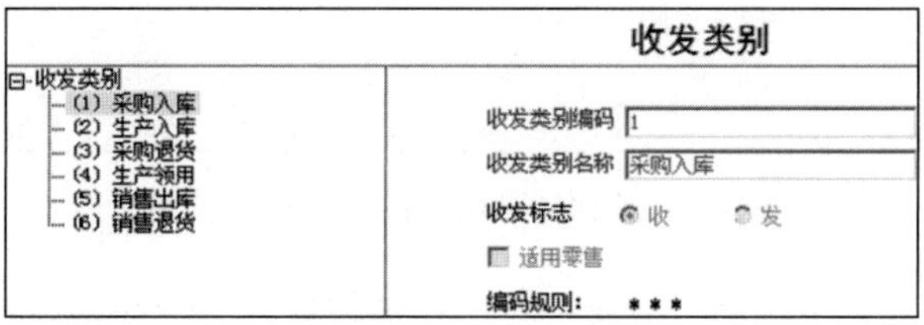

图 10-7　设置收发类别

（4）设置库存管理系统选项。依次选择"业务工作"→"供应链"→"库存管理"→

"初始设置"→"选项",按资料对"通用设置"选项进行设置,如图10-8所示。

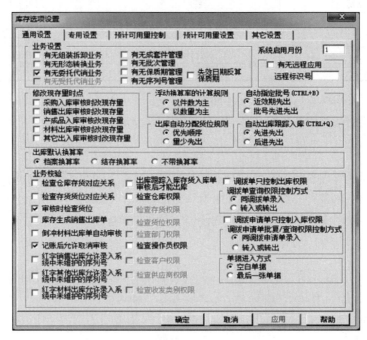

图10-8 "通用设置"选项设置

对"预计可用量控制"选项进行设置,如图10-9所示。

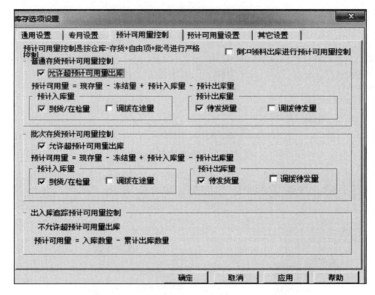

图10-9 "预计可用量控制"选项设置

(5)设置存货核算系统选项。依次选择"存货核算"→"初始设置"→"选项",按资料进行设置,如图10-10所示。

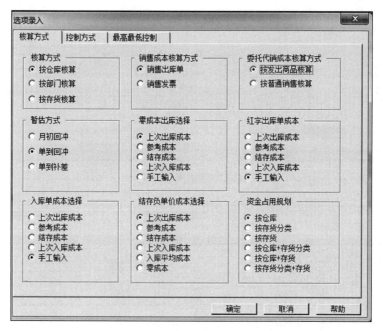

图 10-10　存货核算系统选项设置

（6）设置存货核算科目。

①选择"初始设置"→"科目设置"，选择存货科目，按资料添加，如图 10-11 所示。

仓库编码	仓库名称	存货分类编码	存货分类名称	存货科目编码	存货科目名称	分期收款发出	分期收款发出	委托代销发出	委托代销发出
01	原材料库	01	原材料	1403	原材料				
03	产成品库	03	产成品	1405	库存商品	1406	发出商品	1406	发出商品

图 10-11　存货科目设置

②以相同步骤增加"对方科目"，如图 10-12 所示。

收发类别编码	收发类别名称	存货分类编码	存货分类名称	对方科目编码	对方科目名称	暂估科目编码	暂估科目名称
4	采购入库	01	原材料	1401	材料采购	2204	应付暂估款
5	生产入库	03	产成品	50010101	材料成本		
6	采购退货	01	原材料	1401	材料采购		
1	生产领用	01	原材料	50010101	材料成本		
2	销售出库	03	产成品	6401	主营业务成本		
3	销售退货	03	产成品	6401	主营业务成本		

图 10-12　对方科目设置

（7）录入期初数据。

①库存管理系统期初余额录入。在库存管理系统中选择"初始设置"→"期初结存"，选择"原材料库"，录入期初原材料库存并审核，如图 10-13 所示。

同样，在上述界面选择"产成品库"，录入期初产成品库存，如图 10-14 所示。

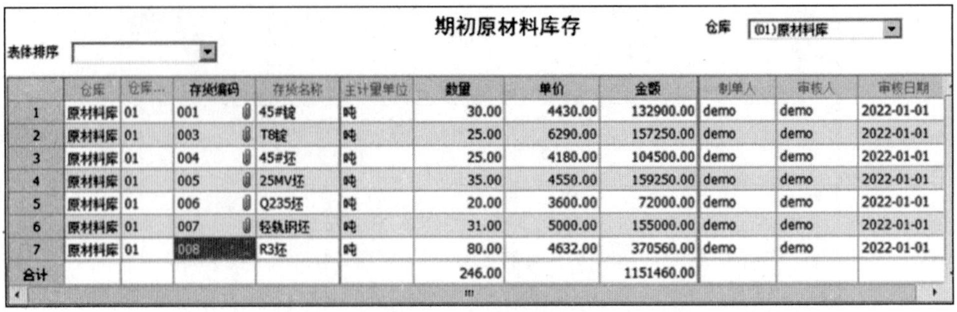

期初原材料库存

仓库 (01)原材料库

表体排序

	仓库	仓库...	存货编码	存货名称	主计量单位	数量	单价	金额	制单人	审核人	审核日期
1	原材料库	01	001	45#锭	吨	30.00	4430.00	132900.00	demo	demo	2022-01-01
2	原材料库	01	003	T8锭	吨	25.00	6290.00	157250.00	demo	demo	2022-01-01
3	原材料库	01	004	45#坯	吨	25.00	4180.00	104500.00	demo	demo	2022-01-01
4	原材料库	01	005	25MV坯	吨	35.00	4550.00	159250.00	demo	demo	2022-01-01
5	原材料库	01	006	Q235坯	吨	20.00	3600.00	72000.00	demo	demo	2022-01-01
6	原材料库	01	007	轻轨钢坯	吨	31.00	5000.00	155000.00	demo	demo	2022-01-01
7	原材料库	01	008	R3坯	吨	80.00	4632.00	370560.00	demo	demo	2022-01-01
合计						246.00		1151460.00			

图 10-13　期初原材料库存

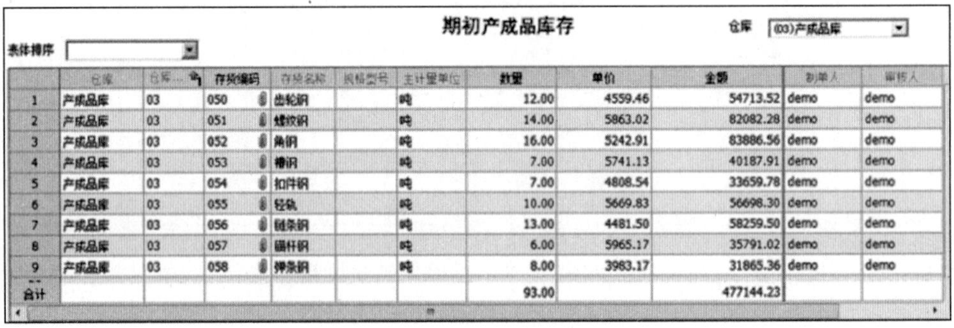

期初产成品库存

仓库 (03)产成品库

表体排序

	仓库	仓库...	存货编码	存货名称	规格型号	主计量单位	数量	单价	金额	制单人	审核人
1	产成品库	03	050	齿轮钢		吨	12.00	4559.46	54713.52	demo	demo
2	产成品库	03	051	螺纹钢		吨	14.00	5863.02	82082.28	demo	demo
3	产成品库	03	052	角钢		吨	16.00	5242.91	83886.56	demo	demo
4	产成品库	03	053	槽钢		吨	7.00	5741.13	40187.91	demo	demo
5	产成品库	03	054	扣件钢		吨	7.00	4808.54	33659.78	demo	demo
6	产成品库	03	055	轻轨		吨	10.00	5669.83	56698.30	demo	demo
7	产成品库	03	056	链条钢		吨	13.00	4481.50	58259.50	demo	demo
8	产成品库	03	057	锚杆钢		吨	6.00	5965.17	35791.02	demo	demo
9	产成品库	03	058	弹簧钢		吨	8.00	3983.17	31865.36	demo	demo
合计							93.00		477144.23		

图 10-14　期初产成品库存

②存货核算系统初始余额录入。存货核算系统和库存管理系统同时启用，可以从库存管理系统中进行期初取数，这样可以快速录入期初数据，提高应用效率。做法是在存货核算系统中依次点击“初始设置”→“期初数据”→“期初余额”，选择“原材料库”，单击工具栏中的“取数”，存货科目编码选择“1403”；再选择“产成品库”，同样单击“取数”，存货科目编码选择“1405”。库存管理系统和存货核算系统的期初数据录入完成之后，可以进行存货核算系统和库存管理系统的对账，如图 10-15 所示，单击工具栏中的“对账”，在弹出的“库存与存货期初对账查询条件”窗口选择相关对账查询条件，单击“确定”，完成对账。

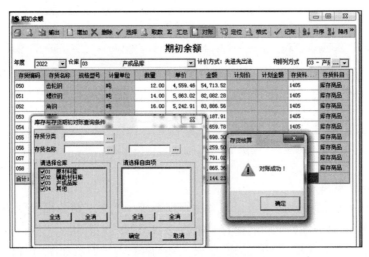

图 10-15　对账成功

③记账。单击工具栏的"记账",弹出"记账成功"窗口,完成记账。在存货期初余额记账之前,采购管理系统须先记账,否则此处无法记账。

④与总账对账。依次选择"存货核算"→"财务核算"→"与总账对账",显示存货期初余额与总账对账结果,如图10-16所示。

图 10-16　期初与总账对账

10.3.3　存货系统日常业务处理

【实验内容】

（1）普通采购业务。

（2）采购退货业务。

（3）暂估入库业务。

（4）产成品入库业务。

（5）普通销售业务。

（6）分期收款销售业务。

（7）销售退货业务。

（8）委托代销业务。

（9）物料领用业务。

【实验资料】

（1）普通采购业务。

2022-01-03，向新元炼钢厂采购，并于当日入库轻轨钢坯 10 吨，单价为 5 100 元 / 吨。

2022-01-05，向巨象炼钢厂订购，并于当日入库 25MV 坯 5 吨，单价为 4 500 元 / 吨。

2022-01-06，向新元炼钢厂采购 5 吨轻轨钢坯，单价为 5 100 元 / 吨，当日入库。

2022-01-08，向中华炼钢厂采购，于当日入库 45# 锭 12 吨，单价为 4 200 元 / 吨，20 管锭 8 吨，单价为 4 900 元 / 吨。

2022-01-15，向启德炼钢厂采购，于当日入库 T8 锭 6 吨，单价为 4 050 元 / 吨，Q235 坯 8 吨，单价为 3 800 元 / 吨。

2022-01-25，向中华炼钢厂采购，入库 45# 锭 3 吨，单价为 4 200 元 / 吨。

（2）采购退货业务。

2022-01-13，向中华炼钢厂退回前期采购的 45# 锭 5 吨，单价为 4 200 元 / 吨。

（3）暂估入库业务。

2022-01-22，向中隆炼钢厂采购，入库 T8 锭 26 吨，Q235 坯 20 吨。

2022-01-31，T8锭暂估价格为4 600元/吨，Q235坯为3 850元/吨。

（4）产成品入库业务。

2022-01-01，验收入库精整车间生产的齿轮钢10吨，单位成本为4 559.46元/吨。其中材料成本为40 949.97元，人工成本为2 984.80元，制造费用为1 659.83元。

2022-01-09，验收入库精整车间生产的螺纹钢20吨，单位成本为5 863.02元/吨。其中材料成本为106 809.99元，人工成本为6 715.80元，制造费用为3 734.61元。

2022-01-20，验收入库精整车间生产的角钢25吨，单位成本为5 242.91元/吨。其中材料成本为118 300.02元，人工成本为8 208.20元，制造费用为4 564.53元。

2022-01-22，验收入库精整车间生产的链条钢30吨，单位成本为4 481.5元/吨。其中材料成本为119 349.96元，人工成本为9 700.60元，制造费用为5 394.44元。

2022-01-26，验收入库精整车间生产的弹条钢15吨，单位成本为3 983.17元/吨。其中材料成本为55 979.55元，人工成本为2 756.80元，制造费用为1 011.20元。

（5）普通销售业务。

2022-01-05，肯亚集团向本公司订购齿轮钢9吨，单位成本为4 559.46元/吨。

2022-01-06，涞源公司向本公司订购链条钢12吨，单位成本为4 481.5元/吨。

（6）分期收款销售业务。

2022-01-19，巴氏集团向本公司订购螺纹钢7吨，单位成本为5 863.02元/吨。

（7）销售退货业务。

2022-01-25，涞源公司要求退货，退回链条钢3吨，单位成本为4 481.5元/吨。

（8）委托代销业务。

2021-01-25，销售部委托浦华公司销售角钢10吨，货物从成品库发出，发出商品单位成本为5 242.91元/吨。2016-01-28，收到浦华公司的委托代销清单一张，计算已销售角钢7吨。

（9）物料领用业务。

2022-01-01，加热炉车间领用45#锭10吨，单价为4 200元/吨，用于生产齿轮钢。

2022-01-05，加热炉车间领用45#坯6吨，单价为4 180元/吨，T8锭6吨，单价为6 290元/吨，用于生产弹条钢。

2022-01-07，加热炉车间领用Q235坯15吨，单价为3 600元/吨，用于生产螺纹钢。

2022-01-14，加热炉车间领用25MV坯26吨，单价为4 550元/吨，用于生产角钢。

2022-01-22，加热炉车间领用Q235坯5吨，单价为3 600元/吨，用于生产链条钢。

2022-01-28，加热炉车间领用45#锭20吨，单价为4 430元/吨，R3坯16吨，单价为4 632元/吨，用于生产锚杆钢。

2022-01-28，加热炉车间领用轻轨钢坯18吨，单价为5 000元/吨，用于生产轻轨。

2022-01-29，加热炉车间领用R3坯16吨，单价为4 632元/吨，用于生产扣件钢。

【操作指导】

（1）普通采购业务。以第1项普通采购业务为例进行说明。

①选择"库存管理"→"入库业务"→"采购入库单"，单击"增加"按钮，录入资料信息，如图10-17所示，再单击"保存"按钮，审核后退出。

图 10-17 采购入库单（一）

采购入库单的生成可以通过手动录入，也可以根据采购订单生单。上述操作是手动录入的步骤，也可进入采购入库单界面，单击"生单"，选择"采购订单"，系统将自动生单。

②单据记账用于将用户所输入的单据登记存货明细账、差异明细账、受托代销商品明细账等，依次选择"存货核算"→"业务核算"→"正常单据记账"，进入查询条件界面，并选择"采购入库单"，进入"正常单据记账列表"，如图 10-18 所示。再选中需要记账的行，单击"记账"。最后将显示记账成功。

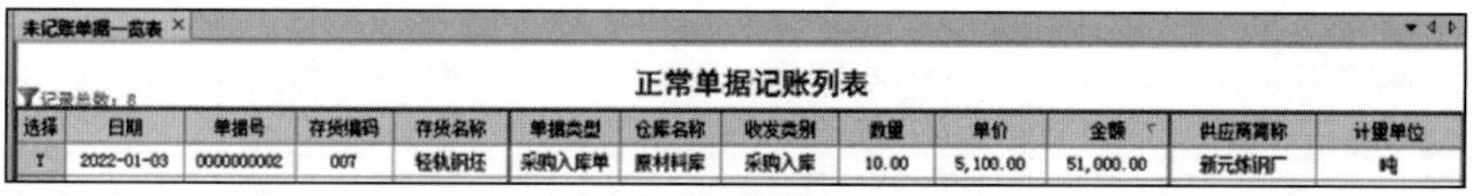

图 10-18 正常单据记账列表

③对于本月已经记账的单据，需生成记账凭证，依次选择"存货核算"→"财务核算"→"生成凭证"，进入"生成凭证"窗口。单击"选择"按钮，在查询条件里选择"采购入库单（报销记账）"，单击"确定"按钮，显示"未生成凭证单据一览表"，选中要生成凭证的单据，如图 10-19 所示。

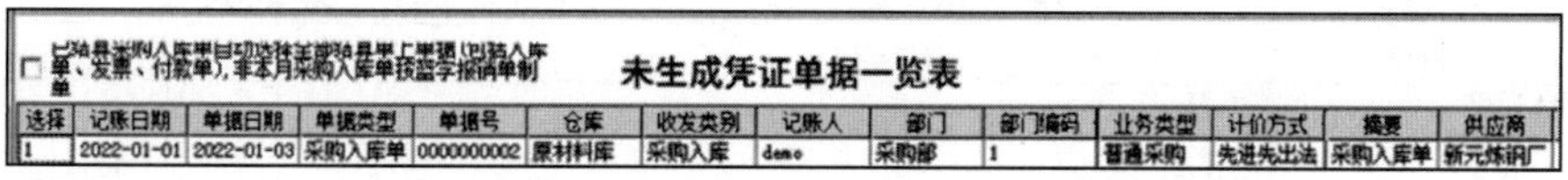

图 10-19 未生成凭证单据一览表

④最后单击"确定"按钮，返回"生成凭证"窗口，将凭证类型改为"转账凭证"，单击左上角工具栏的"生成"，生成凭证如图 10-20 所示。

（2）采购退货业务。

①进入"采购入库单"操作界面，单击"增加"按钮，在入库单右上角选择"红字"，输入资料信息，退货数量填"-5"，本币单价为 4 200 元。红字采购入库单如图 10-21 所示，保存并审核后退出。

②在存货核算系统"业务核算"中选择"正常单据记账"，进行记账操作。

③选择"财务核算"→"生成凭证"，单击"选择"按钮，在查询条件框中查询，单击"确定"按钮，进入"未生成凭证单据一览表"，选择要生成凭证的单据，单击"确定"按钮

后返回"生成凭证"窗口，选择凭证类型为"转账凭证"，生成凭证并保存，如图 10-22 所示。

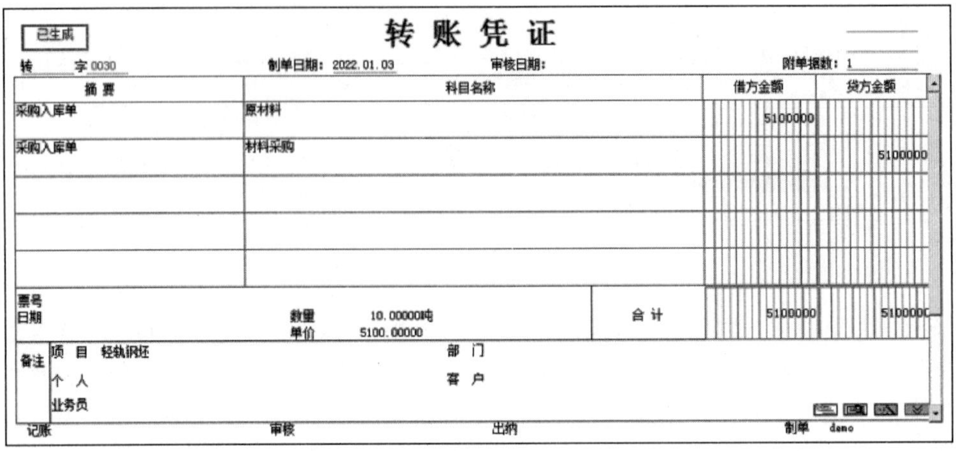

图 10-20　生成凭证

图 10-21　填制红字采购入库单

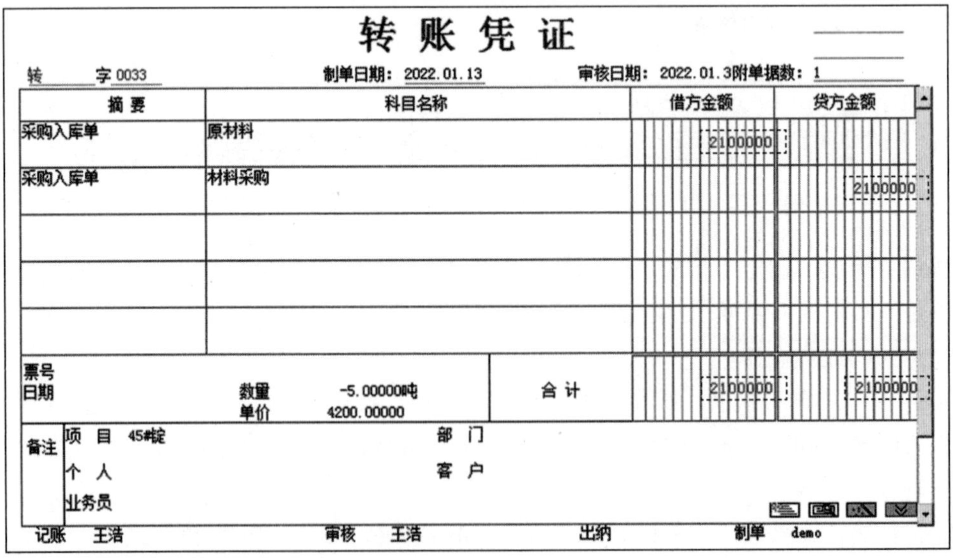

图 10-22　采购退货业务生成凭证

注：在系统实际操作界面，虚线框内数字将显示为红色。

（3）暂估入库业务。

①进入"采购入库单"界面，单击"增加"按钮，录入资料信息，如图10-23所示，保存并审核采购入库单。

图 10-23　采购入库单（二）

由于货到票未到，采购入库时材料单价不填。该业务采购发票月末仍然未到达，则进行月末暂估处理。

②月末，依次选择"存货核算"→"业务核算"→"暂估成本录入"，进入查询条件界面，选择"原材料库"，单击"确定"按钮，进入暂估成本录入界面。输入暂估价，如图10-24所示，再单击"保存"按钮。

图 10-24　暂估成本录入界面

③在存货核算系统选择"业务核算"→"正常单据记账"，进行记账。

④选择"财务核算"→"生成凭证"，进入"生成凭证"窗口。单击"选择"按钮，在查询条件里选择"采购入库单（暂估记账）"，单击"确定"按钮，系统显示"未生成凭证单据一览表"。

选择要生成凭证的单据，单击"确定"按钮，返回生成凭证界面，如图10-25所示，将凭证类别改为"转账凭证"，保存并退出。

图 10-25　暂估入库业务生成凭证

（4）产成品入库业务。

①依次选择"库存管理"→"入库业务"→"产成品入库单"，单击"增加"按钮，录

入资料信息，如图10-26所示，保存并审核。

图10-26 产成品入库单

②选择"存货核算"→"业务核算"进行"正常单据记账"。

③选择"财务核算"→"生成凭证"，进入生成凭证窗口，单击工具栏的"选择"按钮进入查询条件选择界面，选择"产成品入库单"，单击"确定"进入"选择单据"，选择要生成的单据（可单击"全选"按钮），单击"确定"，返回"生成凭证"窗口，选择凭证类别为"转账凭证"，单击"生成"。由于存货对方科目只能设置一个，此时凭证第二行科目为"基本生产成本——材料成本"，因此需要根据资料手动增加"基本生产成本——人工成本"和"基本生产成本——制造费用"两科目及其金额，在辅助项框选择"齿轮钢"，最后生成凭证，如图10-27所示。

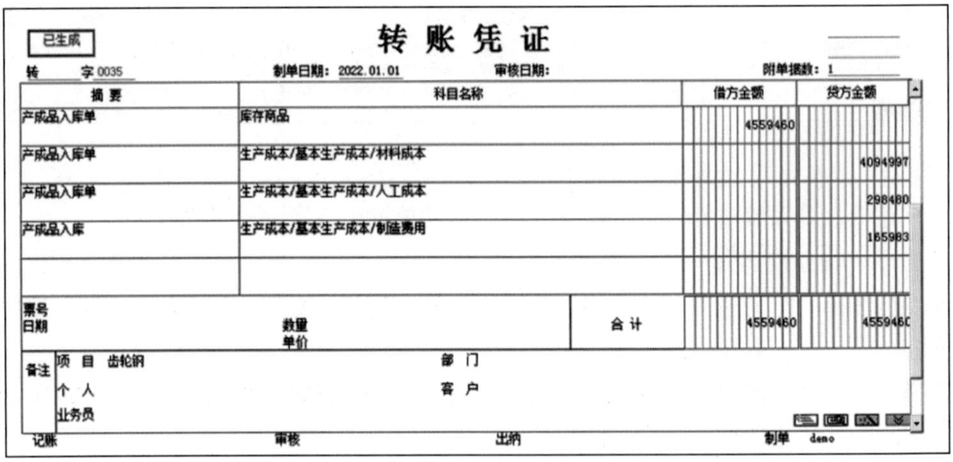

图10-27 产成品入库业务生成凭证

（5）普通销售业务。

①依次选择"库存管理"→"出库业务"→"销售出库单"，系统根据销售发货单自动生成销售出库单，因此只需找到该业务的出库单，然后录入相应的"单价"，保存并审核，如图10-28所示。

由于销售选项设置中选择了"销售生成出库单"，因此销售出库单根据发货单自动生成。若没有勾选上述选项，则在库存管理系统中单击"生单"，选择相应的发货单号进行生单。

②在存货核算系统中选择"业务核算"→"正常单据记账"，进行记账。

销售出库单

表体排序　　◉ 蓝字　○ 红字　　销售出库单打印模版　合并显示 □

出库单号 0000000002　出库日期 2022-01-07　仓库 产成品库
出库类别 销售出库　业务类型 普通销售　业务号 0000000002
销售部门 销售部　业务员　客户 青亚集团
审核日期 2022-01-08　备注

	存货编码	存货名称	规格型号	主计量单位	数量	单价	金额
1	050	齿轮钢		吨	9.00	4559.46	41035.14
合计					9.00		41035.14

制单人 demo　审核人 demo
现存量 13.00

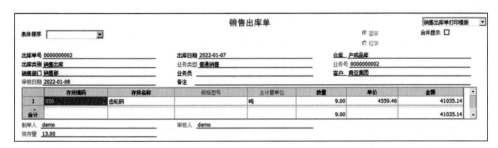

图 10-28　销售出库单（一）

③在存货核算系统中选择“财务核算”→“生成凭证”，按照生成凭证的步骤操作，生成凭证界面如图 10-29 所示，最后单击“生成”并保存。

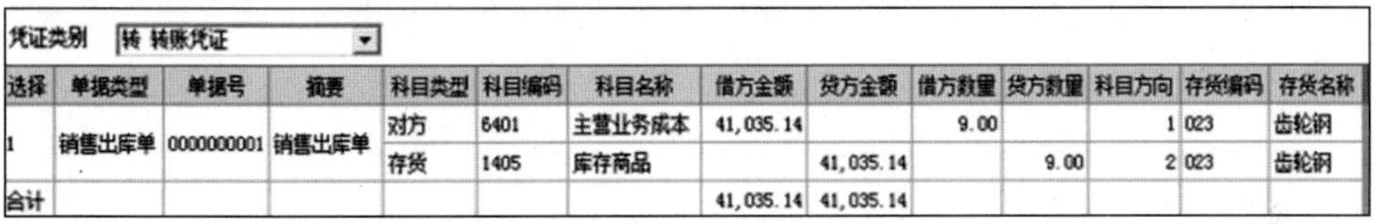

凭证类别　转 转账凭证

选择	单据类型	单据号	摘要	科目类型	科目编码	科目名称	借方金额	贷方金额	借方数量	贷方数量	科目方向	存货编码	存货名称
1	销售出库单	0000000001	销售出库单	对方	6401	主营业务成本	41,035.14		9.00		1	023	齿轮钢
				存货	1405	库存商品		41,035.14		9.00	2	023	齿轮钢
合计							41,035.14	41,035.14					

图 10-29　销售出库业务生成凭证

（6）分期收款销售业务。

①进入“销售出库单”界面，找到该业务对应的销售出库单，录入相关“单价”，保存并审核，如图 10-30 所示。

◉ 蓝字　○ 红字　　销售出库单　　销售出库单打印模版

表体排序

出库单号 0000000004　出库日期 2022-01-19　仓库 产成品库
出库类别 销售出库　业务类型 分期收款　业务号 0000000004
销售部门 销售部　业务员　客户 巴氏集团
审核日期 2022-01-31　备注

	存货编码	存货名称	规格型号	主计量单位	数量	单价	金额
1	051	螺纹钢		吨	7.00	5863.02	41041.14
合计					7.00		41041.14

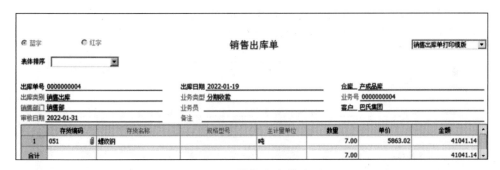

图 10-30　销售出库单（二）

②选择“业务核算”→“发出商品记账”，进入查询条件界面，选择业务类型“分期收款”，进入“发出商品记账”界面，如图 10-31 所示。选中单据类型“发货单”和“专用发票”，单击“记账”，记账成功后退出。

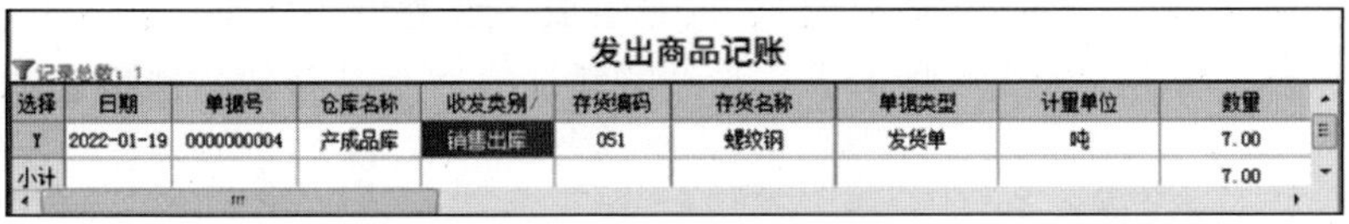

发出商品记账

记录总数：1

选择	日期	单据号	仓库名称	收发类别	存货编码	存货名称	单据类型	计量单位	数量
Y	2022-01-19	0000000004	产成品库	销售出库	051	螺纹钢	发货单	吨	7.00
小计									7.00

图 10-31　发出商品记账（一）

③选择“财务核算”→“生成凭证”，在查询条件框中选择“分期收款发出商品发货单”，

单击“确定”，进入未生成凭证单据一览表，选中要生成凭证所在的行，单击“确定”后退出，发货单生成凭证窗口如图 10-32 所示，单击“生成”，最后保存凭证。

未记账单据一览表　生成凭证

凭证类别　转 转账凭证

选择	单据类型	单据号	摘要	科目类型	科目编码	科目名称	借方金额	贷方金额	借方数量	贷方数量	科…	存货编码	存货名称
1	发货单	000000...	发货单	发出商品	1406	发出商品	41,041.14		7.00		1	051	螺纹钢
				存货	1405	库存商品		41,041.14		7.00	2	051	螺纹钢
合计							41,041.14	41,041.14					

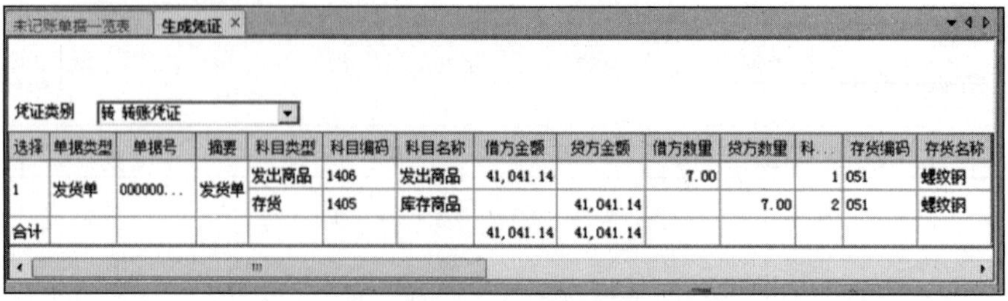

图 10-32　发货单生成凭证窗口（一）

④以同样的生成凭证操作，对“分期收款发出商品专用发票”生成凭证，专用发票生成凭证窗口如图 10-33 所示，再单击“生成”并保存凭证。

凭证类别　转 转账凭证

选择	单据类型	单据号	摘要	科目类型	科目编码	科目名称	借方金额	贷方金额	借方数量	贷方数量	科…	存货编码	存货名称
1	专用发票	000000...	专…	对方	6401	主营业务成本	41,041.14		7.00		1	051	螺纹钢
				发出商品	1406	发出商品		41,041.14		7.00	2	051	螺纹钢
合计							41,041.14	41,041.14					

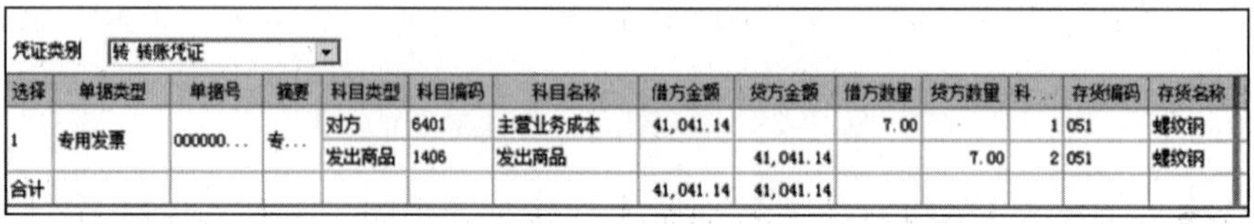

图 10-33　专用发票生成凭证窗口

（7）销售退货业务。

①进入“销售出库单”界面，找到系统自动生成的红字销售出库单，然后录入相应的“单价”，保存并审核，如图 10-34 所示。

蓝字　红字　　销售出库单　　销售出库单打印模版

表体排序

出库单号 0000000005　出库日期 2022-01-25　仓库 产成品库

出库类别 销售出库　业务类型 普通销售　业务号 0000000005

销售部门 销售部　业务员　客户 涞源公司

审核日期 2022-01-31　备注

	存货编码	存货名称	规格型号	主计量单位	数量	单价	金额
1	056	链条钢		吨	-3.00	4481.50	-13444.50
合计					-3.00		-13444.50

制单人 demo　审核人 demo

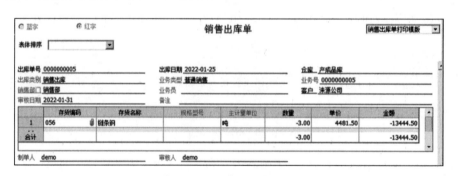

图 10-34　销售出库单（三）

②选择存货核算系统中的“业务核算”，选择“正常单据记账”进行记账。

③选择“财务核算”→“生成凭证”，按照生成凭证的步骤操作，进入生成凭证窗口，如图 10-35 所示，单击“生成”将生成一张红字凭证，冲销已结转的销售成本，最后保存凭证。

（8）委托代销业务。

①在库存管理系统中找到相应的销售出库单，并录入“单价”信息，保存并审核，如图 10-36 所示。

凭证类别　转 转账凭证

选择	单据类型	单据号	摘要	科目类型	科目编码	科目名称	借方金额	贷方金额	借方数量	贷方数量	科…	存货编码	存货名称
1	销售…	000000…	销…	对方	6401	主营业…	-13,444.50		-3.00		1	056	链条钢
				存货	1405	库存商品		-13,444.50		-3.00	2	056	链条钢
合计							-13,444.50	-13,444.50					

图 10-35　生成凭证窗口

销售出库单

◉ 蓝字　○ 红字　　销售出库单打印模版

表体排序

出库单号 0000000006　出库日期 2022-01-25　仓库 产成品库
出库类别 销售出库　业务类型 委托代销　业务号 0000000001
销售部门 销售部　业务员　客户 鸿华公司
审核日期 2022-01-31　备注

	存货编码	存货名称	规格型号	主计量单位	数量	单价	金额
1	052	角钢		吨	10.00	5242.91	52429.10
合计					10.00		52429.10

制单人 demo　审核人 demo

图 10-36　销售出库单（四）

②在存货核算系统中，选择“业务核算”→“发出商品记账”，在查询条件框中“业务类型”选择“委托代销”，进入发出商品记账界面，如图 10-37 所示，对委托代销发货单和专用发票进行记账。

发出商品记账

记录总数：1

选择	日期	单据号	仓库名称	收发类别	存货编码	存货名称	单据类型	计量单位	数量
	2022-01-25	0000000001	产成品库	销售出库	052	角钢	委托代销发货单	吨	10.00
小计									10.00

发出商品记账

记录总数：1

选择	单据号	仓库名称	收发类别	存货编码	存货名称	单据类型	计量单位	数量
Y	0000000015	产成品库	销售出库	052	角钢	专用发票	吨	7.00
小计								7.00

图 10-37　发出商品记账（二）

③按照生成凭证的步骤分别对“委托代销发出商品发货单”和“委托代销发出商品专用发票”生成凭证，最后进入如图 10-38 所示的发货单生成凭证窗口，再单击“生成”并保存凭证。

凭证类别　转 转账凭证

选择	单据类型	单据号	科目类型	科目编码	科目名称	借方金额	贷方金额	借方数量	贷…	存货名称
1	委托代销发货单	0000000001	发出商品	1406	发出商品	52,429.10		10.00		角钢
			存货	1405	库存商品		52,429.10		10.00	角钢
合计						52,429.10	52,429.10			

凭证类别　转 转账凭证

选择	单据类型	单据号	科目类型	科目编码	科目名称	借方金额	贷方金额	借方数量	贷…	存货名称
1	专用发票	0000000015	对方	6401	主营业务成本	36,700.37		7.00		角钢
			发出商品	1406	发出商品		36,700.37		7.00	角钢
合计						36,700.37	36,700.37			

图 10-38　发货单生成凭证窗口（二）

（9）物料领用业务。

①选择"出库业务"→"材料出库单"，单击"增加"按钮，录入资料信息，如图10-39所示，保存并审核。

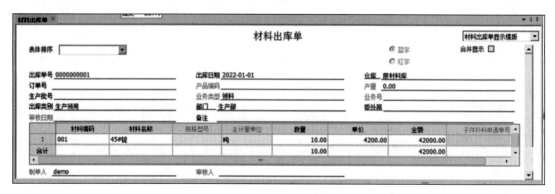

图 10-39　材料出库单

②进入存货核算系统"正常单据记账"界面进行记账。

③选择"财务核算"→"生成凭证"，按照生成凭证的步骤进入生成凭证窗口，再单击"生成"生成凭证并保存，如图10-40所示。

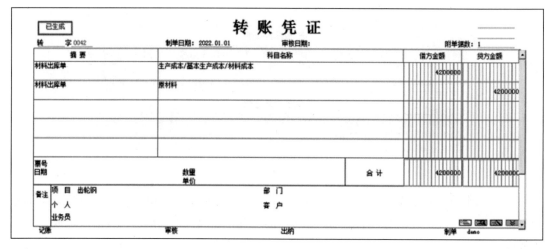

图 10-40　物料领用业务生成凭证

10.3.4　存货系统期末处理

1. 账表管理

通过查询流水账、明细账、出入库汇总表、收发存汇总表等可以对物料的收发情况和库存状态及时进行了解。以"45#锭"的明细账、收发存汇总表为例进行操作说明。

（1）明细账。选择"账簿"→"明细账"，在查询界面选择"原材料库"，存货名称"45#锭"，单击"确定"，生成"45#锭"明细账如图10-41所示。

（2）收发存汇总表。依次选择"账表"→"汇总表"→"收发存汇总表"，进入"设置条件”窗口，按照默认条件设置进行查询，如图 10-42 所示。

科目明细账

仓库：(01) 原材料库　　存货科目(1403)原材料
存货：(001)45#锭　　规格型号：
计量单位：吨　　存货代码：
最高存量：　　最低存量：　　安全库存量：

记账日期：	2022年 月	日	凭证号	摘要 凭证摘要	收发类别	收入 数量	单价	金额	发出 数量	单价	金额	结存 数量	单价	金额
				期初结存								30.00	4,430.00	132,900.00
2022-01-01	1	1	转 33	采购入库单	采购退货	-5.00	4,200.00	-21,000.00				25.00	4,476.00	111,900.00
2022-01-31	1	31	转 42	材料出库单	生产领用				10.00	4,200.00	42,000.00	15.00	4,660.00	69,900.00
2022-01-31	1	31	转 45	采购入库单	采购入库	12.00	4,200.00	50,400.00				27.00	4,455.56	120,300.00
2022-01-31	1	31	转 47	采购入库单	采购入库	3.00	4,200.00	12,600.00				30.00	4,430.00	132,900.00
2022-01-31	1	31	转 58	材料出库单	生产领用				20.00	4,430.00	88,600.00	10.00	4,430.00	44,300.00
				1月合计		10.00		42,000.00	30.00		130,600.00	10.00	4,430.00	44,300.00
				本年累计		10.00		42,000.00	30.00		130,600.00			

图 10-41　“45# 锭”明细账

收发存汇总表

记账日期：全部
仓库：全部

存货 编码	名称	单位	期初 数量	单价	金额	收入 数量	单价	金额	发出 数量	单价	金额	结存 数量	单价	金额
001	45#锭	吨	30.00	4,430.00	132,900.00	10.00	4,200.00	42,000.00	30.00	4,353.33	130,600.00	10.00	4,430.00	44,300.00
002	20管锭	吨				8.00	4,900.00	39,200.00				8.00	4,900.00	39,200.00
003	T8锭	吨	25.00	6,290.00	157,250.00	32.00	4,496.88	143,900.00	6.00	6,290.00	37,740.00	51.00	5,164.90	263,410.00
004	45#坯	吨	25.00	4,180.00	104,500.00				6.00	4,180.00	25,080.00	19.00	4,180.00	79,420.00
005	25MV坯	吨	35.00	4,550.00	159,250.00	5.00	4,500.00	22,500.00	26.00	4,550.00	118,300.00	14.00	4,532.14	63,450.00
006	Q235坯	吨	20.00	3,600.00	72,000.00	28.00	3,835.71	107,400.00	20.00	3,600.00	72,000.00	28.00	3,835.71	107,400.00
007	轻轨钢坯	吨	31.00	5,000.00	155,000.00	10.00	5,150.00	51,500.00	18.00	5,000.00	90,000.00	23.00	5,065.22	116,500.00
008	R3坯	吨	80.00	4,632.00	370,560.00				32.00	4,632.00	148,224.00	48.00	4,632.00	222,336.00
050	齿轮钢	吨	12.00	4,559.46	54,713.52	10.00	4,559.46	45,594.60	9.00	4,559.46	41,035.14	13.00	4,559.46	59,272.98
051	螺纹钢	吨	14.00	5,863.02	82,082.28	20.00	5,863.02	117,260.40	7.00	5,863.02	41,041.14	27.00	5,863.02	158,301.54
052	角钢	吨	16.00	5,242.91	83,886.56	25.00	5,242.91	131,072.75	10.00	5,242.91	52,429.10	31.00	5,242.91	162,530.21
053	槽钢	吨	7.00	5,741.13	40,187.91							7.00	5,741.13	40,187.91
054	扣件钢	吨	7.00	4,808.54	33,659.78							7.00	4,808.54	33,659.78
055	轻轨	吨	10.00	5,669.83	56,698.30							10.00	5,669.83	56,698.30
056	链条钢	吨	13.00	4,481.50	58,259.50	30.00	4,481.50	134,445.00	9.00	4,481.50	40,333.50	34.00	4,481.50	152,371.00
057	锚杆钢	吨	6.00	5,965.17	35,791.02							6.00	5,965.17	35,791.02
058	弹条钢	吨	8.00	3,983.17	31,865.36	15.00	3,983.17	59,747.55				23.00	3,983.17	91,612.91
合计			339.00		1,628,604.23	193.00		894,620.30	173.00		796,782.88	359.00		1,726,441.65

图 10-42　收发存汇总表

2. 对账

（1）期末时，在总账系统凭证全部记账之后，依次选择“存货核算”→“财务核算”→“与总账对账”，进入“对账”窗口，查看相关数据，对账结果如图 10-43 所示。

与总账对账

会计年度 2022　会计月份 1月份　☑ 数量检查　☑ 金额检查　☑ 包含未记账凭证　☐ 对账相平　☐ 对账不平

科目 编码	名称	存货系统 期初结存金额	借方发生金额	贷方发生金额	期末结存金额	总账系统 期初结存金额	借方发生金额	贷方发生金额	期末结存金额
1403	原材料	1151460.00	431500.00	621944.00	961016.00	1151460.00	431500.00	621944.00	961016.00
1405	库存商品	477144.23	488120.30	194754.73	770509.80	477144.23	488120.30	194754.73	770509.80

图 10-43　期末与总账对账

（2）选择“财务核算”→“发出商品与总账对账”，进入“对账”窗口，如图 10-44 所示。

3. 结账

月末处理时一般在本月报表编制完成后，确认当期业务完成，才进行相关的月末结账等处理，具体操作如下。

（1）在库存管理系统选择"月末结账"，如图10-45所示，单击"结账"，系统弹出"库存启用月份结账后将不能修改期初数据，是否继续结账"，单击"是"，结账成功。

发出商品与总账对账								
会计年度 2022 会计月份 1月份					☑数量检查 ☑金额检查 ☑包含未记账凭证		□对账相平 □对账不平	
科目		存货系统				总账系统		
编码	名称	期初结存金额	借方发生金额	贷方发生金额	期末结存金额	期初结存金额	借方发生金额	贷方发生金额	期末结存金额
1406	发出商品	0.00	93470.24	77741.51	15728.73	0.00	93470.24	77741.51	15728.73
合计		0.00	93470.24	77741.51	15728.73	0.00	93470.24	77741.51	15728.73

图10-44　发出商品与总账对账

结账			
会计月份	起始日期	结束日期	是否结账
1	2022-01-01	2022-01-31	否
2	2022-02-01	2022-02-28	否
3	2022-03-01	2022-03-31	否
4	2022-04-01	2022-04-30	否
5	2022-05-01	2022-05-31	否
6	2022-06-01	2022-06-30	否
7	2022-07-01	2022-07-31	否
8	2022-08-01	2022-08-31	否
9	2022-09-01	2022-09-30	否
10	2022-10-01	2022-10-31	否
11	2022-11-01	2022-11-30	否
12	2022-12-01	2022-12-31	否

图10-45　库存管理系统月末结账

（2）在存货核算系统选择"业务核算"→"期末处理"，在期末处理界面勾选相关选项，如图10-46所示，单击"处理"，最后弹出"期末处理完毕！"。

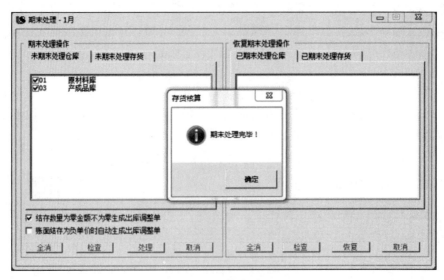

图10-46　期末处理

（3）选择"业务核算"→"月末结账"，进入"结账"窗口，选择要结账的月份，先单击"月结检查"，无误后弹出"检测成功"。

（4）在上述界面单击"结账"，存货核算系统月末结账完成，如图10-47所示。

图 10-47　存货核算系统月末结账完成

▶ 本章小结

存货系统的管理活动是内部物流的中心环节，它的入库与出库业务涵盖了企业所有非货币的流动资产，它起始于采购的收货通知单，终止于销售出库单。它直接服务于企业的整个制造过程，为满足生产需求而尽量减少储备资金进行管理。存货核算直接为销售出库产品提供结转销售成本的依据，可为生产过程的消耗提供准确的数据，为成本核算提供消耗对象的价值；成本核算则为存货的自制品入库核算提供了依据。在整个物流系统中，各种单据是传递数据的主要载体，通过多方关联，系统使用户可以跟踪业务的执行过程，实现全过程的控制和有效管理，并可以为用户提供各种动态信息，这是手工处理无可比拟的优势。

▶ 练习题

一、不定项选择题（每题至少有一个选项正确）

1. 用友供应链管理系统中，同存货模块有直接数据传递的模块是（　　）。
   A. 采购管理　　　　　B. 销售管理
   C. 库存管理　　　　　D. 总账系统

2. 下列描述正确的是（　　）。
   A. 在库存管理系统中，销售出库单可以参照发货单生成
   B. 销售出库单也可以在销售管理系统生成后传递到库存管理系统
   C. 由销售管理系统生成后传递到库存管理系统的销售出库单，不能在库存管理系统中审核
   D. 库存管理系统为销售管理系统提供可用于销售的存货可用量

3. 其他入库单是指除采购入库、产成品入库之外的其他入库业务，如（　　）等业务形成的入库单。
   A. 调拨入库　　　　　B. 盘盈入库
   C. 组装拆卸入库　　　D. 形态转换入库

4. 库存管理系统不能进行（　　）业务处理。
   A. 盘点管理　　　　　B. 成本管理
   C. 其他出入库　　　　D. 材料出库

5. 下列说法正确的有（　　）。
   A. 如果库存管理系统已启用，则采购入库单只能由库存管理系统录入；若库存管理系统没有启用，采购系统启用，则采购入库单在采购系统录入
   B. 存货系统的基础设置包括在仓库档案中设置仓库的计价方式
   C. 采购入库单和发票结算后才能进行暂估成本处理
   D. 在存货系统期末处理时，若选择结余数量为零、金额不为零的选项，则存货系统根据实际情况会生成出库调整单进行调整

6. 关于委托代销发出商品描述正确的是（　　）。
   A. 在进行库存管理的选项设置时应根据企业实际业务来决定是否勾选"有无委托代销业务"
   B. 发货环节委托代销的记账依据为发货单

C. 委托代销发出商品应选择"发出商品记账"
D. 进行销售成本核算时记账依据为对应的销售发票

7. 下列关于存货系统期末处理描述正确的是（　　）。
   A. 如果与采购系统集成使用，采购系统结账后，才能进行结账
   B. 由于本系统可以处理压单的情况，因此有未记账的单据，也可以进行结账处理
   C. 存货系统的"期末处理"功能可以计算出按全月平均方式核算的存货全月平均单价和本月的出库成本
   D. 本月已进行"期末处理"的仓库／部门／存货可以再进行"期末处理"

二、判断题

1. 用友供应链的存货系统中，本月的已记账单据也可以转到下个月再生成凭证。（　　）
2. 入库调整单是对存货的入库成本进行调整的单据，它只调整存货的金额，不调整存货的数量。（　　）
3. 采购入库单记账，使用正常单据记账的功能。（　　）
4. 分期收款发出商品发票记账，取发票对应发货单的成本数据计算销售成本。（　　）
5. 库存模块与存货模块的期初数据必须分别录入，不能相互取数。（　　）
6. 企业在制单之前应先在存货核算系统中将存货科目设置正确、完整，否则无法自动生成科目完整的凭证。（　　）
7. 设置存货科目时仓库和存货分类不可以同时为空。（　　）

三、简答题

1. 简述存货系统与其他系统的关系。
2. 存货核算的结果为哪些系统提供核算依据？
3. 说明存货系统中选项设置的作用。
4. 简述存货系统的"期末处理"功能。

第 11 章

销售管理系统

销售管理系统（简称销售系统）是物料在企业内流动的终点，企业从客户获得订货需求，将信息传递给计划、采购、仓存等系统，从仓存、采购等系统获得货物，传递给客户，完成物流管理。其主要的职能是为客户提供产品与服务，从而实现企业的资金转化并获得利润，为企业创造生存与发展的动力源泉，并由此实现企业的社会价值。

11.1 销售管理系统分析

11.1.1 销售管理概述

销售是企业通过转让产品所有权或提供劳务获得生产经营成果，实现企业价值的过程。它在资金运动中表现为从产品转化为货币的过程。企业只有通过销售获得必要的货币资金，才能使企业的再生产过程得以持续进行。

销售业务分为产品销售和其他销售两类。

产品销售是指企业销售产品，包括产成品、自制半成品及工业性劳务等的行为，是企业的基本销售业务。在账务处理中，产品销售通过"主营业务收入""销售费用""主营业务成本""税金及附加""应交增值税""应收账款""应收票据"和"银行存款"等科目进行核算。

其他销售是指除产品销售以外的各种销售，如材料销售、包装物销售、无形资产转让等。在账务处理中，其他销售通过"其他业务收入""其他业务成本"等科目进行核算。

11.1.2 销售业务分析

销售管理的主要业务可归为以下几类。

（1）制定销售计划和产品报价。销售报价单是销售部门根据企业销售政策、产品成本、目标利润率、以往价格资料等向客户提出的产品报价。它为销售订单提供基本价格信息，是价格资料管理的组成部分。

（2）开拓市场，对企业的客户进行分类管理，维护客户档案信息，制定针对客户的合理的价格政策，建立长期稳定的销售渠道。

（3）进行市场销售预测，编制销售计划。

（4）进行销售订单管理。销售订单是购销双方共同签署的、以此确认购销活动的标志。通过销售订单管理可以直接向客户销货并可查询销售订单的发货情况和订单执行状况，是销售业务中非常重要的管理方式，同时，它在整体系统中也处于非常重要的地位。销售订单是物资在销售业务中流动的起点，是实现以销定产、以销售定计划、以销定购等多种业务处理的依据，因而在所有业务单据中，销售订单的传递途径最多，涵盖的业务范围最广，不仅是销售系统也是采购系统、存货系统、生产系统重要的起源单据和最终目标。

（5）发货管理。销售部门确定销售订货成立，向仓库部门发出发货通知单。发货通知单是销售订单的重要执行单据，它不仅要处理与销售订单直接关联的执行情况，还要处理销售出库单与销售订单间接关联的执行情况，起到承上启下的业务管理作用。

（6）退货管理。退货是由于质量不合格或与销售订单或合同的相关条款不相符等原因，购货单位将销售货物退回的事项。对于退回的货物，要填写退货通知单。退货通知单是发货通知单的反向处理单据。

（7）其他销售业务管理——销售调拨业务。集团企业内部有销售结算关系的销售部门或分公司之间存在销售调拨业务，客户通过销售调拨单取得货物的实际所有权。与正常的销售行为相比，它同样生成应收账款并减少库存，不同的是销售调拨业务不涉及销售税金。销售调拨单是一种特殊的确认销售收入的单据，必须在当地税务机关许可的前提下方可使用，否则处理内部销售调拨业务必须开具发票。销售调拨单经审核后形成应收账款，通知应收款系统收款，记入销售收入，生成发货单和销售出库单，通知仓库备货并进行销售出库登账处理。

销售系统业务流程如图11-1所示。

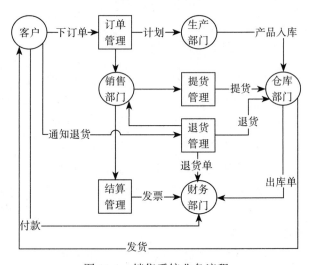

图11-1　销售系统业务流程

11.1.3　销售核算分析

销售核算的主要工作都在应收款管理系统和存货核算系统中进行，但是这些核算是从销售开始的，通过销售业务单据和销售发票的钩稽，可反映和监督企业的销售收入、销售成本、销售费用、税金及附加的完成情况，正确完成产品发出和货款结算的账务处理工作，要求既要进行总分类核算，也要通过销售收入明细账和发出产品明细账进行明细分类核算，计算出产品销售利润，以便企业及时掌握销售情况，组织销售工作，降低销售成本，提高企业经济效益。

1. 销售收入与销售成本的核算

（1）现销与赊销。企业采用现销或赊销方式销售商品，两者既有相同之处，也有不同之处。现销与赊销的相同之处是：两者均应在符合销售商品收入的确认条件时，确认销售收入，并结转销售成本；两者在确定商品价款时均可能发生商业折扣。不同之处是：现销直接收入货币资金，赊销则形成应收账款的增加，后期需进行应收账款的管理。

企业采用现销或赊销方式销售商品。企业根据具体情况，借记"银行存款""应收票据""应收账款"等科目；根据实际价款，贷记"主营业务收入"科目；根据收取的增值税销项税额，贷记"应交税费——应交增值税——销项税额"科目。采用赊销方式销售商品时，如果有现金折扣，根据我国企业会计准则的要求，采用总价法进行核算。

企业已经销售的商品，可能会由于品种、质量等不符合购销合同的规定而被客户退回。企业收到退回的商品时，应退还货款或冲减应收账款，并冲减主营业务收入和增值税销项税额，借记"主营业务收入""应交税费——应交增值税——销项税额"等科目，贷记"银行存款""应收账款"等科目。应由企业负担的发货及退货运杂费计入销售费用。在商品的品种、质量等不符合购销合同但客户仍可继续使用的情况下，企业可能给予客户商品价格上的减让，即销售折让。发生销售折让时，应根据销售折让的数额，借记"主营业务收入""应交税费——应交增值税——销项税额"等科目，贷记"银行存款""应收账款"等科目。

企业不论采用现销或赊销方式销售商品，均应结转已销商品（扣除销售退回）的成本，借记"主营业务成本"科目，贷记"库存商品"科目。

（2）分期收款销售。分期收款销售是指企业与客户商定在销售商品以后的一定期间采用分期收取货款方式销售产品。一般来说，采用分期收款方式销售的商品价值较高，分期收款的周期也较长。在客户一次付清货款有一定困难的情况下，分期收款销售也是一种促销手段。分期收款销售采用分期收款方式销售产品，发出商品时，不确认销售收入。已发出的商品仍属于企业的存货，应根据发出商品的实际成本，借记"发出商品"科目，贷记"库存商品"科目。在合同规定的收款日期，应确认销售收入，根据规定收取的价款，借记"银行存款""应收账款"等科目，贷记"主营业务收入""应交税费"等科目；按收款比例或销售成本率计算结转销售成本，借记"主营业务成本"科目，贷记"发出商品"科目。

2. 税金及附加的核算

税金及附加是指应由销售收入补偿的各种税金及附加费，主要包括消费税、资源税、城市维护建设税和教育费附加等。

（1）消费税的核算。企业销售应纳消费税的商品，应按规定计算结转应交消费税，借记"税金及附加"科目，贷记"应交税费——应交消费税"科目。

（2）资源税的核算。企业销售应纳资源税的商品，应按规定计算结转应交资源税，借记"税金及附加"科目，贷记"应交税费——应交资源税"科目。

（3）城市维护建设税的核算。企业取得销售收入以后，应按规定计算结转应交城市维护建设税，借记"税金及附加"科目，贷记"应交税费——应交城市维护建设税"科目。

（4）教育费附加的核算。企业取得销售收入以后，应按规定计算结转应交教育费附加，借记"税金及附加"科目，贷记"应交税费——应交教育费附加"科目。

3. 销售费用的核算

销售费用是指企业在销售过程中发生的各项费用以及专设销售机构的各项经费，包括应由企业负担的运输费、装卸费、包装费、保险费、广告费、展览费和售后服务费以及销售部门人员工资、职工福利费、差旅费、办公费、折旧费、修理费和其他经费等。

11.1.4 销售系统与其他系统的关系

销售系统与其他系统的关系如图11-2所示。

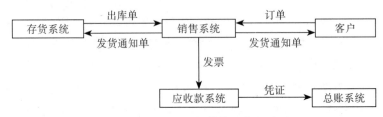

图 11-2 销售系统与其他系统的关系

11.2 销售管理系统的主要功能

11.2.1 主要功能模块

销售系统的主要功能模块如图11-3所示，在实际操作中，各模块业务会有重合。

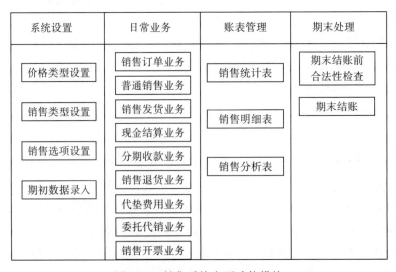

图 11-3 销售系统主要功能模块

11.2.2 模块功能简要说明

（1）系统设置。

①价格类型设置。在销售过程中，对于不同级别的客户，同一种存货可能存在着不同的价格，可以对此类存货定义不同级别的销售价格，即销售价格类型设置。

②销售类型设置。依据企业的具体销售种类决定销售类型，如零售、批发、委托代销等。一般而言，不同的销售类型对应不同的客户。

③销售选项设置。该功能主要是设置各种控制参数，如业务控制，以及其他控制、信用控制、可用量控制、价格管理。这些系统参数的设置将决定系统的业务流程、业务模式、数据流向。

④期初数据录入。其包括期初发货单和期初委托代销发货单的录入。期初发货单录入功能，可处理系统启用日之前已经发货、出库，尚未开发票的业务，包括普通销售、分期收款发货单；期初委托代销发货单的录入只需录入未完全结算的数据。

（2）日常业务。重点介绍以下四项业务。

①销售订单业务。销售订单业务是指由购销双方确认客户购货需求情况并签订销售订单，企业根据销售订单组织货源，并对订单的执行进行管理、控制和追踪管理。如果在图 11-6 的销售选项设置中勾选了"必有订单"选择项，那么所有业务都以销售订单为起点，没有订单就不能执行后续的业务操作。

②销售发货业务。销售发货业务是指根据销售合同或销售订单，将货物发往客户的业务活动，是销售业务的执行阶段。销售发货单参照销售订单生成，业务类型可分为普通销售业务、现结业务与分期收款销售业务。三种业务的区别是收款方式不同：前两者就是赊销与现销，赊销形成应收款，现销直接收现金，它们的后续发票处理也不同；分期收款销售业务则是按照订单或合同约定收款。不管哪种销售业务，都需要进行发货处理，才能实现销售业务的完成。

退货业务是发货业务的反向业务，所以发货数量是负数，退货单是发货单的红字单据。

③委托代销业务。委托代销业务中，系统根据委托代销发货单生成委托代销结算单，参照结算单生成凭证。

④销售开票业务。每一种销售业务都可以根据发货单生成对应的销售专用发票。企业可开具销售专用发票、销售普通发票、红字专用销售发票（销售退货业务）、红字普通销售发票，并可以批量生成发票。

（3）账表管理。账表管理功能包括三类报表的管理。

①销售统计表：销售统计表、发货统计表、发货单开票收款勾对表、销售综合统计表、委托代销统计表等。

②销售明细表：销售收入明细账、销售成本明细账、发货明细表、销售明细表、委托代销明细账等。

③销售分析表：销售增长分析、货物流向分析、销售结构分析、销售毛利分析、市场分析等。

（4）期末处理。

①期末结账前合法性检查的内容包括以下方面。

若上月未结账，本月日常业务处理可进行，但本月不能结账。

当本月还有未审/复核单据时，结账时系统提示"存在未审核的单据，是否继续进行月末结账？"，可以选择继续结账或取消结账。

只有在当前期间所有工作全部完成的前提下才能进行月末结账，否则会遗漏某些业务。

②期末结账。期末结账主要指月末结账操作，是逐月将每月的单据数据封存，并将当月的销售数据记入有关报表中，使系统的当前期间自动加 1。

11.3 销售管理系统实验指南

11.3.1 销售系统操作流程

销售系统操作流程如图 11-4 所示。

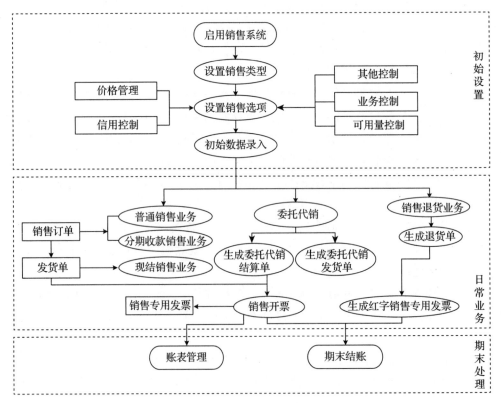

图 11-4 销售系统操作流程

11.3.2 初始设置

【实验内容】

（1）启用销售管理系统。

（2）设置销售类型。

（3）设置销售选项。

（4）录入期初数据。

【实验资料】

（1）销售类型。销售类型如表 11-1 所示。

表 11-1　销售类型

名称	出库类别
01 批发销售	销售出库
02 委托代销	销售出库
03 销售退回	销售退货

（2）销售选项。

①业务控制。业务控制内容包括有委托代销业务、有分期收款业务以及销售生成出库单。

②其他控制。参照发货生成新增发票。

③可用量控制。在发货单/发票非追踪型存货可用量控制中，"预计出库"不包括"待发货量"。

（3）销售管理期初数据。2021-12-31，销售部向新康机械厂销售弹条钢 5 吨，无税单价为 9 850 元/吨，增值税税率为 13%，价税合计 55 652.5 元。货已发出，发票尚未开出，款项均未收。

【操作指导】

（1）启用销售管理系统。登录企业应用平台，单击左侧"基础设置"，在"基础信息"中选择"系统启用"，启用销售管理系统，启用日期为"2022-01-01"，如图 9-5 所示。

（2）设置销售类型。在"基础档案 – 业务"中，双击"销售类型"，按照实验资料录入销售类型，如图 11-5 所示。

销售类型						
序号	销售类型编码	销售类型名称	出库类别	是否默认值	是否列入MPS/MRP计划
1	01	批发销售	销售出库	否	是
2	02	委托代销	销售出库	否	是
3	03	销售退回	销售出库	否	是

图 11-5　销售类型

（3）设置销售选项。

①在企业应用平台中，依次选择"业务工作"→"供应链"→"销售管理"→"设置"→"销售选项"。

②在弹出的"销售选项"窗口下，选择"业务控制"选项卡，勾选"有委托代销业务""有分期收款业务""销售生成出库单"，如图 11-6 所示。

③在"其他控制"选项卡中，将新增发票默认方式选为"参照发货"，如图 11-7 所示。

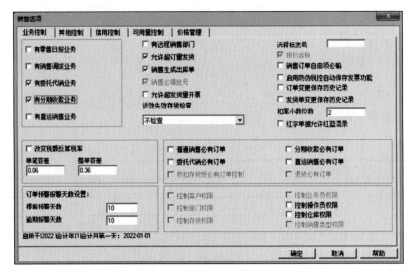

图 11-6　销售选项设置

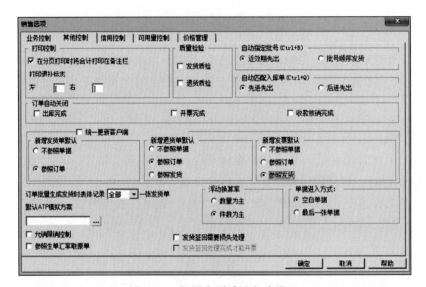

图 11-7　新增发票默认方式设置

④在"可用量控制"选项卡中,将发货单/发票非追踪型存货可用量控制公式下的"预计出库"中的"待发货量"取消勾选,如图 11-8 所示。

⑤其他选项按系统默认设置,单击"确定"按钮,保存系统参数设置结果。

(4)录入期初数据。

①选择"设置"下方的"期初录入",双击"期初发货单"。

②单击工具栏中的"增加"按钮,按照实验资料所给信息输入,如图 11-9 所示。

③单击工具栏中的"保存"按钮,保存期初发货单信息。

④单击工具栏中的"审核"按钮,审核确认期初发货单信息。

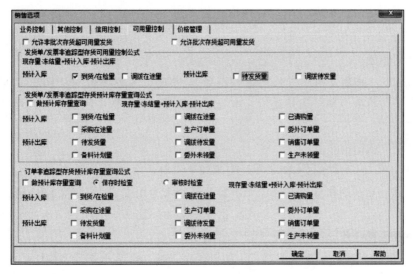

图 11-8　可用量控制

图 11-9　期初发货单

11.3.3　销售系统日常业务处理

【实验内容】

（1）普通销售业务。

（2）现结业务。

（3）分期收款销售业务。

（4）销售退货业务。

（5）代垫费用业务。

（6）委托代销业务。

【实验资料】

（1）普通销售业务。

业务 1　2022-01-02，开具上月 31 日销售给新康机械厂 5 吨弹条钢的销售专用发票。（期初发货单→销售专用发票）

业务 2　2022-01-05，肯亚集团向本公司订购齿轮钢 9 吨，无税单价为 9 200 元 / 吨，

当日提货，未支付款项，要求用上月预付款冲抵部分应付账款。本公司于当日开具销售专用发票。（手工录入销售专用发票）

（2）现结业务。

2022-01-06，涞源公司向本公司订购链条钢12吨，无税单价为9 700元/吨，开出一张转账支票支付货款，并于当日提货。本公司于当日开具销售专用发票。（手工录入现结销售专用发票）

（3）分期收款销售业务。

2022-01-19，巴氏集团向本公司订购螺纹钢7吨，无税单价为9 500元/吨。双方约定，一次发货，分三期收款。本公司于当日开具销售专用发票。（销售订单→发货单→销售专用发票）

（4）销售退货业务。

2022-01-25，涞源公司要求退货，退回链条钢3吨，该笔业务已于本月6日开具发票并收款。本公司同意退货，同时办理退款手续，开出一张现金支票34 047元。（退货单→现结红字专用销售发票）

（5）代垫费用业务。

2022-01-25，本公司向单南公司销售货物并为其代垫运费400元，客户尚未支付款项。（代垫费用单）

（6）委托代销业务。

2022-01-25，销售部委托浦华公司销售角钢10吨，无税单价为9 450元/吨，货物从成品库发出。（手工录入委托代销发货单）

2022-01-28，收到浦华公司的委托代销清单一张，计算角钢7吨，无税单价为9 450元/吨。本公司于当日开具销售专用发票给浦华公司。（委托代销发货单→委托代销结算单）

【操作指导】

（1）普通销售业务。

1）期初发货单开票。

①在销售管理系统中，打开"销售开票"菜单栏，双击"销售专用发票"，进入销售专用发票窗口。

②单击工具栏中的"增加"按钮，系统自动弹出"查询条件选择——发票参照发货单"对话框。客户选择"新康机械厂"，单击"确定"按钮。

③在弹出的"参照生单"窗口中，双击记录中的"选择"栏，出现"Y"表示成功，如图11-10所示。单击"确定"按钮，返回销售专用发票窗口。

④确认信息后单击"保存"按钮，生成销售专用发票，如图11-11所示。

⑤单击工具栏中的"复核"按钮，完成发票复核。

2）本期发生普通销售业务。

①在销售管理系统中，打开"销售订货-销售订单"，单击左上角的"增加"按钮，输入销售订单信息，如图11-12所示。

图 11-10　发票参照发货单生单窗口

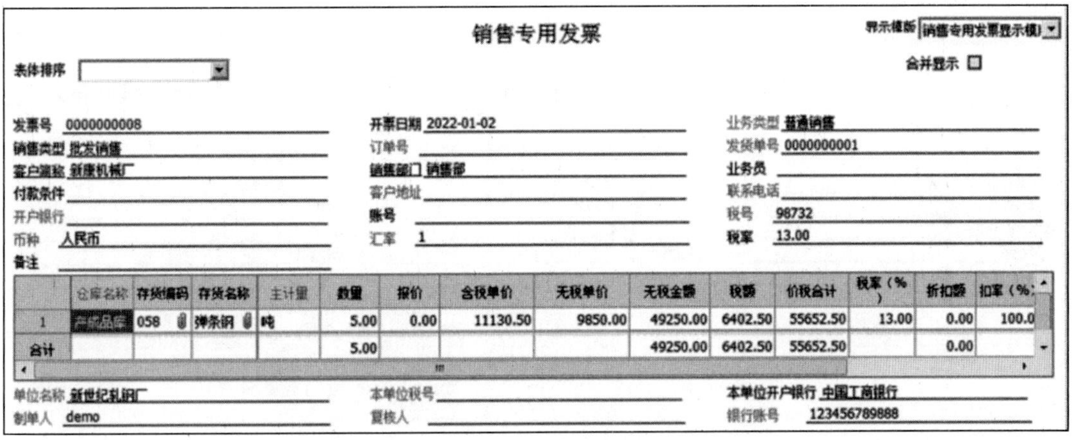

图 11-11　生成销售专用发票

图 11-12　销售订单

②打开"销售管理－销售发货",进入"发货单"界面,单击左上角的"增加"按钮选择订单,进入图 11-13 所示"参照订单生成发货单"界面,选择订单,确定后返回发货单窗口,如图 11-14 所示,填写完整,保存并审核。

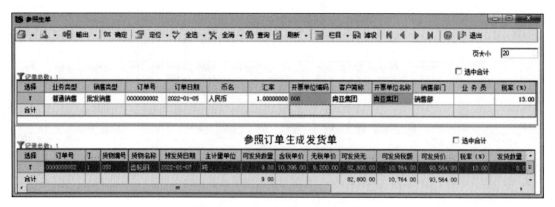

图 11-13　参照订单生成发货单

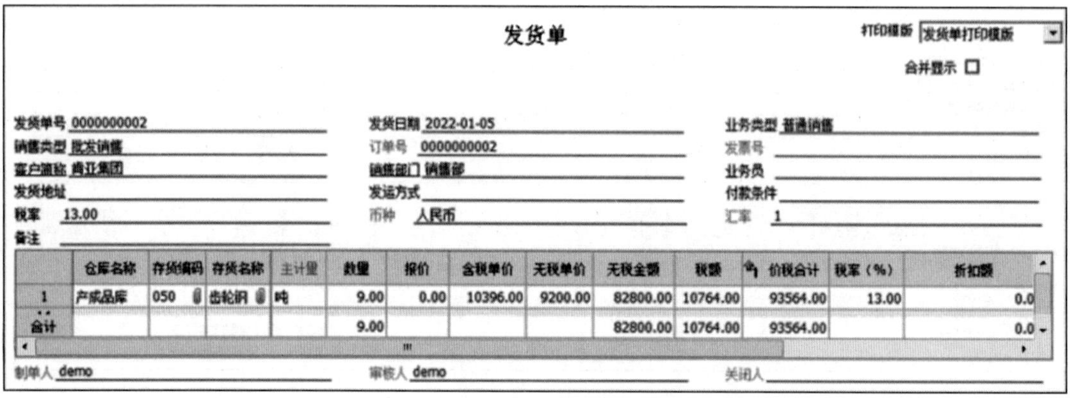

图 11-14　发货单

注意：发货单填制审核后，下一步在存货管理系统生成销售出库单如图 11-15 所示，销售出库单的生成有两种方式：第一种方式，如本教材中所演示的，在"销售系统－设置－销售选项"中勾选"销售生成出库单"，则系统自动生成出库单，业务人员需要在存货管理系统对出库单的"单价"和"金额"进行录入，审核并保存，然后按照出库单发货；第二种方式，不做第一种方式的勾选，则在销售系统中生成发货单，审核并保存后，在"存货管理－出库业务"中双击"销售出库单"，选择原单生成销售出库单。

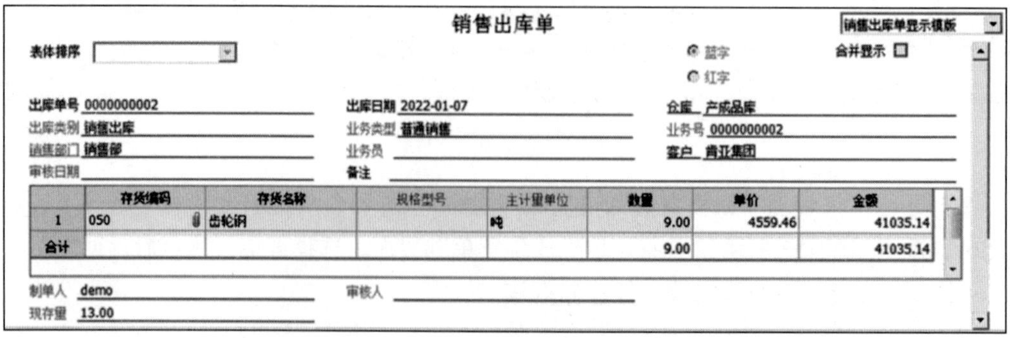

图 11-15　销售出库单

③打开"销售开票"菜单栏,双击"销售专用发票",进入销售专用发票窗口。单击工具栏中的"增加"按钮,系统自动弹出"查询条件选择——发票参照发货单"对话框。选择发货单并确认。

④在销售专用发票窗口中,根据实验资料输入相关信息,如图 11-16 所示。保存并复核该发票。

图 11-16　销售专用发票信息输入

(2)现结业务。

①手动录入一张销售专用发票并保存。

②单击当前页面工具栏中的"现结"按钮,打开"现结"窗口,输入结算方式为"转账支票",全额支付,如图 11-17 所示。输入完毕,单击"确定"按钮。

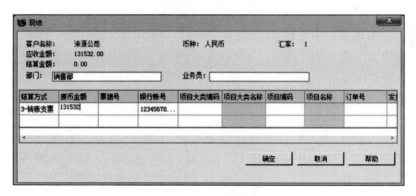

图 11-17　现结窗口

③销售专用发票左上角显示"现结"标志,如图 11-18 所示,单击工具栏中的"复核"按钮,复核现结发票。

(3)分期收款销售业务。

①在销售管理系统中,打开"销售订货"菜单栏,双击"销售订单",弹出销售订单窗口。单击工具栏中的"增加"按钮,将业务类型修改为"分期收款",根据实验资料输入完整内容,保存并审核销售订单,如图 11-19 所示。

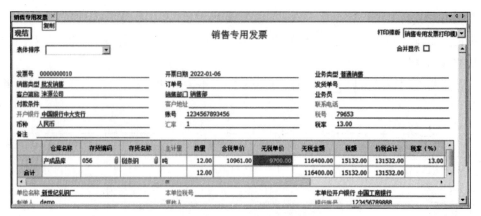

销售专用发票 ×　复制

现结

销售专用发票

打印模版 销售专用发票打印模

表体排序

合并显示 □

发票号 0000000010　开票日期 2022-01-06　业务类型 普通销售
销售类型 批发销售　订单号　发货单号
客户简称 沫源公司　销售部门 销售部　业务员
付款条件　客户地址　联系电话
开户银行 中国银行中大支行　账号 1234567893456　税号 79653
币种 人民币　汇率 1　税率 13.00
备注

	仓库名称	存货编码	存货名称	主计量	数量	含税单价	无税单价	无税金额	税额	价税合计	税率（%）
1	产成品库	056	链条钢	吨	12.00	10961.00	9700.00	116400.00	15132.00	131532.00	13.00
合计					12.00			116400.00	15132.00	131532.00	

单位名称 新世纪轧钢厂　本单位税号　本单位开户银行 中国工商银行
制单人 demo　复核人　银行账号 123456789888

图 11-18　现结销售专用发票

销售订单

显示模版 销售订单显示模版

表体排序　审核人

合并显示 □

订单号 0000000004　订单日期 2022-01-19　业务类型 分期收款
销售类型 批发销售　客户简称　付款条件
销售部门 销售部　业务员　税率 13.00
币种 人民币　汇率 1.00000000　备注
预完工日期 2022-01-19

	存货编码	存货名称	主计量	数量	报价	含税单价	无税单价	无税金额	税额	价税合计	税率（%）	折扣额
1	051	螺纹钢	吨	7.00	0.00	10735.00	9500.00	66500.00	8645.00	75145.00	13.00	
合计				7.00				66500.00	8645.00	75145.00		

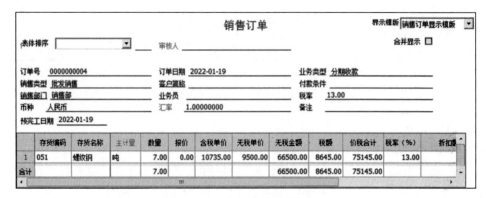

图 11-19　分期收款销售订单

②打开“销售发货”菜单栏，双击“发货单”，单击工具栏中的“增加”按钮，关闭过滤窗口。发货单中业务类型选择“分期收款”，单击工具栏中的“订单”按钮，选择巴氏集团的订单，确定生成销售发货单。表体第一栏选择“产成品库”，保存并审核发货单，如图 11-20 所示。

发货单

显示模版 发货单显示模版

表体排序

合并显示 □

发货单号 0000000004　发货日期 2022-01-19　业务类型 分期收款
销售类型 批发销售　订单号 0000000004　发票号
客户简称 巴氏集团　销售部门 销售部　业务员
发货地址　发运方式　付款条件
税率 13.00　币种 人民币　汇率 1
备注

	仓库名称	存货编码	存货名称	主计量	数量	含税单价	无税单价	无税金额	税额	价税合计	税率（%）	折扣额
1	产成品库	051	螺纹钢	吨	7.00	10735.00	9500.00	66500.00	8645.00	75145.00	13.00	
合计					7.00			66500.00	8645.00	75145.00		

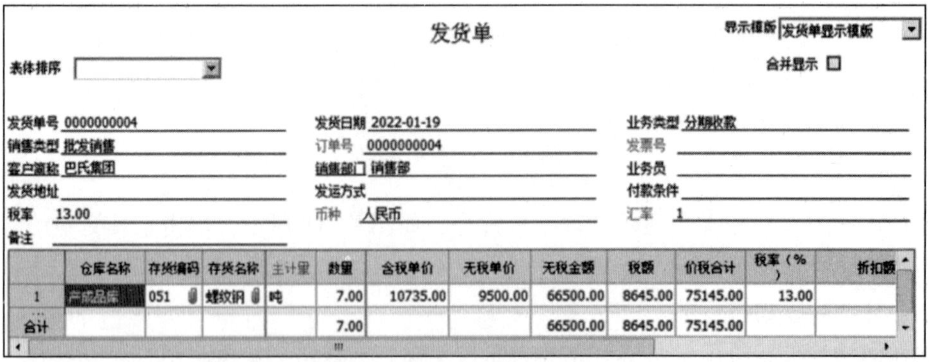

图 11-20　分期收款销售发货单

③参照发货单生成销售专用发票并复核，如图 11-21 所示。

图 11-21　分期收款销售专用发票

（4）销售退货业务。

①在销售系统中，打开"销售发货"菜单栏，双击"退货单"，根据实验资料手工填制一张退货单，在数量栏输入"-3"，保存并审核退货单，如图 11-22 所示。

图 11-22　退货单

②打开"销售开票"菜单栏，双击"红字专用销售发票"。单击工具栏中的"增加"按钮，系统自动弹出"查询条件选择——发票参照发货单"对话框，发货单类型选择"红字记录"，如图 11-23 所示，单击"确定"按钮，选择涞源公司退货单。

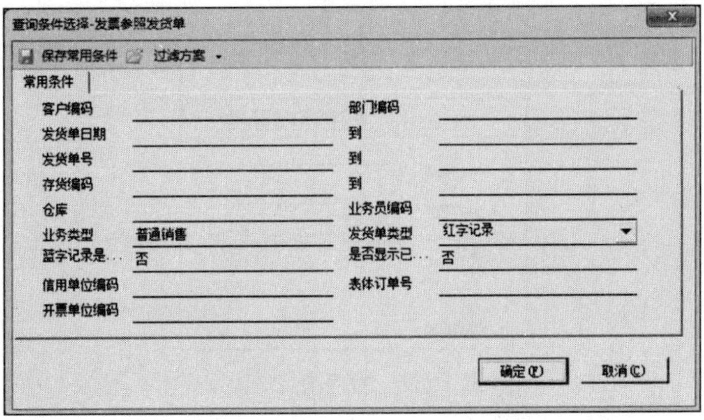

图 11-23　红字发货单查询条件

③单击"确定"按钮,生成红字销售专用发票,如图 11-24 所示,保存发票。单击工具栏中的"现结"按钮,在"现结"窗口中输入结算方式为"现金支票",并输入负数结算金额"-32 883",如图 11-25 所示。

图 11-24 红字销售专用发票

注:在系统实际操作中,虚线框中的内容将以红色显示。

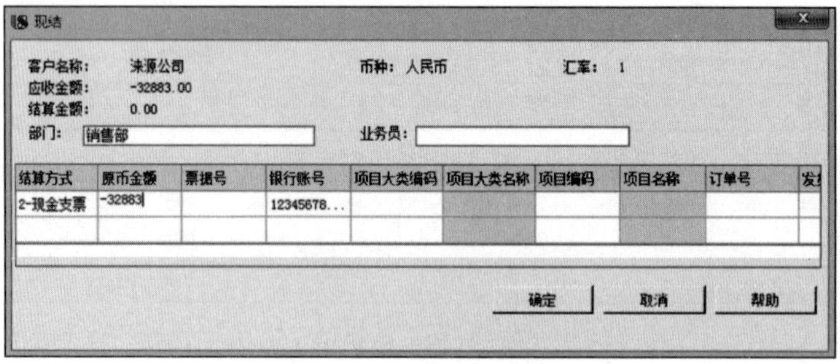

图 11-25 退货现结界面

④结算信息输入完毕后单击"确定"按钮,复核生成的红字专用发票。

(5)代垫费用业务。

①在企业应用平台的"基础设置"选项卡中,选择"基础档案"→"业务"→"费用项目分类",进入"费用项目分类"窗口,增加项目分类"代垫运费",如图 11-26 所示。

图 11-26 费用项目分类

②双击"业务"菜单下的"费用项目",进入"费用项目"窗口。增加"运输费"并保

存，如图 11-27 所示。

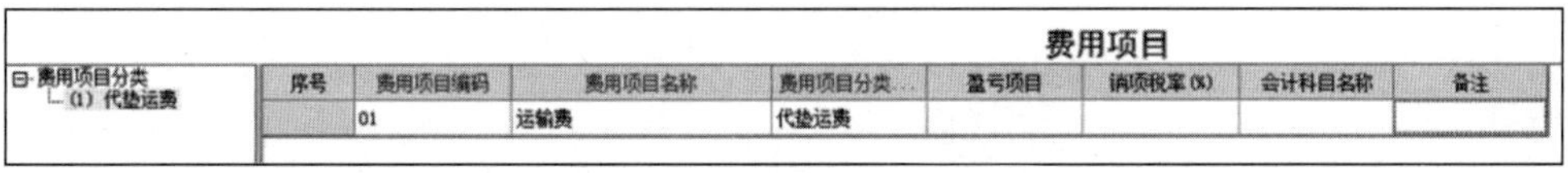

图 11-27　费用项目

③在销售系统中，双击"代垫费用"菜单下的"代垫费用单"，进入"代垫费用单"窗口。

④单击工具栏中的"增加"按钮，根据实验资料输入信息，保存并审核，如图 11-28 所示。

图 11-28　代垫费用单

（6）委托代销业务。

①在销售系统中，打开"委托代销"菜单栏，双击"委托代销发货单"，单击工具栏中的"增加"按钮，关闭查询条件直接根据实验资料录入相关信息，如图 11-29 所示。保存并审核委托代销发货单。

图 11-29　委托代销发货单

②打开"委托代销"菜单栏，双击"委托代销结算单"，单击工具栏中的"增加"按钮，进入查询条件选择，业务类型选择"委托代销"，单击"确定"按钮，选择要参照的单据。单击"确定"按钮，参照的数据传到委托代销结算单，将数量改为要结算的"7"，如图 11-30 所示。保存并审核结算单，在弹出的选择发票类型的窗口中，选择"专用发票"，如图 11-31 所示。

图 11-30 委托代销结算单

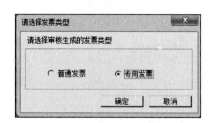

图 11-31 选择发票类型

③打开左侧"销售开票"菜单栏，双击"销售发票列表"，进入查询条件选择，业务类型选择"委托"，单击"确定"按钮。在弹出的窗口中，双击该发票，单击工具栏中的"批复"按钮，完成复核工作。

11.3.4 期末处理

1. 账表管理

销售管理系统通过"报表"菜单的各种账表提供多角度、全方位的综合查询和分析。销售管理系统可以查询销售明细表、销售统计表及发货明细表等。下面具体介绍销售明细表、销售统计表的查询操作。

（1）销售明细表。登录销售管理系统，单击"报表"→"明细表"，双击"销售明细表"，进入查询条件选择界面，查询所有销售记录，单击"确定"按钮，查询结果如图 11-32 所示。

（2）销售统计表。登录销售管理系统，单击"报表"→"统计表"，双击"销售统计表"，进入查询条件选择界面，按照默认条件设置进入，单击"确定"按钮，查询结果如图 11-33 所示。

2. 月末结账

月末结账操作是逐月将单据数据封存，并将当月的销售数据记入有关报表中。销售管理模块要在库存管理模块、存货核算模块、应付款管理模块、应收款管理模块月末结账之前结账。月末结账的具体操作如下所述。

登录销售管理系统，选择"月末结账"，进入"月末结账"窗口，如图 11-34 所示，单击要结账的会计月份，单击"结账"按钮，结账完成。

销售明细表

部门名称	客户名称	业务员	日期	数量	本币税额	本币无税金额	本币价税合计	本币折扣额
销售部	巴氏集团	吴迪	2022/1/19	7.00	8,645.00	66,500.00	75,145.00	
	(小计)巴氏集团			7.00	8,645.00	66,500.00	75,145.00	
销售部	肯亚集团	吴迪	2022/1/5	9.00	10,764.00	82,800.00	93,564.00	
	(小计)肯亚集团			9.00	10,764.00	82,800.00	93,564.00	
销售部	涞源公司		2022/1/25	-3.00	-3,783.00	-29,100.00	-32,883.00	
销售部	涞源公司	邓娟	2022/1/6	12.00	15,132.00	116,400.00	131,532.00	
	(小计)涞源公司			9.00	11,349.00	87,300.00	98,649.00	
销售部	浦华公司	邓娟	2022/1/28	7.00	8,599.50	66,150.00	74,749.50	
	(小计)浦华公司			7.00	8,599.50	66,150.00	74,749.50	
销售部	新康机械厂	邓娟	2022/1/2	5.00	6,402.50	49,250.00	55,652.50	
	(小计)新康机械厂			5.00	6,402.50	49,250.00	55,652.50	
总计				37.00	45,760.00	352,000.00	397,760.00	

图 11-32　销售明细表

销售统计表

开票日期：2022-01-01　2022-01-31　结算日期　2022-01-01　2022-01-31

部门名称	业务员名称	存货名称	数量	单价	金额	税额	价税合计	折	毛利	毛利率
销售部	吴迪	螺纹钢	7.00	9,500.00	66,500.00	8,645.00	75,145.00		66,500.00	100.00%
销售部	吴迪	齿轮钢	9.00	9,200.00	82,800.00	10,764.00	93,564.00		82,800.00	100.00%
销售部		链条钢	-3.00	9,700.00	-29,100.00	-3,783.00	-32,883.00		-29,100.00	100.00%
销售部	邓娟	链条钢	12.00	9,700.00	116,400.00	15,132.00	131,532.00		116,400.00	100.00%
销售部	邓娟	角钢	7.00	9,450.00	66,150.00	8,599.50	74,749.50		66,150.00	100.00%
销售部	邓娟	弹条钢	5.00	9,850.00	49,250.00	6,402.50	55,652.50		49,250.00	100.00%
总计			37.00	9,513.51	352,000.00	45,760.00	397,760.00		352,000.00	100.00%

数据　图表　共6条 共6组，共1页

图 11-33　销售统计表

结账

会计月份	起始日期	结束日期	是否结账
1	2022-01-01	2022-01-31	否
2	2022-02-01	2022-02-28	否
3	2022-03-01	2022-03-31	否
4	2022-04-01	2022-04-30	否
5	2022-05-01	2022-05-31	否
6	2022-06-01	2022-06-30	否
7	2022-07-01	2022-07-31	否
8	2022-08-01	2022-08-31	否
9	2022-09-01	2022-09-30	否
10	2022-10-01	2022-10-31	否
11	2022-11-01	2022-11-30	否
12	2022-12-01	2022-12-31	否

结账　取消结账　帮助　退出

图 11-34　月末结账

如果“销售管理”系统要取消月末结账，必须先通知“库存管理”系统、“存货核算”系统、“应付款管理”系统、“应收款管理”系统的操作人员，要求他们的系统取消月末结账。如果“库存管理”系统、“存货核算”系统、“应付款管理”系统、“应收款管理”系统中的任何一个系统不能取消月末结账，那么就不能取消“销售管理”系统的月末结账。取消结账操作步骤如下所述。

选择“销售管理”下的“月末结账”，进入“月末结账”窗口，单击要取消结账的会计月份，单击“取消结账”按钮，取消结账。

▶ 本章小结

销售系统是通过销售报价、销售订货、仓库发货、销售退货、销售发票处理、客户管理、价格及折扣管理、订单管理、信用管理等功能综合运用的管理系统。除了发出货物，销售过程也是实现资金回收的过程，销售系统根据不同的销售业务类型，与应收款管理系统及总账系统衔接，完成资金的回收循环，为主营业务收入、主营业务成本科目提供准确的数据。

▶ 练习题

一、不定项选择题（每题至少有一个选项正确）

1. 销售系统、总账系统、应收款系统月末结账的正确顺序是（　　）。
   A. 销售系统——总账系统——应收款系统
   B. 总账系统——应收款系统——销售系统
   C. 销售系统——应收款系统——总账系统
   D. 应收款系统——销售系统——总账系统

2. 销售系统的期初单据不包括（　　）。
   A. 普通销售发货单
   B. 分期收款发货单
   C. 期初委托代销发货单
   D. 销售发票

3. 销售系统的发票，可以有以下形成方法（　　）。
   A. 参照退货单生成　　B. 参照发货单生成
   C. 从应收款系统获得　D. 手工输入

4. 关于分期收款销售的特点，以下描述正确的有（　　）。
   A. 一次性将货物发给客户，当时确认销售收入
   B. 适用于开票即发货业务模式
   C. 在合同规定的收款日期，确认销售收入的实现，按该收入占总收入的比例转成本
   D. 直至全部收款，全部确认收入，全部结转成本，方可全部核销该笔销售业务

5. 代垫费用单的录入方法，正确的是（　　）。
   A. 在"销售管理"→"代垫费用"→"代垫费用单"中录入
   B. 打开销售发票、销售调拨单等界面，单击"代垫"按钮，录入代垫费用单
   C. A 或 B 都可以
   D. 先以 A 的方式录入，然后找到并进入相应的销售发票、销售调拨单等界面，进行关联指定

6. 用友 ERP 销售系统支持的销售业务有（　　）。
   A. 代垫费用　　　　　B. 零售
   C. 分期付款销售　　　D. 委托代销

7. 同销售系统有数据传递的系统有（　　）。
   A. 采购系统　　　　　B. 存货系统
   C. 应收款系统　　　　D. 总账系统

二、判断题

1. 系统自动生成的销售出库单可以修改。（　　）
2. 如果销售选项设置为"普通销售必有订单"，则退货单必须参照原发货单或订单生成。（　　）
3. 可以允许非批次存货超可用量发货，对于严格执行批次管理的存货，不允许超可用量发货。（　　）
4. 如果上月未结账，本月单据业务可以正常操作，不影响日常业务的处理，但本月不能结账。（　　）
5. 销售管理中的退货单对应存货的数量为负数，金额可以小于或等于零。（　　）
6. 根据订单批量生发货单时，已部分生单的订单不允许再次生单。（　　）

三、简答题

1. 销售管理系统的销售选项设置包括哪些内容？
2. 期末结账前合法性检查的内容包括哪些？
3. 销售管理系统的主要功能有哪些？

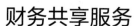

第 12 章

财务共享服务

12.1 共享服务与财务共享服务概述

12.1.1 共享服务与财务共享服务的含义

财务共享服务由共享服务发展而来。共享服务是指在具有多个业务单位的企业中，将原本由不同单位完成的基础性业务从原有部门分离，集中到一个单独的业务中心进行处理。共享服务涉及的服务范围主要包括财务、人力资源、信息技术、供应链、市场营销支持、法律和呼叫中心等业务，其中财务共享服务是共享服务的主要应用方式。

从 20 世纪 80 年代开始，学者们相继对财务共享服务进行定义，根据科技和企业应用环境变化，大致可以将财务共享服务的发展分为三个阶段：20 世纪 80 年代至 90 年代、20 世纪 90 年代至 21 世纪初和 21 世纪发展至今。

1. 20 世纪 80 年代至 90 年代

20 世纪 80 年代至 90 年代，财务共享服务的概念首次被提出，财务共享被定义为一种全新的企业财务管理模式，其核心思想是企业所有财务资源都要被共享，借助科学技术，对财务业务进行标准化、流程化处理，为企业内部提供专业化的财务服务。此阶段财务共享服务中心是企业集团建立的一个全新的、独立的部门，单独处理集团下辖的各个部门的基本财务业务。该部门拥有自己的组织结构和管理体系，目标是在企业快速扩张的前提下，支持各个下属部门的经营管理，增强总部对下属单位的控制，保证企业集团在扩大规模的同时通过精简财务机构和提升业务处理效率来节约成本，提升企业的整体价值。因此可以说财务共享服务中心是企业内部的职能部门，主要对内进行专业化服务。此阶段的财务共享服务属于托管式的服务。

2. 20 世纪 90 年代至 21 世纪初

随着社会的不断发展，20 世纪 90 年代至 21 世纪初，财务共享服务不再仅仅定位于集团内部职能部门，人们的关注重点逐渐从共享转移至服务，越来越多的企业开始以客户思维为导向，通过服务水平协议对外输出商业化服务。财务共享服务通过类似于合同的服务水平协议对外输出商业化服务，与其他企业在市场中竞争，属于自愿服务。

在此阶段，人们正式提出了服务水平协议的概念，认为财务共享服务中心通过对分公司、子公司分散的基础财务业务集中核算而提供服务，通过收取一定的业务处理费而获取收入，同时通过与被服务单位签订服务水平协议来提高服务质量。在这种情况下，财务共享服务中心不一定是企业内部的职能部门，它可以作为虚拟的经营单位为多个目标单位提供服务。

3. 21 世纪发展至今

进入 21 世纪后，关于财务共享服务的应用越来越多，其研究也越来越完善。2004 年，布赖恩·伯杰伦（Bryan Bergeron）在《共享服务精要》一书中指出：财务共享服务是企业的一种合作战略，它将企业内部现有财务职能集中整合到一个新的、半自助系统，这个新系统和处于市场竞争中的企业一样，具备一定的组织机构和业务流程，甚至可以独立运营。

现阶段，财务共享服务除了对企业内部基础财务数据进行处理，还会对财务数据进行分析研究，得出有价值的财务决策，同时也可以作为集团利润中心，对外进行相应的服务。在"互联网＋"的大环境下，财务共享服务能有效发挥企业集团间的协同效应，实现企业财务管理由单一的核算财务向共享财务、战略财务和业务财务结合的转变，属于自愿服务。

12.1.2　财务共享服务产生的背景

1. 社会发展背景

（1）经济全球化。20 世纪 80 年代末以来，经济全球化成为世界经济发展的重要趋势，国家之间以及地区之间因为商品、服务和技术等多方面交融而紧密联系在一起，国际经济也在经济全球化的推动下呈现出新的发展趋势。

首先是生产过程的全球化，包括从生产要素的组合到商品销售的全球化，跨国公司是生产一体化的主要实现者，如波音 747 飞机有 400 万个零部件，由分布在 65 个国家和地区的 1 500 多家大企业和 15 000 多家中小企业参与协作生产。

其次是金融一体化，即国内外金融市场之间日益紧密联系和协调，相互影响，相互促进，逐步走向统一金融市场的状态和趋势。大量的金融业务跨国界进行，跨国结算、跨国贷款、跨国证券发行和并购体系已经形成。世界主要金融市场在时间上相互协调，在价格上相互联动，巨额跨国、跨区域、跨洲交易能够在几秒钟时间之内完成。

再次是贸易自由化，世界各国对商品和服务的进口所采取的限制逐步减少，主张以市场为主导，无论是关贸总协定还是世贸组织，都以贸易自由化为宗旨，每个国家几乎都成为世界经济体系中的一员。

企业在经济全球化中所面临的竞争是前所未有的，世界经济也随着参与者的增多而呈现出复杂化趋势。约翰·惠特曼曾说过：在经济全球化进程中，在经济发展的复杂背景下，企业获得竞争优势的唯一方法就是在全球范围内充分运用企业的各种能力，让企业整体运作效果大于各独立零散部门运作效果。

（2）企业集团化。经济全球化的发展形成了新兴市场经济，企业集团便是新兴市场经济的产物。企业集团是由母公司、子公司和其他成员企业共同组成的具有一定规模的企业法人联合体。特殊的组织形式让企业集团母公司实行集中管控，实现统一管理，但企业规模超出一定限度时，会降低企业价值链结构资源共享的均衡性，对企业集团经济发展产生负效应。企业集团化发展到一定规模会产生四个方面的问题：其一是管理层级日趋复杂、管理机构臃肿而导致管理成本高居不下；其二是管理职能复杂、业务数据难以有效整合利用，从而导致数据对战略缺乏支持；其三是资本运作效率降低，资金掌控缺乏专业性，成员企业各自为战，企业资源共享效率较低；其四是大企业病明显，信息传递层级复杂导致信息失真，企业制度日趋烦琐，企业组织机构官僚化现象严重。在上述问题的影响下，进入成熟期的企业集团随着成本的增加和管控能力的逐渐下降，最终会陷入净利润下降的困难局面。因此，对于企业集团尤其是对于跨国企业集团而言，如何用最低成本整合不同地区的资源，实现资源的优化配置，是经济全球化背景下应思考的重要问题。企业需要寻找新的组织结构和运作方式来支持企业跨地区甚至跨国经营，在经济全球化中实现集团规模效应和协调效应，实现资源共享和最大化利用。

2. 管理思想背景

随着时代的发展，我们已经从"农业经济时代"穿越"工业经济时代"，进入了"知识经济时代"，以科技和智力产权为代表的知识已经替代了原有劳动与资本。

在知识经济时代，企业管理思想也经历着前所未有的变化。传统的古典管理理论、行为科学理论已经不能满足管理实践发展的需要，管理学界提出，要在企业管理的制度、流程、组织、文化等方面进行创新，企业再造理论、学习型组织理论等管理新思想也纷纷涌现。迈克尔·哈默与詹姆斯·钱皮合著的《企业再造》一书中描述：现在的企业普遍存在"大企业病"，迫切需要脱胎换骨式的革命，再造企业。企业再造中的首要任务是业务流程再造，它是企业获得竞争优势与生存活力的有效途径。20世纪90年代，彼得·圣吉的《第五项修炼：学习型组织的艺术与实践》一书阐明：企业持久的竞争优势源于比竞争对手学习得更快、更好的能力。面对剧烈变化的外在环境，组织应力求精简、扁平、终身学习，不断自我组织再造，以维持竞争力。学习型组织理论是关于组织概念和雇员作用的一种认知或者理念，使用一种新的思维方式对组织进行思考。在学习型组织中，每个人都要参与识别和解决问题，使组织能够进行不断的尝试，改善和提高其能力。企业管理思想的发展趋势使共享服务和财务共享服务成为企业发展的必然。

3. 技术发展背景

随着科技的不断发展创新，以大数据分析、云计算、区块链和人工智能等为代表的新技术正在彻底改变着整个会计行业。20世纪90年代初期，毕马威合伙人鲍勃·埃利奥特发文称，"IT引起的变革浪潮正冲击着会计的海岸，90年代的会计界将接受它的洗礼"。

（1）大数据分析。大数据指需要用特定技术去收集、管理和分析的数据集合，具有海量的数据规模、快速的数据流转、多样的数据类型和价值密度低等主要特征。大数据分析则是指利用先进的技术手段对数据集合进行存储分析，挖掘数据的价值。

大数据分析能有效帮助企业提升运营管理能力、进行风险控制、支持企业战略决策。大数据分析的应用是新时代下企业提升竞争力的有效手段，但大数据分析应用并非简单地将该技术直接用于企业，它需要承载数据的载体去协助完成数据分析，发挥最大价值。

（2）智能化。智能化是指由现代通信和信息技术、计算机网络技术、智能控制技术汇集而成的针对某一个方面的智能集合。智能化的本质是用物力解放人力，构建一种新型的人机交互关系，使得人工智能成为传统生产要素的有益补充，从而促进工作方式和生产方式的转变。

人工智能（artificial intelligence，AI）和机器人流程自动化（robotic process automation，RPA）是智能化的两个热门概念，两者的关系类似人的大脑和肌肉，AI发布指令，RPA执行指令。RPA是流程节点的自动化，是不改变原有的IT框架的快速优化；AI则赋予了机器人类智慧，让机器学会观察、说话和思考。

（3）移动互联网。移动互联网是互联网与移动通信在各自独立发展的基础上相互融合的新兴领域，主要由移动终端、移动通信网络和公众互联网服务等要素构成。手机、电脑等移动终端作为生活交互的主要载体，已经成为现代人的"必需品"。移动办公、移动营销、移动出行……移动互联网和丰富的移动应用构建了一个庞大的移动互联网络，统一了现实社会和虚拟社会，为人们"移动化"的工作方式和生活方式提供了可能。

（4）云计算。云计算是分布式计算的一种，指的是通过网络"云"将巨大的数据计算处理程序分解成无数个小程序，然后通过多服务器组成的系统处理和分析这些小程序，得到结果并返回给用户。云计算具有大规模、灵活性、通用性、可拓展性、低成本、按需服务等特点。随着经济全球化的发展，云计算已成为各行各业实现数字化转型的关键技术。

（5）物联网。物联网是物与物相连的互联网，是将各种信息传感设备与互联网结合起来而形成的一个巨大的网络。物联网以互联网为基础，但两者有所区别，互联网指向虚拟，而物联网指向实体。现有物联网技术通过传感设备将毫无生机的物体联网，赋予物体学习能力，使其能够感知用户行为，并根据用户需求进行相应的调整，实现更加富有智慧的人机互动。物联网技术将数字世界和物理世界紧密相连，并产生大量数据，这是一种新型数据，而对于这种新型数据的应用，将造就新的商业模式和新的产品。这也正是物联网技术的价值所在。

"大、智、移、云、物"对人类生产和生活的影响巨大，构建了一个紧密连接的智能化的世界。数字价值的发挥依赖于强大的技术支撑，移动互联网和物联网技术是数据的发源地，云技术为数据提供了归宿，并在此实现数据的存储、处理、共享和分析，最后借助智能化洞察数据背后的真相，产生智慧。

12.1.3 财务共享服务的特点

财务共享服务作为时代发展的产物，具有鲜明的特点：规范性、规模性、专业性、协议性、技术性和服务性。

规范性：财务共享服务通过将企业集团来自不同国家和地区的所有核算数据进行统一，

设置统一的会计核算规则和业务流程,实现各部门对财务数据的共同使用。

规模性:财务共享服务通过将重复性高的业务进行规模化处理,大大降低了企业的单位作业成本。

专业性:财务共享服务中心是企业集团内部的专业职能部门,拥有大量专业财务人员,能为企业处理各类财务工作;财务共享服务中心还通过服务水平协议界定了企业与客户之间的关系,明确了服务内容与服务质量标准,为客户提供更加专业化的服务。

协议性:财务共享服务中心通过与客户和下属分公司、子公司签订服务水平协议约定了服务标准、服务内容、收费金额和服务时间等,有利于企业根据协议内容提高自身服务质量。

技术性:财务共享服务中心的建立需要企业搭建各类信息平台;信息平台的搭建、集团 ERP 系统的推广、会计电算化的实施和财务系统的构建都加快了企业信息化建设的进程,有助于企业快速适应互联网时代。

服务性:财务共享服务以顾客需求为导向,以提高客户满意度为宗旨,为企业内部客户及外部客户提供服务,并按照事先签订的服务协议收取费用。财务共享服务从理念上将业务处理变成服务,把服务变成商品,以服务为中心。

12.2 财务共享服务框架体系

构建财务共享服务需要一个规范、完备的逻辑框架来支撑整个项目。这个框架需要关注财务共享服务实施各阶段的关键要素,通过严谨的框架制定,可以指引共享服务的具体实施,有效地提升实施效果和质量,避免项目实施过程中的偏差和失误。

财务共享服务框架是指由财务共享服务发展各个阶段所包含的关键影响因素及各关键因素之间的相互关系所构成的组合。一般认为,财务共享服务的框架主要包括六个方面的内容:战略定位、业务流程再造、组织与人员规划、信息系统建设、运营管理和变革与风险管理。财务共享服务的框架构建了后续工作的蓝图,项目人员可以利用财务共享服务的框架树立项目的整体观,保证财务共享服务的整体建设和运营在既定的范围内有序地进行。

战略定位处于框架的统领位置,从战略层面决定了整个共享服务的导向,确保框架中其他模块的实施不偏离既定的轨道,始终与组织战略保持一致。业务流程、组织与人员、信息系统和运营管理模块,是财务共享服务框架的四根支柱,支撑起整个框架的实体,为财务共享服务的实施奠定基础。而风险与变革管理贯穿共享服务的整个阶段,是在财务共享服务实施过程中降低变革冲击、规避项目风险、优化管理模式的重要工具。整个框架可以称为"1+4+1"框架。

12.2.1 战略定位

确定战略定位是财务共享服务框架体系制定的首要步骤,战略定位的确立让企业明确了财务共享服务建设目标,从而确定了后续建设方向。战略定位包括战略目标、战略结构、战略职能三个方面。

1. 战略目标

战略目标是对企业战略经营活动预期取得的主要成果的期望值。企业都是基于一定的目标而建立财务共享服务中心的，不同企业建立财务共享服务中心有其各自侧重的战略目标，同一企业在不同的时期，财务共享服务中心的战略目标也有所差异。

如表 12-1 所示，企业建立财务共享服务中心的战略目标可以划分为三类：成本降低、风险可控和促进财务转型。在成本降低目标下，财务共享服务中心通过整合资源实现业务处理规模化和自动化来降低成本和提高效率，从而稳固、加强企业的财务职能。风险可控目标看重的是通过建立财务共享服务中心，加强内部控制和风险管理，从而实现对财务强有力的管控。促进财务转型目标希望通过财务共享服务的模式推广来推动更广泛的变化，通过促进财务人员的发展、财务流程的改革来提升财务部门的能力，为企业战略发展做出决策支持。

表 12-1　财务共享服务中心战略目标分类

战略目标	实现途径
成本降低	• 财务处理规模化，降低财务成本 • 财务处理流程再造，带来流程效率 • 改善运营资本，获得税务优惠 • 提升或者获得新的财务技术 • 利用第三方服务提供商的能力和方案
风险可控	• 支持公司扩充/并购 • 提升透明度，推动合规及监管要求的落实 • 加强内控管理，防范内部管理风险 • 加强资金运用及管控
促进财务转型	• 提升财务部门能力，提升财务服务质量 • 提升内部和外部客户的满意度，增加满足未来财务需求的灵活性 • 更广泛地支持公司的战略决策 • 实现总体财务转型

这三类目标并非排他的，只是选择的侧重点各有不同而已。企业在决定财务共享服务服务中心的战略目标时，需要根据企业的战略规划和当前生产经营状况来做出判断。不同的企业整体战略目标决定了不同的财务共享服务战略目标，不同的财务共享服务战略目标决定了不同的财务共享服务具体业务目标。

2. 战略结构

战略结构规划是指财务共享服务中心的结构性定位。不同的战略结构选择，会对财务共享服务中心的业务复杂程度、管理复杂程度产生根本影响。无论采取何种战略目标，共享服务中心的战略结构选择总是无法回避的首要问题，也是建立共享服务中心的第一步该怎么走的具体问题。根据面向客户提供服务所涵盖的地域，财务共享服务中心的战略结构模式可以划分为三种：全球中心、区域中心和专长中心。

（1）全球中心是指将企业全球范围内的某些业务流程集中到一个全球共享服务中心来进行处理，该中心为集团分布在全球的各业务单位服务。通过对全球各个分公司、子公司进行业务流程重组和标准化，为企业集团提供低成本的增值服务。

在实际操作中，这种战略结构因为中心要同时应对不同国家和地区法律、法规的需要，应对语言、文化、时差等的差异，因此存在对信息系统的支持要求高、对工作人员的技能（例如语言技能）和工作时间等要求高的劣势，但是，其规模经济优势也很明显。所以对企业而言，这种战略结构的收益最大，但是建设和管理难度也最大。一般企业很少采用这种结构，目前采用这种结构的有惠而浦、中兴通讯等。

（2）区域中心是指企业集团按业务分布将全球划分为数个区域并建立区域财务共享服务中心，就近将区域内的业务流程集中到区域共享服务中心来进行处理，如划分为欧洲区、美洲区、亚太区等。

相较于全球中心，区域中心弱化了业务流程的集中性和工作人员的适应性要求。划分区域的方式使各方面的要求在相对适中的范围之内进行统一。该战略结构虽然标准化程度低，但对系统和人员的要求相对也较低，管理难度较小。采用该种战略结构的有华为、福特、美洲银行、中国石油等。

（3）专长中心是指就某一种适用于共享服务中心的业务流程在全球范围内建立相应的共享服务中心，如专门处理应收的全球财务共享服务中心、专门处理采购的全球共享服务中心等。专长中心结构与前两种结构的不同点在于，前两种主要以地域为划分标准，而专长中心主要以单个或者是单类业务流程为划分标准。

专长中心就单个或者单类流程在全球范围内统一标准，为企业培养这一类职能的专家，虽然涉及地域广泛，但业务单一，管理难度最小。同时，专长中心是针对某类具体业务的全球中心，不可避免地面临全球税务和法规的挑战。采用这种战略结构的有惠普、百事可乐等。

从现实操作上来看，没有纯粹的最佳战略结构模式，各公司实际采用的结构模式与这三种模式也可能会有一些区别，需要视各公司的具体情况而定。无论采用哪种模式，关键是找到各种利弊因素之间的平衡点，选择与自身情况相符的战略结构。

3. 战略职能

战略职能是指企业对财务共享服务中心的服务模式定位。随着财务工作从分散走向集中，从集中走到共享，再到市场化为财务外包公司，共享中心的战略职能定位也在不断地发生变化，大概经历了以下三个主要的发展规划阶段。

（1）财务共享服务中心被定位为一个企业内部的职能部门，主要为企业内部业务单元提供跨组织、跨地区的专业支持服务，包括基础会计核算、财务报表出具、财务数据信息加工等，是企业内部的一个成本中心。

（2）财务共享服务中心被定位为独立运营责任主体，作为虚拟经营单位，依据市场机制独立运营、服务收费，向企业内部各业务单元提供跨组织、跨地区的服务。业务成熟后可与外部外包服务提供商竞争，来让内部顾客选择。

（3）财务共享服务中心被定位为独立经营的法人公司，以服务提供商的定位向企业内部客户提供专业支持，同时承接外部企业的服务业务，独立经营，创造价值，是一个利润中心。目前国内以独立法人公司运营的有中国石油、中国石化、海航集团等。

这三种战略职能的定位，在财务共享服务中心的发展过程中呈现逐步推进的趋势：财务共享服务中心从一个公司内部的职能部门，逐渐形成一个独立运营的责任主体，再向外发展为一个独立的营利组织。

对于决定实施共享服务的企业来说，可以在这三类职能中选择，既可以选择从内部职能部门做起，也可以选择从一个虚拟经营单位做起，还可以选择成为独立经营实体，创造价值。

特许公认会计师公会（ACCA）、中兴新云和上海国家会计学院2020年度财务共享服务调研报告显示，在建立了财务共享服务中心的企业里，约76%是成本中心，约15%是人为利润中心，约9%是自然利润中心。

12.2.2 业务流程再造

1. 流程的定义及应用

流程由一系列活动组成，接受一个或者多个输入，并产生一个或者多个为客户带来增值的输出，是一种按照规律性方式，将输入转化成输出的相互关联且相互作用的连续过程的组合。流程包括输入方、输入、过程、输出、客户五个要素。

美国生产力与质量中心通过整理各个行业的业务，梳理了适用于各行业的流程清单模板，将企业流程分为运营流程和管理及支持流程。运营流程是指跨越职能边界并创造出交付给外部客户的最终产品和服务的流程，它的最终目标是为外部客户提供产品和服务。运营流程主要包括构建战略与愿景、开发与管理产品及服务、市场营销与销售、交付产品、交付服务、管理客户服务。管理及支持流程是指企业内部的一系列任务和活动，它是为了支持运营流程的实现而设立的，主要包括人力资本发展与管理、信息技术管理、财务管理、资产的获取建设与管理、企业风险合规补救和恢复能力管理、外部关系管理、经营能力发展与管理。

2. 财务共享服务中心流程管理

财务共享服务中心的业务流程属于管理及支持流程。财务共享服务中的业务流程管理是财务共享服务中重要的一部分，流程设计顺畅与否直接关系到未来业务执行效率。财务共享服务中心流程管理的目标是简洁、高效、以客户为中心、获得客户满意并实现组织价值。企业财务共享服务中心的业务流程设计分为业务流程梳理和业务流程实施及优化。

（1）业务流程梳理。在进行业务流程梳理时，要遵循"全业务、全流程"的覆盖原则，将各业务流程全部环节考虑周全，不遗漏任何一个环节。一般来说，企业财务共享服务中心的流程通常包括会计核算、税务、资金等类型相关的流程。

以员工费用报销流程为例。员工费用报销流程是财务共享服务中心最为常见的流程，通常包括如下子流程。

事前申请流程。在费用发生之前，员工需要提交业务申请，如出差申请、营销费用申请、业务活动费用申请等，经过相关领导审批，员工才可以发生因公支出。

员工借款及还款流程。员工发生因公支出需提前向公司借支的情形，则需要规范借款流程，如确定可借款业务类型、可借款额度、关注员工对账及借款清理等。在员工还款流程中，则需要区分不同还款方式下的处理流程，如银行转账、现金还款以及报销核销借款。

费用报销流程。费用报销流程梳理的重点是建立分类清晰的费用分类，审批流程授权合理有度，并考虑与预算控制及资金支付流程的衔接。

财务共享服务中心常见流程见表12-2。

表12-2　财务共享服务中心常见流程

流程名称	流程步骤
员工费用报销	事前申请→员工借款及还款→费用报销
采购到付款	预付款申请→材料入账→供应商对账→发票处理→采购付款
订单到收款	合同及订单管理→开票及收入确认→收款确认→客户对账
固定资产	在建工程付款→在建工程转固定资产→资产折旧→资产维护→资产处置 资产采购
总账到报表	关联往来→薪酬核算→月结关账→报表编制
资金管理	资金支付 资金收款→银行对账→账户管理 资金调拨
档案管理	单据提交及扫描→单据退回及补单→会计档案归档→会计档案借阅

不同企业根据自身需要进行业务流程梳理，进行流程梳理需要考虑的因素有成本因素、流程效率、流程风险、服务质量、流程相互连通和流程责任人。各影响因素具体内容如表12-3所示。

表12-3　业务流程梳理影响因素

影响因素	具体内容
成本因素	运行中产生的作业成本和资源成本
流程效率	流程之间的传递速度，业务完成时间
流程风险	流程设计中可能存在的风险，主要参考同类型企业
服务质量	被服务方的要求和满意度，包括企业内部员工和外部客户
流程相互连通	流程之间互通互联的程度，业务的相互关联程度
流程责任人	每个节点的责任人、职责、奖惩制度是否明确

业务流程的专业化、标准化、统一化是财务共享服务中心建设和运营的重要前提。财务共享服务中心所覆盖的业务流程越多，说明财务共享服务中心所提供的服务范围越广。调研数据显示，财务共享服务中心覆盖最多的流程分别是费用报销（96.5%）、资金结算（84.1%）、固定资产核算（81%）、采购到付款（80.3%）、总账到报表（78.9%）、成本核算（72.3%）、订单到收款（64.4%）。约22%的受调研企业的财务共享服务中心覆盖了超过10个业务流程，约58%的受调研企业的财务共享服务中心覆盖了6～10个流程。随着财务共享服务中心的不断运营和优化，财务共享服务中心所涵盖的业务范围将会逐渐得到拓展。[⊖]

（2）业务流程实施及优化。业务流程梳理和分析是流程管理的第一步，在运营中需要有效地进行流程推进，对于经过实践证实高效的流程需要固化，其他的流程需要持续优化改进。如果财务共享服务中心的流程不能采取有效的方法坚决执行，其有效性必然随着时间流逝而消失。

⊖ 数据来源：ACCA、中兴新云、厦门国家会计学院联合发布的《2020年中国共享服务领域调研报告》。

财务共享服务中心流程优化的方向和依据是,在流程实施的持续监控和可行性分析基础上基于共享中心流程运作的时效、成本、质量和服务数据对流程进行跟踪与评估,不断矫正优化的方向,最终取得流程的最大效益。流程优化应建立长效的管理机制。目前常用的流程优化方法主要有标杆瞄准法、D+PDCA 循环法、DMAIC 模型法等。流程优化必须具有持续改进和自我提升的能力,不论企业在流程优化中选择何种模式,都需要使优化的理念深入人心,培养企业持续优化的文化理念。

12.2.3 组织与人员规划

1. 财务共享服务中心的组织

企业常见财务组织分为三个层级:集团总部财务组织、成员公司财务组织以及财务共享服务中心。企业在建立财务共享服务中心时,首先需要确定财务共享服务中心在企业集团财务组织架构中所处的位置,其次需要确定财务共享服务中心内部应该设置的下级组织部门。因此,财务共享服务中心组织的研究分为两项内容:财务共享服务中心在企业集团中的定位、财务共享服务中心内部的组织结构。

(1)财务共享服务中心在企业集团中的定位。在大部分建立了财务共享服务中心的企业里,财务共享服务中心承担会计核算职能,集团总部和各成员单位财务部承担财务管理职能和属地财务功能。会计核算与财务管理的分离,顺应了当前大型企业集团财务组织发展的趋势。核算业务集中在财务共享服务中心处理,可以及时、准确地提供多维度数据信息,有利于集团准确了解各成员公司的财务状况。

根据集团公司财务部与财务共享服务中心的行政关系,常见的财务共享服务中心组织定位模式有三种,如图 12-1 所示。

2020 年,ACCA、中兴新云和厦门国家会计学院关于财务共享服务的调研显示:56% 的受调研企业其财务共享服务中心属于公司总部财务部门下属组织单位,隶属于总部;21.5% 的受调研企业其财务共享服务中心属于与总部财务部门平级的财务组织;12.5% 的受调研企业其财务共享服务中心独立于财务组织,但仅对企业集团内部提供服务;7.6% 的受调研企业其财务共享服务中心属于独立法人,对内部或者外部提供服务。

(2)财务共享服务中心内部的组织结构。财务共享服务中心内部组织结构划分常见的方法有三种。

按职能划分,即按照不同岗位的具体工作职能进行划分,财务共享服务中心可划分为费用核算组、资产核算组、资金结算组、总账报表组等。这种方式遵循了专业化原则,标准化程度高,有利于提高人员使用的效率,同时简化了培训工作,但容易使人员过度局限于自己所在的职能部门而忽视组织整体目标,且组织之间的协调比较困难,只有最高主管才能对最终成果负责。

按区域划分,即按照服务对象的业务区域进行划分,财务共享服务中心可划分为中国区分中心、欧美区分中心、非洲区分中心等。在这种方式下,财务共享服务中心人员需要针对不同国家、不同地域的客户分别提供相应的服务。此种方式适用于不同地域的业务需求不同的情况,便于财务共享服务中心人员更好地了解服务对象的业务情况,迎合特定客户的需求，有利于提升顾客的满意度。不足之处在于，该方式对人员要求较高，流程标准化程度低，工作效率低。

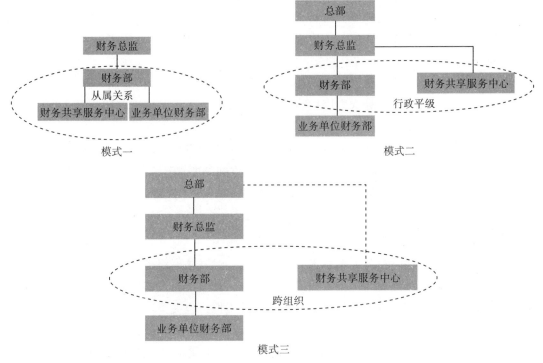

图 12-1 财务共享服务中心组织定位模式

混合模式，即既考虑不同区域客户的业务特殊性，也考虑岗位职能的专业程度的模式。这种模式既有按区域划分组织的优点，又在业务单元内部进行专业分工，提高处理效率。

财务共享服务中心内部组织结构的选择是由共享服务的战略结构定位、战略职能定位决定的，需要在成本与客户满意之间寻求一个平衡。越是打破客户边界，以业务职能为主进行分组的模式，越能体现共享服务的规模-成本效率优势，但有可能牺牲个别客户的个性化需求，影响客户的满意度。越是以客户为主进行分组的模式，客户满意度就越高，但是在成本效率方面的效益就相对越低，所以定位为区域性还是全球性共享中心，定位为内部职能部门还是财务外包服务公司，其对组织内部结构的划分选择是有差异的。

2. 财务共享服务中心的人员

在确定了适合财务共享服务中心的组织结构之后，接下来要解决的问题是每个业务单元该配置多少人员，如何避免人员冗余或者不足的情况。对于财务共享服务中心各业务单元进行人员配置，需要考虑到不同岗位的特点，有针对性地进行分析，这样才能做到适人适岗。

财务共享服务中心的岗位通常分为两类：业务处理类和运营管理类。业务处理类岗位的特点是重复性高，标准化程度高，业务类型单一。这类岗位要求流程化、标准化的管理，员工的晋升通道主要是业务职称晋升。运营管理类岗位的特点是业务复杂程度高，业务类型多样，对于个人的学习能力和创新能力要求较高，对岗位进行个性化管理。员工的晋升通道既可以是业务职称晋升，也可以是行政职务晋升。

财务共享服务中心的岗位设计需要考虑以下因素。

岗位与技能的匹配。岗位不同对员工的技能、经验要求不同。财务共享服务中心采用的是标准化的流程与操作，在每一个流程环节都设有独立的岗位。每一个岗位的操作工序是不同的，都有其特殊的专业技术要求。

岗位与能力匹配。员工能力包括员工的专业能力、创新能力、沟通能力、学习能力等。在财务共享服务中心，业务处理类岗位属于操作性岗位，要求员工有熟练的专业技能，而运营管理类岗位则要求员工有主动性和创新性。

岗位与空间匹配。在设置岗位时，应充分考虑员工的发展空间，包括岗位与岗位之间的空间距离、员工个人的发展要求等。员工对发展空间的要求是多方面的，比如职务晋升、薪资上涨，或者是职称、级别提高，应根据不同情况考虑人才挽留，设置岗位空间。

12.2.4　信息系统建设

财务共享服务是建立在各种新技术的基石上的。财务共享服务的高效需要强大的信息系统支持，信息系统已经成为不可或缺的组成部分，其设计以及与业务系统的集成，关系着财务共享服务中心的业务流程是否能够得到有效支撑，也关系着财务共享服务中心的运营效率和运作效果。

财务共享服务信息系统包含财务共享服务中心与员工、供应商和客户交互的信息系统，如商旅系统、办公采购系统、采购管理系统、销售管理系统、人力资源管理系统等。这些信息系统属于业财连接系统，从业务中获取数据，并传递到共享核心系统如电子影像系统、网上报账系统、共享运营系统、会计核算系统、税务管理系统、资金管理系统和银企互联系统等，最终满足会计核算、资金管理与支付、税务管理的需要。财务共享服务中心信息系统如图12-2所示。

其中，电子影像系统是实现票据信息采集、影像传输和集中管理的平台，它可以通过将纸面单据扫描生成电子影像，替代纸面单据作为流转要素，以信息系统承载业务处理流程，以电子流程替代传统的财务纸面流程。

电子档案系统是企业会计档案电子化管理平台，可以实现企业实体档案的信息化管理，并且将企业的电子档案和实体档案进行关联管理。

网上报账系统作为财务运营系统的核心信息系统，是财务相关信息收集和传递的平台，是实现报账信息采集、审批、传递和财务审核以及账务的自动处理的信息中转系统。

共享运营系统是共享服务中心的财务审核平台，财务人员审核之后，相关的信息会通过会计引擎流转至会计核算系统，自动生成会计分录，如果有付款信息，会流转至资金管理系统完成资金的支付。

会计核算系统是财务人员进行记账凭证编制、自动生成财务信息、月末自动记账过账生成报表的系统平台，替代了原始的手工做账。

银企互联系统是企业财务软件系统与网上银行系统在线连接的接入平台，整合银企信息和系统资源，使得企业结算更加高效便捷，保证资金安全。

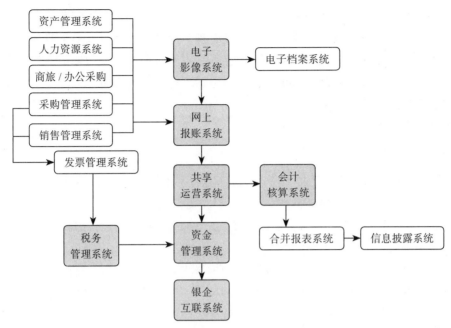

图 12-2 财务共享服务中心信息系统

并不是所有的企业都将框架图中所涉及的信息系统全部建设上线。订单到收款、采购到付款、员工费用报销是共享服务中心面向客户、供应商、员工等企业核心利益相关者最主要的三大流程，不同企业的业务内容不同，这三条流程主线的重要程度也不同，需要的核心系统也会有所不同。企业可以根据所处的行业特点、发展阶段、经营模式、客户及供应商的交易情况，确定适合自身的信息系统。

信息平台建设是财务共享服务中心建设和发展的基石，只有依托于信息系统建设，紧跟时代发展的趋势，不断迭代更新、优化财务共享服务中心信息系统，企业财务共享服务才能实现跨区域的业务处理，实现更多的业务场景应用，才能利用规模经济为企业创造更多价值。

调研显示，企业财务共享服务中心最常应用的系统有财务（会计）核算系统（100%）、网上报账系统（100%）、电子影像系统（74%）、资金管理系统（73%）、银企互联系统（69.2%）、电子档案系统（51%）。⊖

12.2.5 运营管理

财务共享服务中心对财务组织甚至于对企业来说都是新型的组织机构，使用传统的管理模式往往不能起到良好的管理效果，反而会影响组织的运作和人员的积极性。因此，规划财务共享服务中心运营管理体系，建立评价标准，成为很多企业在建立财务共享服务中心之后考虑的首要问题。

财务共享服务中心运营管理是对财务共享服务中心提供的产品或者服务进行设计、运行、评价和改进的活动。运营管理可以提高中心的运作效率，协调并不断优化中心的业务活动。

⊖ 数据来源：ACCA、中兴新云、厦门国家会计学院联合发布的《2020 年中国共享服务领域调研报告》。

财务共享服务的运营管理体系包括9个方面，其中：目标管理决定着共享中心的管理导向，是开展其他管理活动的基础；流程制度管理、标准化管理以及质量管理，用以规范共享中心的流程和工序，控制输出质量；信息系统则是规范和提升效率的有力工具；随着管理成熟度的提高，绩效管理、人员管理、服务管理和知识管理也越来越受到重视，以调动共享中心人员的积极性，保持健康的活力，引导并形成共享中心独有的组织文化。

下面就其中几个主要方面做介绍。

1. 目标管理

正如美国管理大师彼得·德鲁克所说：并不是有了工作才有目标，相反，是有了目标才能确定每个人的工作。财务共享服务中心的目标是衡量共享服务中心组织活动成效的标准，这也是绩效管理的前提。明确的目标能指明财务共享服务中心的努力方向和可以改进的领域。财务共享服务中心必须有一个明确的、贯穿各项活动的统一目标，并且分解为诸多子目标，不同的子目标相互联系，相互制约。在财务共享服务中心的不同阶段，目标会有不同的偏重，作为独立运营的单位的财务共享服务中心，模拟市场化方式为不同成员单位提供服务，其建立的目标包括提高业务处理效率、降低成本、提升会计信息质量以及满足客户要求。

2. 绩效管理

绩效管理分为组织绩效管理和人员绩效管理两个方面，是用于监控和管理组织人员绩效的方法、准则、过程和系统的整体组合，它强调组织目标和员工目标的一致性，强调组织和员工同步成长，形成多赢的局面。

（1）组织绩效管理。财务共享服务中心的组织绩效管理系统的设计目标是能够多维度评价一个财务共享服务中心的运营及管理水平。可以通过和财务共享服务中心自身特点密切相关的指标设计，来达到全面评估财务共享服务中心的目的。

很多企业财务共享服务中心借助平衡积分卡对其所涉及的财务、客户、流程、学习与创新四个维度进行绩效指标细化。从财务维度指标来说，财务共享服务中心定位于服务特定集团的内部时，便是成本中心，财务指标集中在预算达成度等指标；财务共享服务中心定位于独立运营主体时，则会更加侧重于投资回报、成本、利润等指标。客户维度指标要体现财务共享服务中心和客户之间关系的紧密程度以及客户对财务共享服务中心的认可程度，可选择客户满意度、客户沟通、客户体验管理能力和服务水平协议达成度等相关指标。流程维度指标要体现财务共享服务中心的内部运营管理能力，包括具体业务实施过程中对效率的关注、对实施质量的关注、流程的优劣等诸多方面。学习创新维度是财务共享服务中心未来能够持续发展并形成竞争优势的重要方面，一方面要体现在组织内部对员工的培训以及学习氛围的营造，另一方面要体现在组织内部对创新性事物的接受程度以及主动创新的动力和能力。

（2）人员绩效管理。人员绩效是组织绩效的分解，只有在与组织绩效保持一致的情况之下，对人员的激励才能促进财务共享服务中心实现组织目标。

财务共享服务中心的业务处理类人员是财务共享服务中心的人员中的主要构成部分，是服务产品的直接生产者。业务处理类人员的绩效管理应该通过公平的量化绩效进行考核，形成多劳多得的考核导向,同时要对其做出的创新性改良活动予以激励。运营管理类人员及支撑技术人员是财务共享服务中心的核心,他们稳定与否直接关系到财务共享服务中心应对风险的能力,但是这部分人员具有技能差异化、收入水平较高、追求更高发展空间、组织创造性强等特点。对于这一类人员的绩效评价,应该综合利用其他的评估手段,常见的评价方法包括管理者绩效、360度评估、个案评估等。

3. 人员管理

要想财务共享服务中心长期稳定经营下去,就必须做到选好人、用好人,激发财务共享服务中心的活力。

财务共享服务中心从事具体业务核算的人员的核心素养包括专业知识、责任感、适应能力、服务意识、沟通能力、团队协作和敬业精神。由于财务共享服务中心的运营岗位多样,如扫描岗、费用会计、应付会计、资金会计、开票会计等,这些岗位专业分工明确,因此不同的岗位对人员的要求也有差异。财务共享服务中心专家及管理人员的核心素养包括对行业的洞察力、创新性思维、专业能力、自我驱动力、团队领导力等。财务共享服务中心的专家及管理岗位包括诸如流程经理、制度经理、系统经理、绩效经理等。

财务共享服务中心的人员管理包括人才选拔、人员培训、人员激励、人员发展等方面的内容。

4. 质量管理

财务共享服务中心的服务质量管理主要通过服务水平协议(service level agreement, SLA)的实行来实现。服务水平协议是服务供应商与顾客双方就顾客最低可接受的服务水平、服务范围等进行商讨、谈判后达成的协议,属于法律文件范畴,需要双方认可并共同遵守。服务水平协议体现了双方的意愿,并对无形的服务约定了量化的标准和考核指标。

服务水平协议有三个核心特征:协议性、相互性和量化性。协议性是最基本的特征,是指协议是由双方在协商一致的基础上产生的,得到了协议双方的认同;相互性是指,协议是双方共同构思的结果,是一种"定制服务",是在考虑双方共同利益基础上的最低可接受的服务水平;量化性是指,服务水平协议提供一系列的可量化指标,清晰准确地衡量服务水平。

任何一项服务水平协议都必须包括服务的内容、最低可接受的服务水平、接受服务方(即顾客)的许诺、例外事项的解决流程、双方的沟通接口人以及双方的签字盖章等要素。

服务水平协议是共享服务中心经营业绩的基准目标,也是和客户双方共同遵守、相互协作的基础。服务水平协议的约定,在服务标准、服务质量、满意度等多个维度提出了具体的要求,也为服务过程中的交互和沟通约定了合作机制,有助于共享中心的有序、显性、健康运营。

12.2.6　变革与风险管理

财务共享服务中心的发展之路是变革与稳定交互演变的道路。财务共享服务中心模式出现本身就是一次财务管理模式的变革,是新技术和先进管理思想交汇的产物,是企业的一次深度而全面的变革。同时,由于技术的革新和管理思想的发展,财务共享服务中心又需要持续吸收先进的技术与知识，以满足自身不断发展及组织流程技术的不断优化与改进的需求。每一次技术的引入和管理模式的变化，都势必带来整个组织的变革，可以说，变革是财务共享服务中心不变的主题。

财务共享服务中心从启动到建设完成通常会经过六个步骤：定义与启动、调研与分析、高阶规划、详细方案设计、实施部署以及持续改进。在定义与启动阶段，企业需要完成可行性评估，确定项目的目标范围、时间计划，成立项目团队，选择外部供应商。在调研与分析阶段，企业要做的通常是对财务人员的结构、职责、分工以及财务流程、信息系统进行调研，对现状进行诊断，确定未来优化的方向。在高阶规划和详细方案设计阶段，要完成战略定位的设计，业务流程、组织人员、信息系统和运营管理方案的设计。实施部署是财务共享服务中心成功建立的重要里程碑。持续优化阶段是财务共享服务中心建立之后持续进行业务的运营和服务水平的提升。

在建设的各个阶段中，常见的风险有以下几项。

（1）缺乏对变革的重视。财务共享服务中心建设不仅对财务部门整体的组织架构、财务人员有极大的影响，对于业务单位也有很大的影响。财务部门的工作方式、业务单位和财务部门的沟通方式、业务单位与财务部门之间的权力分配，都会产生变化，缺乏对变革的认识将带来建设和运营失败的风险。因此财务共享服务中心建设必须获得企业高度重视，不仅仅需要财务领导者的支持，还要获取高层领导者比如财务总监、公司总经理的充分的理解和支持。

（2）实施周期考虑不充分。财务共享服务中心的实施包括方案的设计和系统的规划、开发、实施、上线，通常需要经过大半年甚至两年的时间周期，企业必须充分考虑实施的周期，而不能为了迅速上线、为了财务共享中心能够挂牌而急于求成。

（3）沟通不畅，缺乏决策，没有明确决策责任人。财务共享服务中心的整个实施周期比较长，它是涉及多个部门、多个公司还有多个第三方供应商的复杂工程，企业需要成立联合项目团队，建立定汇报机制、沟通机制以及决策机制。

（4）项目建设期间团队不稳定。建设阶段的项目成员一般是从各个单位借调过来的，这容易造成在建设过程当中团队人员不稳定。

（5）流程迁移效果不佳。在业务迁移的过程当中，会出现各种各样的特殊情况，如不同业务单位流程不一致、管理方式不一样，而方案团队通常只是调研了一些具有代表性的试点单位，不会覆盖所有的业务单位，从而导致不是所有的业务单位都能接受新的做法。

此外，还可能存在流程变革带来员工的抵触、过早流失核心员工，以及信息系统切换造成混乱等方面的风险。

12.3 财务自动化、智能化与数字化

在数字经济浪潮下，财务的角色被重塑，基于共享服务完成信息化再造，进而逐步迈向自动化、智能化和数字化，财务共享服务中心成为企业的数据中心，财务走上了自动化、智能化和数字化的道路。

1. 财务的自动化

在工业经济时代，自动化主要是指物理设备或者生产线的自动化。今天，自动化的内涵得到了延伸，一系列综合利用计算机通信技术、系统工程和人工智能等成果的高级方案应用在工业生产、管理决策、科学研究、医疗诊断的各个领域。作为企业信息管理的核心部门，财务部门目前的自动化程度尚存在较大的提升空间。传统财务部门工作多是基于纸面的手工操作，导致了财务工作量很大，差错率较高。为了释放财务人员的价值，提升企业的经济效益，财务需将基于规则的、重复性的、耗时的事务性工作，以自动化的方式来呈现，使财务人员有更多的精力投入财务分析、财务预测等这类有创造性的工作当中，以促进财务转型。

目前，企业财务自动化主要有三类主流方案。

第一类是基于工作流引擎的信息系统内的自动化，如 ERP 系统各模块间的流程自动化。工作流引擎包括规则引擎、流程引擎、数据引擎、表单引擎等，其中流程引擎即按照既定的业务流程去调动其他模块，驱动业务的流转，实现从流程实例的生成、节点驱动、状态管理直到流程终止的全过程的管理。而规则主要是对于业务节点上一些特殊的算法的封装，使工作流能够更好地受业务规则控制，以此来提高业务的灵活性和敏捷性。ERP 系统就是利用工作流引擎实现企业内部信息系统自动化的典型实例。

第二类是开放系统之间的集成，也就是说通过应用程序编程接口（application programming interface，通常简称 API 接口）来实现不同应用之间的信息交流。API 接口的典型应用场景之一就是银企互联，通过 API 接口，企业可以与多家银行直连对接，发送用户指令，自动获取对账数据、交易明细、支付状态、电子回单等银行执行结果。

第三类是使用机器人流程自动化技术（RPA 技术）等这类非侵入式的技术，去实现封闭异构系统间的交互。企业的 IT 环境越来越复杂，跨越多个系统进行集成也面临重重困难，如现有的不同应用程序，它们的 API 技术是不兼容的，或者是各部门系统没有 API 或源代码，那么通常只能通过 RPA 来实现。RPA 本质上是一种模拟手工操作来完成重复性工作的程序，RPA 在财务领域的具体应用，被称为财务机器人。它可以辅助财务人员去完成业务量大、重复性高、易于标准化的一些基础的工作。尤其是对于多个异构系统，不允许开放接口或者是源代码的情况来说，相比于传统的软件，财务机器人开发周期更短，设计更加简单，因此在企业中有广泛的应用。

2. 财务的智能化

人工智能是财务智能化的关键技术。从本质上来看，人工智能并不是特指某一项技术，而是通过一系列不同技术的有效组合，让机器能够以类似人类的智能水平来展开行动。这些技术包括机器学习、自然语言处理、机器视觉、人机交互、知识图谱等。财务天然的数据体系和它的智能化需求为人工智能的应用提供了基础。

光学字符识别（optical character recognition，OCR）技术在财务智能审核中的应用是人工智能在财务领域应用较成熟及较典型的案例。OCR 技术是指运用光学设备，比如扫描仪、数码相机等，将纸质文档上的文字转化为图像，再利用算法将图像信息翻译成可编辑的计算机文字的过程。OCR 技术在财务、交通、物流、医疗、金融等领域都有着广阔的应用空间。在财务领域，一个典型的应用就是智能审核。传统的财务审核模式需要大量的人力基于纸质或者影像化的单据来进行审核,审核的效率、质量以及稳定性都是比较难以保障的。这些采用大量文本格式且标准化程度非常高的票据,完全可以借助于高效稳健的 OCR 技术去获取票据的结构化信息,并且通过规则引擎的植入,实现单据的智能化审核。

自然语言处理技术也是人工智能在财务领域应用的一个典型案例。自然语言技术就是让机器能阅读所有以人类文字形式记录的知识,即利用计算机来分析文本,抽取重要的信息进行检索、问答、自动翻译等,实现高级的人机交互。在财务领域,自然语言技术也能发挥作用:首先通过信息检索技术去获取海量的经营决策相关的信息文本,然后借助于语义分析技术去从非结构化的文本中提取一些结构化的信息,最后将这些信息加以提炼,从而为预测和决策提供有价值的、及时的信息。如在审计工作中,财务审计涉及众多的结构化和非结构化的文本资料,包括合同、内部的公文、制度、相关的法律法规等,传统的审计往往需要在这些资料的审核上花费大量的人工,低效的同时还存在人工无法对全量的信息进行查阅的局限性。在这个过程中,自然语言技术就可以发挥作用,替代人工做出繁杂的文本阅读和重要的信息提取工作,从而实现对相关材料的全量的核查和对风险点的自动识别,实现更高效、更智能、更标准化的审计。

人工智能正在改变商业运作的模式,财务智能化在企业管理中必将发挥越来越重要的效用,给企业带来更强的预测能力和动态决策能力,提升企业的运营管理水平,帮助企业全面并且提前控制风险。

3. 财务的数字化

财务循环是企业信息循环的重要组成部分,它连接了员工、供应商、客户、投资人、债权人、政府、媒体等利益相关者。财务部门是企业天然的数据中心,业务循环、员工活动以及与外部各个经济实体的互动中所产生的大量的信息,都流转到了财务部门进行记录分析。过去财务部门只专注于自身的数据,从记账凭证和会计科目的小数据中抽取信息,了解过去的经营管理状况,发挥着"后视镜"的功能。随着时间推移和技术的发展,企业可以通过财务共享服务和财务信息化,全面收集公司各个部门、各个业务的数据,实现业财联动,在这一阶段,可以说财务发挥了"仪表盘"的功能,使企业能够了解当前所处的情境以及内在的原因。但此时的财务数据依然是精确但不准确的,业务信息经过层层压缩,反映到会计报表上,即便精确到了小数点后两位的数字,仍然不能反映企业的真实的经营状况。未来,"大、智、移、云、物"技术基础可以辅助财务部门实现内外部数据的互联和实时更新。财务部门基于决策的需求,聚焦于数据的分布变化,利用对比预计和预测分析,发挥"导航仪"的功能,使企业能够预先评估未来的趋势,合理制定决策,比如商机洞察、资源分配的优化、业务模式变革、交易方的选择、产品市场定位以及现金流动模拟等。这就是财务的数字化转型。

在实现财务数字化的过程中,企业首先要确定目标,明确业务需求。其次,在大数据、物联网等技术的基础上,去拓宽数据的采集渠道,获取大量的内部和外部、财务和非财务、结构化和非结构化的信息,构建一个巨大的、复杂的数据库。再次,根据具体的管理角色需求,通过高级分析技术来进行数字的清洗处理,构建模型。最后,以可视化的方式来展现指标的结果和相关的报告。这样一来,就可以为风险管理、经营预测和战略决策提供服务,以洞察来指导行动、创造价值。

数字化的第一步是数据采集。企业可以通过 API 接口、各类传感器、爬虫技术以及 OCR 和自然语言处理技术等采集企业的内外部数据。内部数据往往包括员工、客户、供应商等利益相关者之间的往来明细、交易情况以及企业内部的资产、合同、税务、现金流等,财务共享服务为企业全面获取内部数据提供了基础。外部数据主要是供应商、客户、投资者、债权人、政府、公共媒体等外部利益相关者日常活动产生的数据,也包括一些宏观经济数据和行业数据,外部数据一般需要采用各种智能化的工具去获取。

数字化的第二步是数据的处理分析。企业从经营决策需求出发,依据分析对象和分析维度,应用先进的算法和模型,对数据进行清洗、提炼、关联、融合等操作,并且通过分析建模工具进行数据的泛化、关联分析、聚类分析、回归分析等,深层次挖掘数据的价值。

数字化的第三步是数据的可视化。数据可视化是指利用图形图像处理、计算机视觉等对数据的分析结果加以解释,使一些抽象的非结构化的信息变得直观清晰,突出数据中的异常,展示数据的趋势,让使用者能够直观地感知数据的内在价值,形成数据洞察,从而支撑管理层做出科学的判断和决策。数据可视化帮助财务部门去分析、挖掘数据背后的行为规律,帮助企业用数据驱动决策,用数据驱动创新。

"大、智、移、云、物"等技术的发展,掀起了企业数字化转型的革命,打破了企业内部各个部门之间以及企业与外部利益相关者之间的数据壁垒,使信息系统不再只是服务线下流程的工具,还能够形成着眼于数据的高效集成、共享处理和挖掘分析的一种数字化解决方案,助力企业去实现以数据为核心的业务改造和创新。财务的数字化拓宽了财务相关数据信息的采集渠道,丰富了指标分析的方法,也形成了一种以数据展现的可视化的方案。财务循环作为企业信息循环的重要组成部分,能够推动企业将依靠经验的决策转化为依托于数据洞察的决策。未来,随着数字化管理方式在财务各个职能场景中的深化应用,企业能够更有效地进行预测,从而应对环境的变化,优化资源的配置,重塑自身的竞争优势。

12.4 财务共享服务日常业务处理实验指南

12.4.1 实验基本资料

1. 案例企业基本情况

新世纪钢铁集团下属有多家分/子公司,其中之一是新世纪轧钢一厂,集团对各分/子公司实施运营管控。为降低企业经营风险,集团对各分/子公司实施了较严格的预算控制,同时建立了财务共享服务中心,面向企业内部提供财务核算和资金管理服务。新世纪钢铁集团的组织架构如图 12-3 所示。

新世纪钢铁集团分/子公司遍布全国,但是境外尚无分/子公司,企业集团在深入研究的基础上,建立了一个全国财务共享服务中心,把全国各个分/子公司的相关财务核算和资金管理业务纳入财务共享服务中心进行核算管理。新世纪钢铁集团的财务共享服务中心与各个分/子公司是平级关系,财务共享服务中心和各个分/子公司财务部的汇报对象都是企业财务总监，目前财务共享服务中心是企业集团的成本中心，集团建成财务共享服务中心后，把费用报销流程、销售到收款流程、采购到付款流程、资产管理流程以及总账到报表流程都纳入财务共享服务中心进行核算管理。

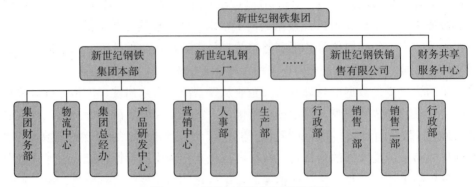

图 12-3　新世纪钢铁集团组织架构

企业集团下属子公司新世纪轧钢一厂属制造类型企业，采购原材料进行生产，产成品既可直接对外销售，也可内部销售给新世纪钢铁销售有限公司。

2. 实验基本内容

销售到收款处理流程如图 12-4 所示。

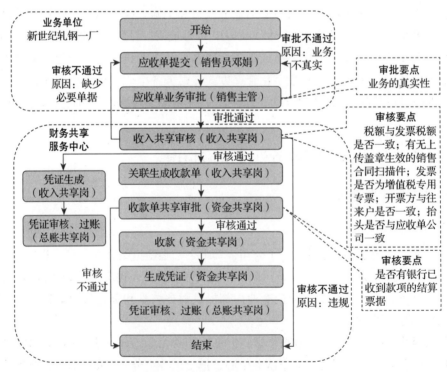

图 12-4　销售到收款处理流程

注：对于上传不完整的单据，如缺少盖章未生效的合同扫描件，将单据退回业务员，补充完整相关单据可以再次提交；而对于审核为虚假发票的，直接审核不通过且结束流程。

2022年1月9日，新世纪轧钢一厂销售给新康机械厂8吨弹条钢，不含税单价9 850元/吨，增值税税率为13%，预计1月29日收款。

12.4.2 实验操作指导

1. 应收单提交

1月9日，新世纪轧钢一厂往来会计用自己的账户登录金蝶系统，进入"我的工作台"页面，单击"应用"→"财务会计"→"应收管理"→"应收单新增"，新增应收单，如图12-5、图12-6所示。

图12-5 我的工作台页面

图12-6 应收单新增

根据案例数据录入应收单，单据日期为"2022-01-09"，往来户为"新康机械厂"，物料为"弹条钢"，数量为"8"，不含税单价为"9 850元"，税率为"13%"，应收日期为"2022-01-29"；添加附件：销售发票、销售合同，录入完毕后单击"提交"，如图12-7所示。

2. 应收单业务审批

新世纪轧钢一厂销售经理吴迪进行应收单业务审批。吴迪用自己的账号和密码登录，进入我的工作台页面。如图12-8所示，在"我的工作台"中查看"待办事项"。

单击由销售业务员邓娟提交的应收单，进入单据审批页面，审批处理选择"同意"，单击"提交"，如图12-9所示。

业务组织"新世纪轧钢一厂"业务上传和审批完成，业务数据流转至财务共享服务中心的应收任务池，等待财务共享服务中心相关岗位处理。纸质原始单据由业务部门票据员收存，保存在当地或者邮寄财务共享服务中心，进入档案保存流程。

图 12-7 应收单录入

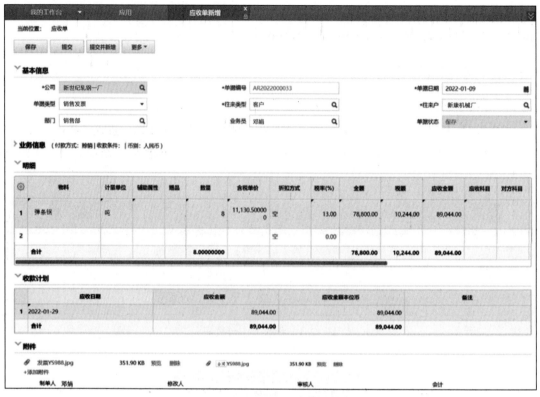

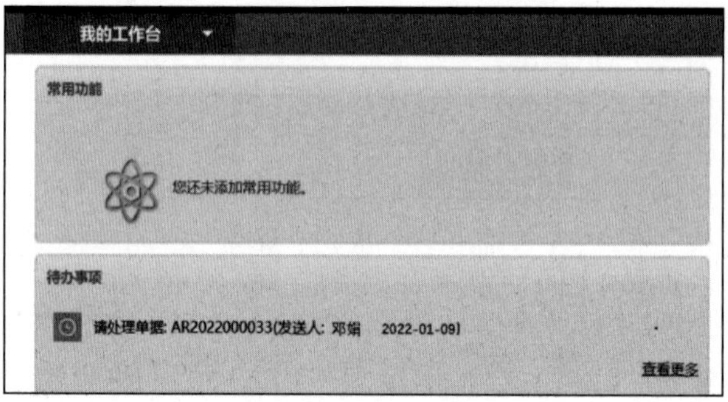

图 12-8 待办事项查询

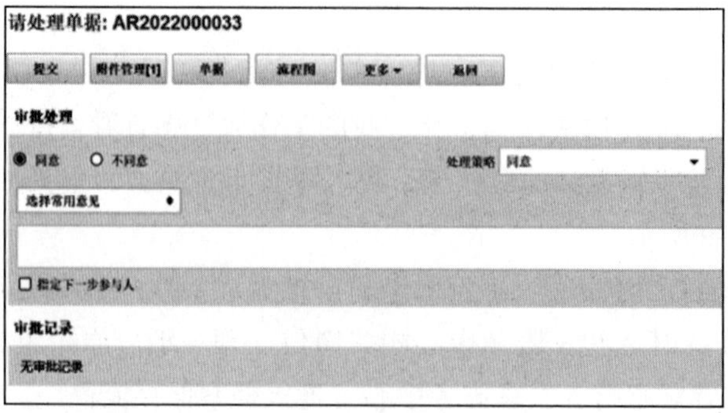

图 12-9 应收业务审批

3. 应收单共享审批

财务共享服务中心收入共享岗对应收单进行共享审批。登录系统，进入我的工作台页面，单击"应用"→"财务共享"→"应收共享"→"应收任务池"，进入应收任务池页面，如图 12-10 所示。

图 12-10　进入应收任务池

单击"我的任务"→"应收单"→"更多"→"获取任务"，从任务池获取应收单，如图 12-11 所示。双击所获取的相应单据（通过应收单据编号确认），进入单据处理页面，如图 12-12 所示，收入共享岗根据财务审批规则审批该业务，该业务根据审核要点经审批通过，单击"提交"。

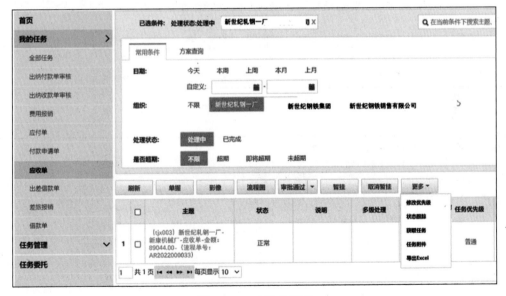

图 12-11　应收单获取

4. 应收单凭证生成

收入共享岗关联应收单生成凭证。登录系统，单击"应用"→"财务共享"→"应收共享"，如图 12-10 所示，单击"应收单维护"，进入应收单维护页面，如图 12-13 所示。

选择组织为"新世纪轧钢一厂"，日期为"2022-01-01"至"2022-01-30"，单击"确定",筛选应收单。勾选相应单据(通过应收单据编号确认),单击"生成凭证",进入凭证编辑页面,如图12-14所示。应收单生成凭证根据案例背景录入相关信息,记账日期为"2022-01-09",业务日期为"2022-01-09",确认无误后单击"提交"。

图12-12 应收单共享审批通过

图12-13 应收单维护

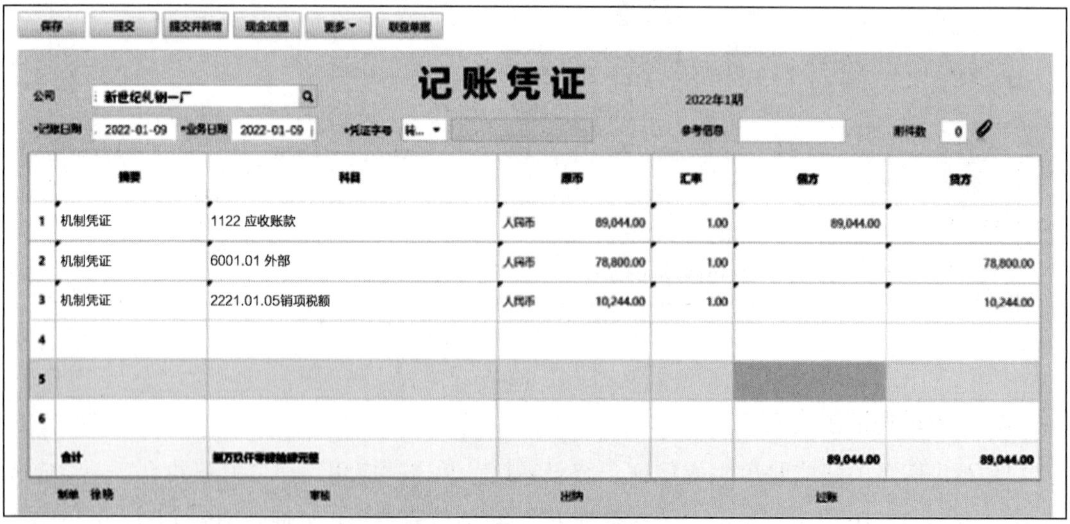

图12-14 凭证生成完成并提交

5. 关联生成收款单

1月29日，按前期约定进行收款，收入共享岗需关联应收单生成收款单。收入共享岗登录系统，进入"我的工作台"页面，单击"应用"→"财务共享"→"应收共享"→"应收单维护"，进入应收单维护页面。如图12-13所示，应收单维护选择组织为"新世纪轧钢一厂"，日期为"2022-01-01"至"2022-01-30"，单击"确定"，筛选应收单。勾选相应单据（通过应收单据编号确认），单击"关联生成"，弹出如图12-15所示窗口，选择转换规则，单击"确定"。

图 12-15　选择转换规则

根据案例背景录入相关信息，单据日期为"2022-01-29"，选择收款账户，录入完毕后单击"提交"，如图12-16所示。

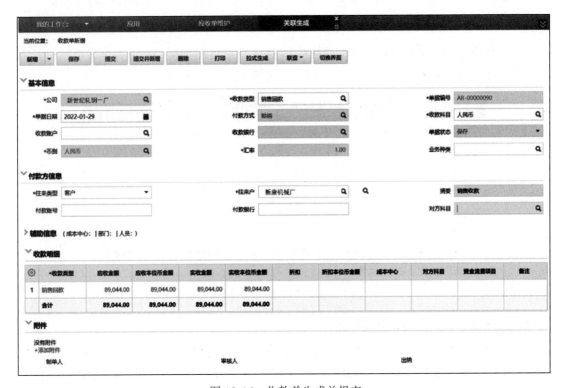

图 12-16　收款单生成并提交

6. 收款单共享审批

资金共享岗进行收款单共享审批，登录系统进入"我的工作台"页面，单击"应用"→"财务共享"→"共享任务管理"→"共享任务池"，进入共享任务池页面，在共享任务池中单击"我的任务"→"出纳收款单审核"，进入收款单查询页面，单击"更多"→"获取任务"，获取收款单，如图12-17所示。

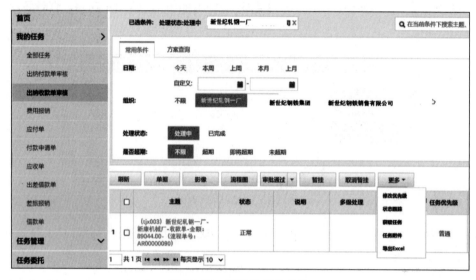

图 12-17　收款单任务获取

双击相应单据（通过收款单据编号确认），进入单据处理页面，资金共享岗根据财务审批规则审批，本案例审批通过，单击"提交"，如图12-18所示。

图 12-18　收款单共享审批

7. 资金共享岗确认收款并生成凭证

单击"应用"→"财务共享"→"出纳共享"→"收款单处理"，如图12-19所示，进入收款单序时簿，选择组织为"新世纪轧钢一厂"，日期为"2022-01-01"至"2022-01-30"，单击"确定"，筛选收款单。勾选相应单据（通过收款单据编号确认），单击"收款"，如图12-20所示。

图 12-19 收款单处理

图 12-20 收款单收款

确认收款后,资金共享岗即可关联收款单生成凭证。在图 12-20 所示界面中,勾选相应单据(通过收款单据编号确认),单击"生成凭证",进入凭证编辑页面,如图 12-21 所示。

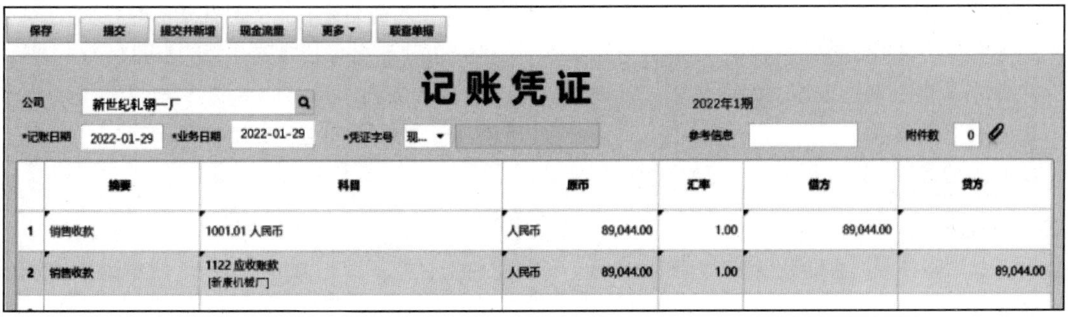

图 12-21 生成凭证

销售到收款全部业务处理完成，凭证生成之后进入"总账到报表"流程进行会计处理。

▶ 本章小结

　　财务共享服务中心是在世界经济一体化、企业集团化的社会背景和"大、智、移、云、物"的技术背景下产生的，是一种将分散于各个业务单位、重复性高、易于标准化的财务业务流程进行再造与标准化，并集中到财务共享服务中心统一进行处理的管理模式，目的是降低成本、提升效率、促进企业数字化转型。建立财务共享服务中心首要先确定其战略定位，然后进行业务流程再造、组织与人员规划、信息系统建设等方面的规划；建成财务共享服务中心之后，重点是要关注其运营管理；财务共享服务中心的建设对企业来说是一次颠覆性的变革，建成之成之后的财务共享服务中心在战略结构、战略职能等方面仍会随着企业的战略变化而发生改变，因此，变革和风险管理也是财务共享服务框架体系中包含的重要内容。建成财务共享服务中心之后，常把各种业务量大、重复性高、易于标准化的业务流程纳入财务共享服务中心进行核算与管理，常见的有费用报销、销售到收款、采购到付款等业务。

▶ 练习题

一、不定项选择题（每题至少有一个选项正确）

1. 财务共享服务的管理基础包括（　　）。
   A. 统一的会计科目　　B. 统一的会计政策
   C. 统一的数据标准　　D. 统一的财务流程
2. 下列关于财务共享服务的说法中正确的是（　　）。
   A. 建立财务共享服务中心，就是搭建一套财务共享信息系统
   B. 建立财务共享服务中心只需要得到企业集团领导的支持即可，无须对员工进行理念宣传与培训
   C. 财务共享服务中心主要适用于规模百亿元以上且业务扩张较慢的企业
   D. 实施财务共享服务，有利于支持企业快速扩张
3. 业务财务的职能包括（　　）。
   A. 服务战略决策并推进政策落地
   B. 执行管理要求
   C. 协调业务单元财务运营
   D. 深入业务一线，并支持财务管理
4. 战略定位模块的主要工作不包括（　　）。
   A. 战略目标选择　　B. 战略结构选择
   C. 战略实施选择　　D. 战略职能规划
5. 通常来讲，财务共享服务中心内部组织的划分包括（　　）。
   A. 按产品划分　　B. 按区域划分
   C. 按客户划分　　D. 按职能划分
6. 流程管理为企业带来的收益包括（　　）。
   A. 降低错误率　　B. 减少人力成本
   C. 快速响应需求　　D. 提升输出质量
7. 财务共享核心信息系统包括（　　）。
   A. 业务报账系统　　B. 电子档案系统
   C. 电子影像系统　　D. 成本管理系统
8. 财务共享服务项目实施包括的步骤有（　　）。
   A. 现状调研分析　　B. 定义与启动
   C. 详细方案设计　　D. 实施部署

二、判断题

1. 财务共享服务中心主要适用于大型跨国企业、跨地区企业，还适用于重组、并购、变革比较频繁的企业。（　　）
2. 财务共享服务中心的建设基础包括政策基础、观念基础、建设经验基础、信息技术以及数据基础、管理基础等。（　　）

3. 变革管理只存在于财务共享服务中心的建设初期。（　　）
4. 运营管理肩负了对业务流程、组织人员、信息系统等进行不断优化的职责。（　　）
5. 在流程处理过程中，每项活动都必须是增值的，非增值的活动需要被剔除。（　　）
6. 电子影像系统一般由扫描系统和影像系统共同组成，包括影像采集、任务处理、影像上传、影像识别、影像查询等功能。（　　）
7. 在财务共享服务项目实施的需求调研过程中，要充分调研企业的业务规则，对接系统、技术等各方面的需求。（　　）

三、简答题

1. 请简要描述适合建设财务共享服务中心的企业所具备的基本特点。
2. 请简要描述财务共享服务中心建设的"1+4+1"框架。
3. 请列举并介绍财务共享服务中心常见的内部组织划分方法。
4. 请简要描述财务共享服务中心面临的风险。
5. 请简要介绍财务共享服务中心的运营管理体系。

参考文献

[1] 陈虎，孙彦从.财务共享服务[M].大连：东北财经大学出版社，2022.

[2] 田高良，方永利.财务共享理论与实务[M].北京：高等教育出版社，2020.

[3] 中国会计报，中兴新云，西安交通大学.2019年中国共享服务领域调研报告：基于中央企业财务共享服务建设情况[R].2019.

[4] 特许公认会计师公会，中兴新云，厦门国家会计学院.2020年中国共享服务领域调研报告[R].2020.

[5] 许静，李舟，刘赟，等.财务共享应用实践教程：基于金蝶EAS管理软件平台[M].北京：清华大学出版社，2020.

[6] 韩庆兰.会计信息系统[M].北京：清华大学出版社，2004.